Katharina Winter
Ansichtssache Stadtnatur

D1719064

Sozial- und Kulturgeographie Band 5

Katharina Winter (Dr. rer. nat.) promovierte 2014 an der Humboldt-Universität zu Berlin. Sie ist Stadt- und Kulturgeographin und forscht im Bereich Stadtentwicklung und Mensch-Umwelt-Verhältnisse.

KATHARINA WINTER

Ansichtssache Stadtnatur

Zwischennutzungen und Naturverständnisse

[transcript]

Das Forschungsprojekt wurde durch
die Deutsche Forschungsgemeinschaft DFG,
die Drucklegung durch die Stiftungsgemeinschaft
anstiftung & ertomis gefördert.

DFG Deutsche
Forschungsgemeinschaft

STIFTUNGS GEMEINSCHAFT

anstiftung & ertomis

Bibliografische Information der Deutschen Nationalbibliothek
Die Deutsche Nationalbibliothek verzeichnet diese Publikation in der Deutschen Nationalbibliografie; detaillierte bibliografische Daten sind im Internet über http://dnb.d-nb.de abrufbar.

© 2015 transcript Verlag, Bielefeld

Umschlagkonzept: Kordula Röckenhaus, Bielefeld
Umschlagabbildung: Katharina Winter, München
  (Brachfläche an der Cuvrystraße, Berlin, im Sommer 2009)
Druck: Majuskel Medienproduktion GmbH, Wetzlar
Print-ISBN 978-3-8376-3004-6
PDF-ISBN 978-3-8394-3004-0

Gedruckt auf alterungsbeständigem Papier mit chlorfrei gebleichtem Zellstoff.
Besuchen Sie uns im Internet: *http://www.transcript-verlag.de*
Bitte fordern Sie unser Gesamtverzeichnis und andere Broschüren an unter:
info@transcript-verlag.de

Inhalt

I Einleitung

Rosen und Rabatten in städtischen Parkanlagen oder Unkraut und Wildwuchs auf Brachflächen? Im städtischen Raum existiert eine Fülle verschiedener Formen von Natur. Diese werden von unterschiedlichen Akteuren auf verschiedene Art und Weise wahrgenommen und bewertet. Aufgrund dieser Tatsache kann schwerlich von *der* Natur die Rede sein. Dies
ist der Ausgangspunkt der im Folgenden dargestellten Überlegungen zu
Verständnissen von Stadtnatur im Umgang mit Zwischennutzungen. Natur
wird damit zu einem Begriff, dessen Bedeutungsgehalt es zu klären gilt.
Von welcher Natur ist die Rede, wenn verschiedene Akteure Flächennut-
zungsentscheidungen diskutieren? Welches ist die wünschenswerte Natur?
Welche Flächen werden als ‚natürlicher‘ erachtet? Von welcher Natur ist in
den Diskursen um eine ökologische oder nachhaltige Stadtentwicklung die
Rede?

Vor diesem Hintergrund wird in Kapitel I 1 die Relevanz der Untersuchung dieses Themenfeldes dargelegt. Es ordnet die Überlegungen in die
aktuelle Forschungsdiskussion zwischen konstruktivistischen Näherungen
an den Naturbegriff und aktuellen stadtgeographischen Themen, wie der
Nutzung von Verfügungsflächen in der speziellen Form von Zwischennutzungen sowie einer nachhaltigen Stadtentwicklung ein. Darauf aufbauend
werden in Kapitel I 2 die den Zugang zum Forschungsfeld leitenden Fragestellungen vorgestellt.

1 FORSCHUNGSGEGENSTAND UND RELEVANZ

Ziel dieser Untersuchung ist es, Bewertungen, Bedeutungen und Vorstellungen von Natur aufzudecken. Diese Naturverständnisse werden konkret an Zwischennutzungen als Beispiel der Nutzung von Verfügungsflächen untersucht. *Ansichtssache Stadtnatur. Zwischennutzungen und Naturverständnisse* – so ist diese Arbeit überschrieben. Die Verknüpfung des Themenfeldes der Zwischennutzungen mit demjenigen der Naturverständnisse führt zu einer Reflexion des Begriffs der Stadtnatur und formuliert damit das zentrale Forschungsinteresse dieser Arbeit. Anhand dieser drei Aspekte möchte ich im Folgenden den Forschungsgegenstand näher vorstellen und eingrenzen, die Relevanz einer Untersuchung dieser Thematik sowie deren Einbettung in die aktuelle Forschung darlegen.

Zwischennutzungen

Zwischennutzungen sind ein seit einigen Jahren viel diskutiertes Beispiel für die Nutzung innerstädtischer Verfügungsflächen (vgl. beispielsweise SenStadt 2007a; Haydn u. Temel 2006; Angst et al. 2010; Schlegelmilch 2009; Ziehl et al. 2012). Charakteristisches Kennzeichen von Zwischennutzungen ist die zeitlich befristete Nutzung von Räumen, in denen sich Lücken in einer konventionellen Verwertung aufgetan haben, sei es aufgrund mangelnder Nachfrage, ungeklärter Eigentumsverhältnisse oder sonstiger Gründe. Ursprünglich wurden Zwischennutzungen häufig einem Bottom-Up-Paradigma folgend von ‚unten heraus‘ aus der Bevölkerung initiiert. Mittlerweile zeigen sich erste Anzeichen, dass Zwischennutzungen sich als Instrument der Partizipation auch in den Etagen der Stadtplanung etablieren (vgl. für Berlin und das Tempelhofer Feld SenStadt 2010d). Zwischennutzungen kennzeichnen des Weiteren besondere Akteursbeziehungen. Die häufig konflikthafte Beziehung zwischen Akteuren des Bodenmarktes, der Zivilgesellschaft sowie der Planung und Politik bieten einen einmaligen Kontext für die Untersuchung. In der Aushandlung von Auffassungen wünschenswerter Nutzung, ökologisch sinnvollen Umgangs sowie Ansichten einer nachhaltigen Stadtentwicklung treffen Vorstellungen von Natur der verschiedenen Akteure aufeinander. Die unterschiedliche Ausstattung der Akteure mit Durchsetzungsmacht lässt diese Auffassungen von Natur in besonderer Art und Weise zu Tage treten.

Naturverständnisse

Die Betrachtung dieser Naturauffassungen wird in den Kontext konstrukti-vistischer Ansätze eingeordnet, die davon ausgehen, dass es nicht *eine wah-re* Natur gibt, sondern die Annahme zugrunde legen, Natur sei gemacht, produziert oder konstruiert (vgl. Flitner 1998; Zierhofer 2003). Demzufolge kann auch nicht von *der* Natur die Rede sein, sondern von *Naturen*, deren Bedeutung kontext- und subjektabhängig ist (vgl. z. B. Eisel 2004; Hard 1993; Trepl 1992). Konstruktivistische Denkansätze sind in der deutsch-sprachigen geographischen Forschung im Zuge des sogenannten Cultural Turns (vgl. Bachmann-Medick 2006) insbesondere im Bereich des Arbeits-feldes der *Neuen Kulturgeographie* (Gebhardt et al. 2007) sowie der Politi-schen Geographie aufgegriffen worden (vgl. Lossau 2002; Gebhardt et al. 2003; Wolkersdorfer 2001).

„Es geht um die Sichtbarmachung oft unhinterfragt naturalisierter bzw. als ‚taken-for-granted' angenommener Formen und Regeln gesellschaftlichen Zusammen-lebens, um die Dekonstruktion des vermeintlich Offensichtlichen." (Gebhardt et al. 2007, 14)

Vor diesem Hintergrund sind divergierende Naturauffassungen speziell auf dem Forschungsfeld der Politischen Ökologie (vgl. Flitner 2001; Krings u. Müller 2001; Krings 2008) von Bedeutung, deren gemeinsamer Nenner der vielfältigen theoretischen Ansätze die Betrachtung des Umgangs mit und Zugangs zu natürlichen Ressourcen ist. Im angloamerikanischen Raum ent-stand dazu analog die stärker marxistisch orientierte Forschungsrichtung der Urban Political Ecology (vgl. Heynen et al. 2006), die sich explizit auf die städtische Natur und deren Produktion in ökologischen Diskursen be-ziehen. Des Weiteren finden sich auch im angloamerikanischen Raum in den vergangenen zwanzig Jahren Ansätze sozialkonstruktivistischer Zu-gänge zu Natur (vgl. Braun u. Castree 1998; Castree u. Braun 2001; Demeritt 2001; Gregory 2001; Macnaghten u. Urry 1999). Viele dieser Ar-beiten beschränken sich auf eine weitgehend theoretische Beschäftigung mit Auffassungen von Natur. Dennoch liegen mittlerweile einige ange-wandte Arbeiten zu Naturverständnissen vor. So zum Beispiel eine Arbeit über Natur-Elemente in der Stadtgestaltung am Beispiel der Diskurse be-züglich der Fassadenbegrünung (vgl. Chilla 2004, eine Studie zu Naturverständnissen in Stadt- und Regionalpolitik (vgl. Bauriedl u. Wissen 2002) sowie eine soziologische Arbeit zu Auffassungen von Wildnis in der Stadt (vgl. Rink 2004; Rink 2005). An die beschriebenen Denkansätze des Konstruktivismus sowie der Politischen Ökologie knüpft diese Forschungsarbeit an und reiht sich mit der Untersuchung von Naturauffassungen im Umgang mit Zwischennutzungen in die Auswahl der Beispiele empirischer Arbeiten zu Naturverständnissen ein.

Stadtnatur

Das Thema *Stadtnatur* erfreut sich in den letzten Jahren zunehmender Aufmerksamkeit. Allerorts sprießen Gemeinschaftsgärten und werden vielfältig rezipiert (vgl. beispielsweise Müller 2012a; Rosol 2006). Guerilla-Gardening-Aktivitäten sind längst keine Untergrundaktionen mehr, sondern ein Phänomen städtischen Gärtnerns, das sich großen Zuspruchs erfreut. Dies zeigt sich nicht zuletzt in der Existenz von Handbüchern (Reynolds 2012) oder der Organisation öffentlicher gärtnerischer Aktionen (vgl. beispielsweise Green City e. V. 2013). Als besonders bedeutende Areale urbaner Naturentwicklung werden Brachflächen angesehen (Kowarik 2003). Mit Nutzungen auf diesen Flächen beschäftigt sich diese Untersuchung. Vor dem Hintergrund einer politisch-ökologischen Perspektive werden diese Räume urbaner Natur zwar nicht in allen Fällen als umkämpft, so jedoch in jedem Fall als knappes Gut angesehen. Insbesondere im Rahmen der stadtökologischen Forschung finden Brachflächen als bedeutende Entwicklungsräume für Natur Beachtung (vgl. etwa Sukopp 1990, 284f; Hard 1997). Die Ansätze thematisieren die speziellen Charakteristika von Stadtnatur sowie die Bedeutung dieser Flächen für den städtischen Raum. So zeichnen sie sich etwa durch eine besondere Artenvielfalt aus (vgl. Hard 1997, 562; Kowarik 2003, 3) und sind ein Gewinn für die städtische Freiraumstruktur (vgl. etwa Giseke 2007). Mit einem Bedeutungsgewinn steigen auch die konkurrierenden Nutzungsansprüche auf derartige Flächen. Die Verfügungsrechte werden diskursiv ausgehandelt. Um nur ein Beispiel zu nennen: freie Naturentfaltung und Sukzession versus der Errichtung eines urbanen Gemeinschaftgartens. Dabei treten Fragen auf den Plan, wie die nach der *wünschenswerten* Natur oder aber *welche* Natur *die* charakteristische Stadtnatur ist. Vor diesem Hintergrund wird eine Betrachtung von Stadtnatur aus konstruktivistischer Perspektive insofern relevant, als der

Umgang mit diesen Flächen davon beeinflusst ist, wie diese Flächen und damit die Natur von den jeweils involvierten Akteuren bewertet werden.

Relevanz der Arbeit – Zwischenfazit

Die Arbeit ist zum einen in die aktuelle Erforschung des Umgangs mit Verfügungsflächen am Beispiel von Zwischennutzungen einzuordnen. Der oben umrissene Forschungsgegenstand erweitert das Wissen um Zwischennutzungen und Stadtnatur und stellt damit einen Beitrag zum praktischen Umgang mit diesen dar. Die Studie betrachtet anhand des Phänomens der Zwischennutzung aktuelle städtische Entwicklungsprozesse und ist bestrebt, implizite, den Diskursen immanente Vorstellungen von Natur aufzudecken. Mit dieser Erkenntnis erweitert diese Forschungsarbeit das Verständnis und die Einordnung des Phänomens der Zwischennutzung.

Des Weiteren ist die Arbeit von wissenschaftlichem Interesse und wird mit dem Ziel des wissenschaftlichen Erkenntnisgewinns betrieben. Der Forschungsgegenstand fügt sich in die theoretische Diskussion des Mensch-Umwelt-Verhältnisses ein. Er erweitert die aktuelle Theoriediskussion konstruierter Naturen um eine empirische Untersuchung, die sich mit impliziten Naturauffassungen am konkreten Beispiel beschäftigt. Die Arbeit beleuchtet die Konstruktionsbedingungen von Stadtnatur und verfolgt die Zielsetzung, implizite Vorstellungen aufzudecken. Das Wissen um diese häufig unbewussten Vorstellungen trägt zu einem Verständnis der Diskussion städtischer Entwicklungsprozesse bei.

2 FORSCHUNGSFRAGEN

Entsprechend dem oben dargelegten Forschungsinteresse (vgl. Kap. I 1) wird das Forschungsthema wie folgt konkretisiert: *Der Einfluss unterschiedlicher Naturverständnisse auf den Umgang mit innerstädtischen Zwischennutzungen.*

Um dieses Feld detailliert bearbeiten zu können wurden die nachfolgend dargelegten Leitfragen formuliert. Zunächst gilt das Interesse der Frage, welche Naturkonzepte generell sichtbar gemacht werden können: *Welche Verständnisse von Natur – Konzepte, Bilder, Ideen – treffen im Um-*

gang mit Zwischennutzungen aufeinander und inwiefern unterscheiden sie sich? Naturkonzepte werden in der Regel als kontextabhängig dargestellt. Daher ist zu ermitteln, ob sich Logiken abzeichnen, die zwischen den Fallstudien variieren: *Inwiefern unterscheiden sich die Naturverständnisse zwischen den Fallstudien? Welche Parallelen existieren? Welchen Zusammenhang gibt es zwischen der Art der Nutzung und den evidenten Naturkonzepten?*

Die zu Tage tretenden Naturkonzepte unterscheiden sich gegebenenfalls auch zwischen den Akteuren, erweisen sich folglich möglicherweise als subjektabhängig. Zu untersuchen ist daher auch, ob sich Unterschiede in jenen den Argumenten zugrundeliegenden Naturvorstellungen zwischen den Akteuren abzeichnen. Des Weiteren soll betrachtet werden, inwieweit sich die Differenzen ebenfalls in den Akteurs*gruppen* wiederspiegeln: *Inwiefern unterscheiden sich die Naturvorstellungen zwischen den beteiligten Akteuren? Lassen sich gruppenspezifische Muster erkennen?*

Vorstellungen darüber, was natürlich ist, beeinflussen über konkrete Diskurse der Akteure auch den Prozess der Nutzungsentscheidung. Daher stellt sich die Frage nach dem konkreten Einfluss und den darin unter Umständen dominierenden Naturverständnissen: *Welchen Einfluss haben diese Verständnisse von Natur auf den Prozess der Nutzungsentscheidung?*

3 AUFBAU DER ARBEIT

In Kapitel I erfolgte bereits die Herleitung der Forschungsthematik und seiner Einbettung in die aktuellen Forschungsdiskussionen einerseits der Zwischennutzungen, andererseits der konstruierten Naturen.

Im folgenden Kapitel II wird der theoretische Zugang erläutert. Dem Thema entsprechend teilt sich dieser in einen stadtgeographischen Teil (vgl. Kap. II 1) sowie in den kulturtheoretischen Teil der Naturverständnisse (vgl. Kap. II 2). Der stadtgeographische Teil ordnet das Phänomen der Zwischennutzung in die Stadtentwicklung der Postmoderne sowie konkret in den Umgang mit Verfügungsflächen ein. Der zweite Theoriekomplex beleuchtet die Perspektive konstruierter Naturen und stellt theoretische wie empirische Arbeiten vor, die sich dem Themenfeld der Naturverständnisse gewidmet haben und an die sich diese Arbeit anschließt. Diese beiden ersten Theoriekomplexe münden in einen dritten Theorieteil zur sogenannten Stadtnatur (vgl. Kap. II 3). Dieses Kapitel fungiert damit als Verortung der Naturverständnisse. Es stellt theoretische Aspekte der Beschäftigung mit Natur in der Stadt vor.

Kapitel III widmet sich der Methodologie und den Methoden dieser Arbeit. Es geht zunächst auf Charakteristika eines qualitativen Forschungsprozesses ein (vgl. Kap. III 1). Daran anschließend werden der Untersuchungsraum vorgestellt sowie die Wahl der Fallstudien begründet (vgl. Kap. III 2). Die angewandten Methoden des qualitativen Interviews sowie der Beobachtung sowie Aspekte der Datenauswertung werden in Kapitel III 3 erläutert. Eine Begründung der Art und Weise der Ergebnisdarstellung erfolgt im letzten Teil dieses Abschnittes (vgl. Kap. III 4).

Die Kapitel IV, V und VI widmen sich der Darstellung der Ergebnisse. Es werden jeweils zunächst die Fallstudien, deren Entwicklungsgeschichte sowie die spezielle Konstellation der Akteure vorgestellt (vgl. Kap. IV 1, V 1 und VI 1). Im Anschluss daran werden die zutage getretenen Naturauffassungen vorgestellt und eingeordnet (vgl. Kap. IV 2 und IV 3, V 2 und V 3 sowie VI 2 und VI 3).

Kapitel VII führt im Rahmen einer Zusammenfassung zunächst den Aspekt dichotomer Naturauffassungen als eine deutliche Parallelität aller drei Fallstudien aus (vgl. Kap. VII 1). Der dualistische Charakter wird neben der Paarung von Stadt und Natur (vgl. Kap. VII 1.1), auf die Gegenüberstellung des drinnen und draußen angewendet (vgl. Kap. VII 1.2). Resümierend wird in Kapitel VII 1.3 der Frage nachgegangen, welche Rolle die Naturen der Zwischennutzungen in der Überwindung dieses Dualismus spielen können. Kapitel VII 2 fasst die Ergebnisse der Untersuchung in Form der expliziten Beantwortung der eingangs aufgeworfenen Forschungsfragen zusammen und wird gefolgt von einer Schlussbemerkung (vgl. Kap. VII 3).

Ergänzend zu diesem Band der Forschungsarbeit wurde ein Anlagenband erstellt, der die Transkripte der geführten Interviews enthält.

II Theoretischer Rahmen

Die Beschreibung des theoretischen Zugangs formuliert die Perspektive, aus der der Zusammenhang der Phänomene *Naturverständnisse* und *Zwischennutzung* betrachtet werden soll. Die theoretischen Konzepte sollen den Blick des Forschers[1] leiten, indem sie fungieren wie „Linsen [...] durch die [der Forscher] [...] relevante Phänomene überhaupt erst wahrnehmen und beschreiben kann" (Lamnek 2005, 235). Der theoretische Rahmen fungiert sozusagen als ‚Brille', die den Blick für die Forschungsthematik schärfen soll.

Zunächst wird in Kapitel 1 der Gegenstand der *Zwischennutzungen* hierfür stadtgeographisch eingeordnet. Kapitel 1.1 stellt die aktuellen Veränderungsprozesse von Städten dar, aus welchen sich zum einen die Brachflächenthematik erschließen lässt (vgl. Kap. 1.2). Zum anderen bilden die aktuellen urbanen Transformationsprozesse die Grundlage für ein Verständnis des Phänomens zeitlich befristeter Nutzungen von Verfügungsflächen (vgl. Kap. 1.3).

Das zweite Kapitel nähert sich dem Aspekt der *Naturverständnisse*. Zu diesem Zweck wird zunächst die konstruktivistische Sichtweise von Natur ausgearbeitet (vgl. Kap. 2.1). Dieser Perspektive Rechnung tragend werden nach einer Begriffsklärung (vgl. Kap. 2.2) verschiedene Naturkonzeptionen

---

1 Ich verzichte bewusst auf die Verwendung männlicher *und* weiblicher Bezeichnungen. Dies geschieht ausschließlich aus Gründen der besseren Lesbarkeit. Um den Prinzipen des geschlechtergerechten Formulierens dennoch Rechnung zu tragen und um zu verdeutlichen, dass beide Geschlechter mitgedacht werden, verwende ich männliche und weibliche Bezeichnungen in einer zufälligen Abfolge. Es sind stets männliche und weibliche Personen gemeint.

vorgestellt, die sich im Rahmen dieser Forschungsarbeit als anschlussfähig erwiesen haben (vgl. Kap. 2.3).

Ein dritter Theorieabschnitt widmet sich dem Feld der *Stadtnatur.* Ebenso wie Natur wird auch der Begriff der *Stadtnatur* auf verschiedenste Weisen konstruiert. Kapitel 3 diskutiert einige wissenschaftliche Konzeptionen zu Formen und Bedeutungen von Stadtnatur, um sie dann auf ihre Anwendbarkeit auf eine Untersuchung von Naturverständnissen hin zu beleuchten. Das Kapitel schlägt den Bogen zwischen Stadt und Natur, zwischen der theoretischen Beschäftigung mit dem urbanen Phänomen der Zwischennutzung und der Relevanz divergierender Naturverständnisse.

1 STADT

Dieses Kapitel erschließt den theoretischen Rahmen in Bezug auf den städtischen Raum. Theoretische Grundlage der Herausarbeitung des Zusammenhangs von Stadtnatur und Zwischennutzungen ist zunächst die Darstellung aktueller Stadtentwicklungsprozesse. Es gilt aufzuzeigen, inwieweit sich Städte durch Transformation und Strukturwandel der letzten Jahrzehnte verändern und wie dadurch Brachflächen und deren Aneignung zu einem Thema (unter zahlreichen) deutscher Stadtentwicklung wurden. In die Annäherung an das Thema der Brachflächen fließt die Diskussion um den Begriff der Leere im Umgang mit diesen städtischen Räumen ein. Die Verwendung bestimmter Termini für zur Disposition stehende innerstädtische Flächen lässt interessante Rückschlüsse auf die Konstruktion besagter urbaner Räume zu. Daran anschließend wird eine besondere Form der Aneignung und Nutzung dieser (Leer-)Räume erläutert, besagte *Zwischennutzungen.*

Ziel dieses Abschnitts ist die theoretische Einordnung dieser Untersuchung in das Feld der Stadtentwicklung, der Brachflächenthematik und der wissenschaftlichen Untersuchung des Phänomens der Zwischennutzungen.

1.1 Stadt im Wandel

Städte wandeln sich stetig, sowohl in ihrer Gestalt, als auch in ihrer Funktion – allerdings mit unterschiedlicher Intensität und Geschwindigkeit. In der Geschichte der europäischen Stadt gab es lange Zeiträume der Persistenz und immer wieder relative kurze Phasen der Transformation (Zehner 2001, 13). Die aktuelle Stadtentwicklung ist geprägt von tiefgreifenden Veränderungen der letzten Jahrzehnte. Der ökonomische Wandel, die politische Transformation in den Ländern Mittel- und Osteuropas sowie der gesellschaftliche Wandel hinterließen und hinterlassen ihre Spuren in den Städten. Diese Veränderungen beeinflussen auch die Stadtpolitik und Stadtplanung. Insofern ist das Verständnis dieser Entwicklungen grundlegend für die Betrachtung des Phänomens der Zwischennutzungen. Ziel dieses Kapitels ist es, diese Zusammenhänge herauszustellen.

Der Übergang vom Fordismus zum Postfordismus und die damit einhergehende Deindustrialisierung haben einen tiefgreifenden ökonomischen Wandel der Städte zur Folge. In den einstigen industriellen Produktionszentren dominiert heute der Dienstleistungssektor – sowohl in Bezug auf Arbeitsplätze als auch auf das erwirtschaftete Einkommen. Städte sind damit weniger abhängig geworden von der Nähe zu Rohstoffen und Produktionsstandorten. Dagegen wird die Verfügbarkeit qualifizierter Arbeitskräfte und damit zusammenhängend die Bedeutung weicher Standortfaktoren, die Lebensqualität versprechen, zu einem zentralen Qualitätskriterium. Mit dem Wettbewerb der Städte um die Produktionsfaktoren der Postmoderne geht eine Polarisierung der Städte im weltweiten Städtesystem einher. Einer ganzen Reihe von aufstrebenden, wachsenden Metropolen, die sich in diesem Wettbewerb behaupten können, steht eine große Zahl an schrumpfenden oder zumindest in ihrer Bevölkerungszahl stagnierenden Städten gegenüber.

Der wirtschaftliche Strukturwandel hat nicht zuletzt enorme Auswirkungen auf die Haushaltssituation der Kommunen. In finanziell angespannten Haushaltslagen suchen diese daher zunehmend die Unterstützung privatwirtschaftlicher und zivilgesellschaftlicher Akteure für ursprünglich kommunale Aufgaben. Dies gilt zum einen für ehrenamtlich-gesellschaftliches Engagement, zum anderen für die Einbindung von privatwirtschaftlichen Akteuren in die Stadtentwicklung, beispielsweise in Form von Public Private Partnerships oder Privatisierungen (vgl. beispielsweise Häußermann et al. 2008, 280ff).

Während zahlreiche Städte mit Bevölkerungsverlusten zu kämpfen haben, gelang es anderen in den vergangenen Jahrzehnten, im Rahmen einer Trendänderung, die Häußermann et al. als die „Renaissance der Städte" (ebd., 362) beschreiben, Bevölkerungszuwächse verzeichnen zu können.

Dabei kommt vor allem auch innerstädtischen Quartieren ein besonderes Entwicklungspotential zu. Diese zentralen Lagen werden vermehrt auch für einkommensstarke Bevölkerungsschichten zu attraktiven Wohnorten, denn sie erfüllen die Anforderungen der postmodernen Stadtgesellschaft in besonderer Weise, indem sie beispielsweise der Verkleinerung von Haushalten, zunehmender Frauenerwerbstätigkeit oder flexibleren Arbeitszeiten Rechnung tragen (vgl. Häußermann u. Siebel 1987, 11ff). Durch entsprechende Sanierungs- und Aufwertungsmaßnahmen nutzt eine Vielzahl an Städten dieses Potential und schafft verstärkt innerstädtischen Wohnraum. Wie bereits angedeutet ist der Prozess der Reurbanisierung eng verbunden mit dem Phänomen des gesellschaftlichen Wandels. Letzterer bildet einerseits die Grundlage für den Erfolg von Reurbanisierungsprozessen. Andererseits verstärken diese Prozesse wiederum die Intensität des gesellschaftlichen Wandels. Im Ergebnis zeichnet sich die städtische Gesellschaft durch eine zunehmende Heterogenisierung, eine Pluralisierung der Lebensstile und eine gleichzeitige Polarisierung aus (vgl. beispielsweise Wood 2003). Berlin nimmt unter diesen Städten eine Sonderposition ein und ist vom Wandel in einer besonderen Art und Weise betroffen. Die wirtschaftlichen Transformationsprozesse, wie der Globalisierung, der De-Industrialisierung und der zunehmenden Tertiärisierung werden verstärkt durch den Einfluss der politischen Transformation nach Jahrzehnten der Teilung. Diese Entwicklungen führten dazu, dass sich in Berlin räumliche Entwicklungen mit einer hohen Dynamik vollzogen (vgl. Falk u. Schulz 2004, 10).

Die dargelegten gesellschaftlichen und politischen Entwicklungen stellen eine Auswahl der zentralen Prozesse dar, die die Stadtentwicklung auf vielfältige Weise beeinflussen. Im Rahmen dieser Arbeit soll der Fokus auf der Thematik innerstädtischer Verfügungsflächen und deren zeitweiliger Nutzung liegen. Daher soll im folgenden Kapitel zunächst das Thema der innerstädtischen Brachflächen erörtert werden. Darauf aufbauend wird auf die temporäre Nutzung derartiger Flächen eingegangen. Damit wird der Bogen gespannt zwischen dem Phänomen der Zwischennutzung auf der einen Seite und dem beschriebenen veränderten Planungsverständnis auf der anderen Seite, das private Akteure als mögliche Motoren der Stadtentwicklung zulässt. Inwieweit hier Wunsch und Wirklichkeit divergieren und inwieweit das Selbstverständnis der Zwischennutzerinnen ihrer möglichen Katalysatorfunktion entgegensteht, wird an gegebener Stelle diskutiert werden.

1.2 Brachflächen – Räume der Leere?

Die dargestellten städtischen Entwicklungsprozesse haben zur Folge, dass immer wieder zwischen zwei Phasen der Nutzung Räume ungenutzt brach liegen. Das Ausmaß, in dem Städte von diesem Phänomen betroffen sind, ist unterschiedlich. In seinem Buch „Berlin_Stadt ohne Form" beschreibt Philipp Oswalt (2000) die Berliner Situation. Er bringt dabei die Zeiten des Brachliegens von Flächen mit dem Begriff der Leere in Verbindung.

„Räume der Leere erinnern an das Abwesende und verweisen auf das Zukünftige. Statt fester Struktur bieten sie rohes Terrain. Sie sind unbestimmt und doch nicht eigenschaftslos. Daher erlauben sie die persönliche Aneignung durch den Benutzer. Die Wahrnehmung der Leere setzt jedoch eine Rahmung des Raumes voraus" (ebd., 124)

Begriffe wie Brache, Brachfläche, Brachland werden häufig in einem Atemzug mit Leerräumen, Leerstellen und Lücken genannt. Zum Teil wird das Phänomen auch – sich um eine positive Konnotation bemühend – mit „Raumressource" (SenStadt 2007a, 28), „Stadtlichtung" (Giseke u. Spiegel 2007), sogenannten „neuen Landschaften" (Kil 2004, 129) oder einfach freien Räumen oder Flächen (vgl. beispielsweise Tschaeppler et al. 2007) in der Stadt umschrieben. Auch der Begriff der *perforierten* Stadt findet im Kontext der Brachflächenthematik Anwendung (vgl. beispielsweise Kil 2004, 141f; Smaniotto Costa 2002, 23)

Brache ist insofern ein unscharfer Begriff, dessen Bewertung bzw. Bedeutung je nach Perspektive und Verständnis des Betrachters variiert. Es handelt sich um ein gesellschaftliches Konstrukt, welches wiederum auf der Basis tieferliegender Verständnisse von Stadt, Land oder Natur letztendlich vor allem darauf gründet, wie ein solcher ungenutzter Raum im städtischen Kontext wahrgenommen wird. Mögliche Perspektiven auf die vielschichtige Thematik der Brache, die sich in unterschiedlichen, für diese Räume verwendeten Bezeichnungen äußern, sollen in diesem Kapitel beispielhaft dargestellt werden. Dabei liegt der Fokus auf der Auffassung von Brachen als Räume der Leere, der wiederum ein jeweils eigenes Verständnis des Begriffs der Leere innewohnt. Abschließend wird die Angemessenheit insbesondere dieser Betrachtungsweise diskutiert.

Oswalt verwendet den Begriff der Leere im Sinne von Hohlräumen und bezeichnet Berlin als „eine Ansammlung unterschiedlicher Abwesenheiten" (Oswalt 2000, 59). Er bezieht sich dabei auf zwei verschiede Verständnisse von Leere, zum einen „konzeptuelle Leerräume, die sich [zum anderen] physischen manifestieren" (ebd., 59).

Christine Dissmann (2011) versucht sich dem Begriff der Leere ebenfalls aus Sicht der Architektur und damit der Gestaltung von Leere zu nähern. Sie zeigt allerdings auf, dass die Verwendung des Begriffs Leere im Zusammenhang mit Brachen nicht unproblematisch ist, da der *Leere* je nach Perspektive (theologisch, mathematisch, physikalisch) unterschiedliche Bedeutungen eingeschrieben sein können. Alltagsweltliche Vorstellungen von Leere sind demzufolge häufig negativ besetzt, mit dem Fehlen von Ordnung, als öde und wüst. Als mögliche Erklärung führt Dissmann die Verwendung des Bildes der Leere schon in der Schöpfungsgeschichte an. „Am Anfang schuf Gott Himmel und Erde. Und die Erde war wüst und leer." (Evangelische Kirche in Deutschland 1999, 1. Mose 1, 1-2) Eine ähnliche Konnotation lässt sich in folgendem Zitat erkennen, mit dem Philipp Oswalt im Begleitband zur Ausstellung *Schrumpfende Städte* 2006 in Leipzig das Kapitel „verwilderte Stadt" (Oswalt 2006, 142ff) einleitet:

„Der Rückzug des Städtischen hinterlässt Leerräume. Brachen und Wälder, Äcker und Felder dringen in die Stadt ein und bestimmen zunehmend ihr Bild und ihre Struktur." (ebd., 143)

Schon der Titel des Kapitels *verwilderte Stadt* deutet auf eine ambivalente Bedeutung der Leerräume hin (zu Konnotationen des Wildnisbegriffs vgl. Kirchhoff u. Trepl 2009a, 43ff sowie Kap. II 2.3.2). Das Zitat spiegelt zudem eine Auffassung von Leere als der Stadt gegensätzlich wider. Das *Eindringen* von unter anderem Brachen in den städtischen Raum, wird in der Folge als ein anscheinend unerwünschtes Raumergreifen wahrgenommen. Nikolai Roskamm spricht am Beispiel der Entwicklungen des brachgefallenen Areals des Tempelhofer Feldes von einem „horror vacui" (Roskamm 2011, 7) der Verantwortlichen.

„Eine solche Furcht, so lautet die hinter dem Begriff stehende These, speist sich aus dem Drang des rational denkenden und kulturisierten Menschen, in allem einen Sinn zu suchen. Eine absolute (und sinnlose) Leere, so das Denkmodell, könne der menschliche Geist daher nicht ertragen, sie gerate zu seinem existentiellen Alptraum." (ebd.)

Vielfach werden Brachflächen von der Bevölkerung und zum Teil auch von planerischer Seite nicht als Freiräume und mit ihrer Spontanvegetation nicht als Ergänzungen des Grünflächensystems angesehen, sondern als „profaner Ausdruck der städtischen Realität" und als ein Symbol „der eben nicht perfekt funktionierenden Stadt" (Dettmar 2006, 147). Diese Art der Bewertung von Stadtnatur im Allgemeinen und Spontan- und Brachflächen im Besonderen spürte auch der Soziologe Dieter Rink in seiner Untersuchung von Wahrnehmungen und Vorstellungen eben dieser Naturen auf (Rink 2008). Danach sind Brachflächen nicht nur ein Zeichen für den Niedergang der Städte, sondern gelten als unerwünscht und werden mit Müll, Dreck, Gefahr und Angst assoziiert, aber in der Regel nicht mit Natur oder einer ökologischen Wertschätzung (ebd., 500). Betrachtet man Brachflächen als Eindringen in die Stadt und als Wildwuchs, stehen diese Räume vielfach für einen Kontrollverlust (vgl. z. B. Kil 2005, 14), dem das unbefriedigte Bedürfnis nach Harmonie und Ordnung in der Gestalt des Raumes zugrunde liegt.

Eine völlig andere Bewertung von Brachflächen findet sich in naturschutzfachlichen Kreisen. In den Augen vieler Naturschützer und Ökologen kann man bei Brachflächen unter keinen Umständen von leeren Räumen sprechen. Ganz im Gegenteil, sie zeichnen sich in deren Augen durch eine besondere Vielfalt an Flora und Fauna aus (vgl. beispielsweise Hard 2001, 264ff; Kowarik 1993). Herbert Sukopp (1990) zufolge gehören „innerstädtische Brachflächen [...] zu den interessantesten Standorten der Großstadt" (ebd., 285). Durch die Besonderheit ihres Standortes sind sie demzufolge besonders wertvoll für die Pflanzen- und Tierwelt. Die Eigenart der Natur von Brachflächen sollte jedoch nicht zwingend auch Schutzbestrebungen nach sich ziehen (vgl. Hard 2001, 264ff). Dieser Aspekt wird in Kapitel II 3 vertieft werden. Die unterschiedliche Bewertung von Brachflächen wird beeinflusst von differierenden Verständnissen von Natur. Die Relevanz dieser impliziten Verständnisse im Umgang mit städtischen Flächen wird an diesem Beispiel deutlich. An dieser Stelle sei auf das folgende Kapitel II 2 verwiesen, dass theoretische Konzeptionen unterschiedlicher Naturverständnisse zeigt.

Trotz aller divergierenden Bewertungen gilt es abzugrenzen, welche Räume unter dem Begriff *Brachfläche* üblicherweise gefasst werden. *Brache* ist ursprünglich ein Begriff, der in der Landwirtschaft die Phase des Liegen-Lassens im Anbauzyklus einer Ackerfläche bezeichnet (vgl. z. B. Leser 2001, 108). Auf den urbanen Kontext übertragen werden als Brachflächen in der Regel jene Räume bezeichnet, deren einstige Nutzung aufgegeben wurde und die aktuell ungenutzt scheinen. Benutzt wird hier bewusst das Wort *scheinen*, da es häufig Diskrepanzen zwischen den Nutzungsvorstellungen der Planung, der Politik und der Akteure des Bodenmarktes auf der einen Seite und Akteuren informeller zivilgesellschaftlicher Nutzungen auf der anderen Seite gibt. Um genau diese Abgrenzung hervorzuheben, verwendet Dissmann (2011, 81) die Bezeichnung des *konventionellen* Ungenutzt-Seins von Flächen und Gebäuden. Die „Wartestellung" (ebd.) des Raumes auf eine neue Nutzung ist dabei in ihren Augen das Kerncharakteristikum.

Diese Wartestellung und der oben bereits eingeführte Begriff der Raumressource anstelle der Verwendung von Brache stehen für eine Sichtweise auf Brachflächen als Potentialräume. Brachen werden als Vorhalteflächen für zukünftige Nutzungen angesehen. Sie sind nicht Symbol des Niedergangs, sondern werden als Potentialflächen wertgeschätzt, wie auch die folgenden Zitate verdeutlichen: „Und erst die städtische Brache erlaubt die Erneuerung der Stadt." (Oswalt 2000, 60) Brachliegende Flächen werden damit als Raumressource, ohne die keine städtische Entwicklung möglich ist. „Die Leere ist für die Metropole so unverzichtbar wie der brachliegende Acker für die Dreifelderwirtschaft." (ebd.)

An die Überlegungen zu Brachflächen als Raumressourcen schließen sich Überlegungen zu Nutzung und Nutzbarkeit von Brachflächen an. Dabei geht es nicht nur um das Potential, das Brachflächen für eine längerfristige, zukünftige Entwicklung darstellen. Vielerorts sind diese langfristigen Perspektiven erst in weiter Ferne, wenn überhaupt, absehbar. Temporäre, häufig informelle Nutzungen bieten die Chance, sich diese Räume dennoch anzueignen.

„Dem Stadtbewohner erscheinen die Leerräume als ein Ort des Anderen. Dem Alltag entzogen, sind sie wie weiße Flecken auf der Landkarte, unbesetztes Terrain, offen für Entdeckungen." (ebd., 62)

In diesem Zitat wird wiederum *Leere* verwendet. Die Nutzungen auf Brachflächen zeigen jedoch, dass der Begriff der Leere, der sich schon im Zusammenhang mit Brachflächen als problematisch erwies, insbesondere
wenn es um Zwischennutzung von Brachen geht, nicht zutrifft. Brachflächen werden in der Regel über den Mangel an (erwünschter) Nutzung definiert. Hier setzt der Begriff der Leere an. Die Flächen laden jedoch geradezu dazu ein, sie sich anzueignen, mit (Zwischen-)Nutzungen zu belegen
und damit die *Leere* zu füllen.

1.3 Zwischennutzungen als Beispiel der Aneignung von Brachflächen

Temporäre Flächennutzungen sind kein neues Phänomen. Im Gegensatz zu
einer gebauten, permanent gedachten Stadt gab es schon immer zeitlich befristete Nutzungen, wie etwa Vergnügungsorte oder Rummel (SenStadt
2007a, 21). Das Neue an dem Phänomen der Zwischennutzung ist das
Ausmaß und die Bedeutung, die Aktivitäten zukommt, die unter dem Begriff der Zwischennutzung gefasst werden. Aufgrund von oben beschriebe-
nem Strukturwandel und politischer Transformation sind in zahlreichen
deutschen Städten auch innerstädtische Flächen brach gefallen. Da sich die
vorliegende Untersuchung Berliner Zwischennutzungsprojekten widmet,
sei herausgestrichen (vgl. zur Begründung des Untersuchungsraumes Kap.
III 2), dass Berlin von dieser Problematik in besonderer Weise betroffen ist.
Der gesellschaftliche und wirtschaftliche Wandel, der sich in Berlin besonders dynamisch vollzog, führte zu einer großen Anzahl an Verfügungsflächen. Verstärkt wurde diese Entwicklung durch die Wiedervereinigung der
geteilten Stadt und den Abzug der Besatzungsmächte, wodurch zahlreiche
Flächen aus Militär- und Regierungsnutzung sowie der Mauerstreifen
brachfielen. (SenStadt 2011, 48). Nicht zuletzt diese Flächen stellen ein
großes Potential für Zwischennutzungen dar. Aufgrund der großen Anzahl
anzutreffender Zwischennutzungen, gilt Berlin auch als *Hauptstadt der
Zwischennutzungen*. Diese für unterschiedliche Zeithorizonte zur Disposition stehenden Areale bieten neue Möglichkeiten der Nutzung dieser Räume.
Zwischennutzungen können gegenüber konventionellen Nutzungen durch
verschiedene Kriterien abgegrenzt werden: die Temporalität, die Nutzungsvielfalt und ihre Eigenart.

Temporalität

Zwischennutzung, temporäre Nutzungen, temporäre Räume, Raumpioniere, Interimslösungen, Nischennutzungen – es existieren zahlreiche, häufig unscharfe Begriffe für ein und dasselbe Phänomen oder zumindest sich im Kern überschneidende Phänomene. Sie beschreiben Nutzungen (bzw. deren Initiatoren), die sich in Räumen finden, die für andere Nutzungen ausgelegt waren, deren ursprüngliche Nutzung jedoch aufgegeben wurde und für die zukünftig eine andere Nutzung vorgesehen ist (vgl. beispielsweise Haydn u. Temel 2006, 17; SenStadt 2007a, 36; BMVBS 2008, 1; Angst et al. 2010, 54ff). Es geht um das Temporäre der Stadtraum-Nutzung. Die Abgrenzungsversuche beziehen sich mehrheitlich auf drei Autorenkreise und deren Arbeiten zu temporären Nutzungen und möglichen Definitionsansätzen: „Temporäre Räume. Konzepte zur Stadtnutzung" von Haydn u. Temel (2006), Veröffentlichungen aus dem Umfeld des Forschungsprojekts Urban Catalyst, wie beispielsweise „Urban Pioneers" (SenStadt 2007a) sowie die Publikation „Zwischennutzung und neue Freiflächen – Städtische Lebensräume der Zukunft" des Bundesamts für Bauwesen und Raumordnung (BBR 2008). Allen Definitionen ist gemein, dass die zeitliche Befristung der Nutzung von vorneherein gegeben ist. Diese Temporalität ist häufig von Seiten der Eigentümer und der Stadtplanung begründet, da eine andere Nutzung später einmal vorgesehen ist, seltener von Nutzerseite. Den Nutzerinnen bietet die zeitliche Befristung eine Laborsituation für das Ausprobieren alternativer, innovativer, künstlerischer Projekte. „Die Mehrheit der Zwischennutzer versteht sich [jedoch] nicht als Zwischennutzer" (Angst et al. 2010, 60), sondern fügt sich der zeitlichen Befristung gezwungenermaßen.

Temporär genutzt werden können sämtliche brach gefallenen Immobilien und Liegenschaften. Zwischennutzungen können von vorn herein begrenzte Lücken füllen, als Provisorien und Platzhalter für spätere Planungen dienen, länger existieren als zu Beginn geplant oder sich gar verstetigen, also von ihrer Befristung entbunden zu Nachnutzungen werden. Die meisten Autoren beschränken sich jedoch nicht auf die Temporalität bei der Abgrenzung von Zwischennutzungen zu anderen, ‚normalen' Nutzungen im städtischen Raum. Häufig wird nicht explizit gemacht, welche Kriterien zur Auswahl der in Veröffentlichungen diskutierten Beispiele herangezogen wurden. Die getroffene Wahl zeigt jedoch, dass weitere Kriterien scheinbar implizit berücksichtigt wurden.

Nutzungsvielfalt und Eigenart von Zwischennutzungen

Die Publikation „Urban Pioneers" (SenStadt 2007a) benennt zur Abgrenzung von Zwischennutzungen neben dem oben bereits ausgeführten Kriterium der Temporalität zwei weitere Charakteristika: die ökonomische Eigenart und die Nutzungsvielfalt (ebd., 37f). Dieser spezielle ökonomische Charakter wird wie folgt beschrieben: „Günstiger Raum gegen befristete Nutzung." (ebd., 37)

Während im Rahmen des Projekts „Urban Pioneers" (SenStadt 2007a) als weiteres Kriterium lediglich das breite Spektrum an möglichen Nutzungsarten betont wird, fassen Haydn und Temel (2006) dieses Kriterium deutlich enger. Sie beziehen sich auf die Tatsache, dass unter Zwischennutzungen „demnach die [Nutzungen verstanden werden], die aus der Idee der Temporalität eigene Qualitäten ziehen wollen" (ebd., 17). Haydn und Temel stellen hier die Spezifität der Nutzungen heraus. Unberücksichtigt bleibt jedoch, dass die Gründe für zeitlich befristete Nutzungen deutlich vielfältiger sein können, als nur die Qualitäten der Temporalität auszuschöpfen. Die Begründungen einer zeitlichen Befristung unterscheiden sich zudem zwischen den beteiligten Akteuren. Neben dem Nutzen eines kreativen, coolen, subkulturellen, morbiden Charmes gebrauchter Räume für Zwischennutzungen, kann auch die bloße Not, bezahlbaren Raum zu finden, Nutzer zu *Zwischen*nutzer machen, die es bevorzugen würden, permanente Nutzer zu sein, diese Chance jedoch nicht bekommen. Ein vielfach angeführtes Argument für zeitliche Befristungen von Seiten der Eigentümer, ist das Bestreben nach der Etablierung möglichst lukrativer Nutzungen, denen typischerweise die spezifischen Aktivitäten von Zwischennutzer nicht gerechnet werden können. Mit der Betonung der Spezifität der Nutzungen werden Zwischennutzungen jedoch sichtbar von eingangs genannten zeitlich begrenzten Nutzungen, wie Rummelplätzen oder Märkten und auch von Bauten, wie Supermärkten, die häufig unter das temporäre Baurecht fallen, abgegrenzt. Denn „grundsätzlich ist Zwischennutzung nichts Alternatives: jeder Supermarkt stellt seine Halle an einen rentablen Ort und reißt sie wieder ab, wenn sie sich amortisiert hat und nicht mehr erfolgreich genug läuft" (Arlt 2006, 41). Haydn u. Temel (2006, 31f) betrachtet temporäre Nutzungen als jene „Nutzungen, [für die] eine Gesellschaft üblicherweise keinen Raum vorgesehen hat". Zwischennutzer suchen sich Nischen, sowohl räumliche, wie auch im übertragenen Sinne, in der Art ihrer Nutzung, und füllen diese.

Arten und Orte der Zwischennutzung

Die Spannbreite typischer Zwischennutzungen ist groß. Der Typologie von Dransfeld und Lehmann (2008, 25ff) folgend, lassen sich die Aktivitäten den Bereichen Kultur, Erholung, Sport, Soziales, Gewerbe und Natur zuordnen. Unter Natur werden der Definition dieser Autoren zufolge Grünflächen, Parks und Gemeinschaftsgärten gefasst. Häufige weitere Beispiele für Zwischennutzungen sind Galerien und Ausstellungen, Strandbars und Clubs sowie Sportstätten.

Die Orte der Zwischennutzung können der Einteilung des Projekts „Urban Pioneers" (SenStadt 2007a, 28ff) folgend unterteilt werden in Gewerbebrachen, aufgegebene Infrastrukturflächen, Rückbauflächen, aufgegebene Friedhofsflächen und Baulücken. „Raumpioniere verteilen sich nicht willkürlich in der Stadt, sondern sind gebunden an räumliche Kontexte." (ebd., 44) Bestimmte Schlüsseleigenschaften müssen gegeben sein, um Räume für Zwischennutzer attraktiv zu machen. Im Rahmen des Projekts „Urban Pioneers" wurden die Verfügbarkeit, die Flächengröße und Bebauungsstruktur, die Topographie und Zentralität, das Milieu sowie die bestehenden Planungen als Determinanten einer Entwicklung von Zwischennutzungen identifiziert (ebd., 44ff). Hinsichtlich der Wertigkeit der einzelnen Faktoren konstatiert der Kulturwirtschaftsbericht eine überdurchschnittliche Wertigkeit der kostengünstigen Verfügbarkeit sowie der Möglichkeiten einer kreativen Entfaltung:

„Entscheidend ist nicht die ‚Adresse', das Label oder eine besondere Qualität des Standorts, sondern dass die Kosten gering und persönliches Gestalten und Engagement zulässig sind." (Senatsverwaltung für Wirtschaft 2008, 122).

Akteure von Zwischennutzungen

Die Aushandlung von Zwischennutzungen ist geprägt durch die Einflüsse verschiedener Akteure. Betrachtet man zunächst die Akteurskonstellation konventioneller Nutzungen, lassen sich drei Gruppen von Akteuren als für die Standortentscheidung relevant identifizieren: Unternehmen, Konsumenten sowie Planer und Politiker (Kulke 2003, 33). Dieser Ansatz ist insofern zu modifizieren, als das Spezifische der Konstellation bei Zwischennutzungen innerhalb der Gruppe der Unternehmen liegt. Hier werden sowohl privatwirtschaftliche Flächeneigentümerinnen wie auch Nutzerinnen der Fläche, die im Umgang mit Zwischennutzungen nicht privatwirtschaftlich organisiert sein müssen, zusammengefasst. Um dieser Eigenart Rechnung zu tragen, wurde eine Unterscheidung in Akteure der Zivilgesellschaft, des Bodenmarktes sowie der Planung und Politik vorgenommen (vgl. Abb. 1). Innerhalb dieser drei Hauptgruppen sind folgende Akteure im Umgang mit Zwischennutzungen relevant:

(1) Bei den *Eigentümerinnen* brach gefallener Gebäude und Flächen als Akteure des Bodenmarktes kann es sich sowohl um privatwirtschaftliche, wie auch um öffentliche Eigentümerinnen handeln. Städtische Liegenschaftsverwaltungen, Immobiliengesellschaften und Privateigentümerinnen streben nach Miet- und Pachteinnahmen oder zumindest nach Kostendeckung im Falle von Leerständen (vgl. BMVBS 2008, 2).

(2) Als *planende Akteure* haben in der Regel die jeweiligen Stadtplanungsämter, sowie die mit der Grünplanung betrauten Ämter Einfluss auf die Entwicklung von Flächen, auf denen Zwischennutzungen entstehen oder entstanden sind. Handelt es sich um Flächen, die Teil größerer Stadtentwicklungsprojekte sind, hat es häufig auch eine stadtpolitische Dimension, wenn für oder gegen Zwischennutzungen entschieden wird. In solchen Situationen sind *stadtpolitische Gremien* Teil der Akteurskonstellation.

(3) Die augenscheinlichsten Akteure sind selbstredend die *Zwischennutzer*. Sie werden der Gruppe der Zivilgesellschaft zugerechnet. Doch auch innerhalb dieser Gruppe gibt es eine große Vielfalt an möglichen Organisationsformen. Sie reicht von der Einzelperson, über lose Zusammenschlüsse mehrerer Personen, Vereine bis hin zu kleinen Unternehmen (ebd.). Zwischennutzungen sind in der Regel relativ kapitalextensiv angelegt. Dies begründet sich zum einen bereits in der zeitlichen Befristung, die große Investitionen unrentabel macht. Zum anderen zeichnen sich die Zwi-

schennutzer selbst häufig durch einen relativ geringen Kapitalstock aus, der durch ein hohes Maß an persönlichem Engagement kompensiert wird (SenStadt 2007a, 36f). Etwa die Hälfte der Zwischennutzungen wird mit einem unternehmerischen Ziel betrieben. Daneben finden sich Ehrenamtliche mit unterschiedlichen Motivationen, gesellschaftliche Aussteiger und öffentliche Betreiber (ebd., 37ff).

Abbildung 1: Übersicht der Akteure und Akteursgruppen im Umgang mit Zwischennutzungen

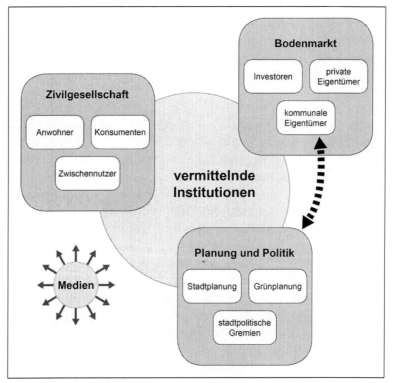

Quelle: eigene Darstellung

Haydn und Temel (2006, 15) führen noch zwei weitere Gruppen an, die zwar häufig keine direkte Entscheidungsmacht im Umgang mit Zwischennutzungen haben, aber durchaus eine indirekte, die oft nicht zu vernachlässigen ist. Demzufolge kommt in einigen Fällen den *Medien* Bedeutung für den Diskurs um Flächennutzungen zu. Hinzu kommen bei zahlreichen Zwischennutzungen die *Be-Nutzer* oder *Konsumenten*, die oft nicht mit den eigentlichen Initiatoren identisch ist und ebenfalls der Gruppe der zivilgesellschaftlichen Akteure zugerechnet werden.

Eine besondere Rolle nimmt eine zunehmende Zahl von *vermittelnden Institutionen* bzw. *Kümmerern* ein, die sich der Initiierung von Zwischennutzungen widmen (vgl. Dransfeld u. Lehmann 2008, 28f; BMVBS 2008, 124). In Berlin beispielsweise hat sich das privatwirtschaftliche Planungsbüro *COOPOLIS - Planungsbüro für kooperative Stadtentwicklung*, das aus der Zwischennutzungsagentur hervorgegangen ist, auf die professionelle Vermittlung von brach gefallenen Räumen an Raumsuchende spezialisiert. Auch in Leipzig mit der *Brachenvermittlungsstelle* und in Bremen mit der *ZwischenZeitZentrale*, sowie in zahlreichen anderen deutschen Städten existieren Vermittlungsbüros und Koordinationsstellen, deren Fokus auf der Initiierung temporärer Raumnutzungen liegt.

In den Konstellationen treffen häufig sehr unterschiedlich ausgestattete Akteure aufeinander, unterschiedlich ausgestattet an Kapital und an Entscheidungsmacht. Die Beziehungen zwischen den beteiligten Akteuren können durchaus konflikthaft sein. Zum Teil gehen die Auffassungen der Akteure über die Zulassung und Beendigung einer Nutzung auseinander. Die Arten der Raumaneignung reichen dabei von verschieden Formen vertraglich geregelter Nutzung (BMVBS 2008, 98) bis hin zu illegalen Besetzungen. Mit der Furcht vor *Verstetigung* (ebd., 136) wird die Sorge der Eigentümerin formuliert, dass Zwischennutzungen unerwünscht zu dauerhaften Nutzungen avancieren. Diese Gefahr besteht jedoch nicht generell bei allen Formen von Zwischennutzungen. Auch hier gibt es eine große Bandbreite der zeitlichen Anlage von Nutzungen. Neben Nutzungen, die bewusst befristet angelegt werden, beispielsweise als einmalige Events, gibt es Nutzungen, die die Befristung nutzen, Ideen auf ihre Tragfähigkeit zu prüfen und lediglich bei Erfolg fortzuführen, oder auch Nutzungen, die auf dem regulären Mietmarkt keine Chance haben und daher auf befristete Nutzungsrechte zurückgreifen müssen.

Zwischennutzungen als Pioniernutzungen?

Im Zusammenhang mit Zwischennutzungen fällt häufig der Begriff der Raumpioniere (vgl. beispielsweise SenStadt 2007a; Budke 2006). Der Verwendung des Begriffs *Pioniere* liegt ein spezifisches Verständnis der Funktion von Zwischennutzungen zugrunde. Dieses Verständnis von Zwischennutzung zeugt davon, dass sie nicht nur Lücken füllen, sondern auch das Potential haben, Folgenutzungen nach sich zu ziehen. Die Effekte reichen von der Verhinderung von Vandalismus bis hin zur Schaffung eines positiven Images. Erfolgreiche Zwischennutzungen schaffen eine positive Öffentlichkeit für Flächen, die im Stadtgefüge als Brache zum Schandfleck, Leerraum oder anderweitig negativ belegtem Ort wurden (vgl. Kap. II 1.2). Inwieweit Zwischennutzungen Einfluss auf den Bodenmarkt und die Immobilienwirtschaft haben, ist schwer zu ermitteln. Positive Effekte sind jedoch nicht zu leugnen (vgl. beispielsweise BMVBS 2008, 102ff; SenStadt 2007b).

Definiert man Zwischennutzungen als Nutzungen, die mit Vor- oder Nachnutzungen per se nichts gemein haben und deren Nutzung von vornherein befristet ist, wäre zu hinterfragen, wie viele Zwischennutzungen unter die Kategorie der Pioniernutzungen fallen, die sich verstetigen oder tatsächlich Nachnutzungen generieren können. In vielen Fällen steht bereits von vorneherein fest, wie die Nachnutzung auszusehen hat. Die Zwischennutzung belegt lediglich diese vorgegebenen Zeitfenster. Dem zufolge sind Pioniernutzungen nur eine Teilmenge der Zwischennutzungen an sich. Angst et al. (2010, 102ff) gliedern Zwischennutzungen hinsichtlich ihrer Funktion in unter anderem tatsächliche Interimslösungen, Impuls, und Etablierung. Dieser Typologie folgend wären Nutzungen, die unter dem Begriff der Pioniernutzung subsumiert werden, anzusiedeln zwischen Impuls, als Impulsgeber für weitere Entwicklungen, und Etablierung, als bewährte, erfolgreiche Zwischennutzung zur Dauerlösung werdend. Generell bieten Zwischennutzungen zwar die Möglichkeit, Konzepte auszuprobieren und auf Erfolg zu überprüfen und damit das Potential einer Aktivität als Impuls und für die Etablierung zu testen. Nicht jede erfolgreiche Zwischennutzungen hat jedoch die Möglichkeit zur endgültigen Nutzung zu werden, da häufig andere Planungen bestehen oder Flächen bereits an Investoren veräußert wurden. Arlt (2006, 41) schätzt den Anteil jener Zwischennutzungen, die erfolgreich sind und dadurch zur Nachnutzung werden, jedoch als gering ein.

Aneignung

Die Aneignung von Räumen für temporäre Aktivitäten erfolgt auf verschiedensten Wegen. Zwischennutzungen können sich geplant und ungeplant entwickeln. Die Nutzer können ihre Räume finden oder auch umgekehrt: die Eigentümerin sucht Nutzer für seine Flächen. Folgt man der Unterscheidung Dransfeld und Lehmanns (2008, 16ff) fallen in die ungeplante Variante illegale Zwischennutzungen ebenso wie zwar von der Eigentümerin genehmigte, aber dennoch sich ungesteuert entwickelnde Zwischennutzungen. Auch natürliche Sukzession rechnen die Autoren als eine ungeplante Zwischennutzung, da sie in der Regel von der Eigentümerin nicht gewünscht, sondern nur geduldet ist und insofern zeitlich bis zu einer Nachnutzung befristet ist. Im zeitlichen Verlauf können auch Veränderungen des rechtlichen Status der Zwischennutzung eintreten, zum Beispiel durch Beweis der Tragfähigkeit einer Nutzung, die in eine vertragliche Vereinbarung zwischen Eigentümerin und Zwischennutzer mündet, der damit offizieller Mieter wird. Geplante Zwischennutzungen sind dieser Typologie folgend „instrumentalisierte" und „determinierte" Zwischennutzungen (Dransfeld u. Lehmann 2008, 18). Instrumentalisiert werden dabei Zwischennutzungen für Marketing- und Imagemaßnahmen mit dem Ziel der Standortaufwertung. Unter determinierten Zwischennutzungen werden in diesem Zusammenhang Aktivitäten subsumiert, die klassischerweise unter das temporäre Baurecht fallen und planerisch intendiert sind. Legt man die oben erläuterten Kriterien der Spezifität der Nutzungen an, sind beide Formen von Aktivitäten keine Zwischennutzungen im engeren Sinne.

Stadtentwicklung mit Zwischennutzung?

Abgesehen von oben beschriebenen Formen der Aneignung, kann die Aktivität auch vor dem Hintergrund der Plan- oder Unplanbarkeit durch Planungsinstanzen und stadtpolitische Gremien beleuchtet werden. Zwischennutzungen werden im Allgemeinen verbunden mit Aneignungsformen, die einem bottom-up-Paradigma von Stadtentwicklung folgen. Planungen werden nicht auf einer administrativen Ebene entworfen, sondern Entwicklungen entstehen aus der Bevölkerung. Auf Zwischennutzungen angewendet bedeutet dieses Prinzip, dass Zwischennutzerinnen eine Lücke für ihre Aktivitäten suchen, finden und in diesen Räumen ihre Aktivität realisieren. Den planenden Instanzen und auch den Eigentümerinnen kommt als genehmigende (oder zumindest tolerierende) Akteure zwar Bedeutung zu – sie sind jedoch nicht die Initiatoren und treibenden Kräfte. Dieses Verständnis zeigt sich auch in dem folgenden Zitat: „Temporäre Nutzungen sind Symptome eines alternativen Stadtplanungsverständnisses: Statt die Entwicklung der Verwaltung und der Ökonomie zu überlassen, erproben sie ein Aneignen der Stadt." (Haydn u. Temel 2006, 9)

Mittlerweile wird das Zwischennutzungskonzept jedoch auch in den Kreisen der Stadtplanung als das „aktuelle Heilsversprechen moderner Stadtentwicklung" (Weissmüller 2013, 11) gehandelt. Es entsteht ein Bewusstsein dafür, dass in Zeiten leerer Kassen, geringer Nachfrage nach bestimmten Flächenkategorien und zunehmenden Interesses der Bevölkerung, Stadtentwicklung mitzutragen, Zwischennutzungen ein möglicherweise probates Mittel sind, Partizipation, Kostenersparnis und Imageverbesserung zu integrieren (vgl. beispielsweise (Haydn u. Temel 2006, 32). Es wird daher zunehmend versucht, diese unkontrollierbar scheinenden und selbsttätig ablaufenden Prozesse der Aneignung von Flächen für temporäre Aktivitäten, gezielt für bestimmte Flächen zu forcieren und sich zunutze zu machen. Die bereits existierenden Vermittlungsinstitutionen sind dafür ebenso ein Zeichen, wie die im Folgenden ausgeführte Anwendung von Zwischen- und Pioniernutzungskonzepten im Rahmen der Entwicklung des Tempelhofer Feldes in Berlin. Das für das Tempelhofer Feld angewandte Vorgehen deutet darauf hin, dass beide Seiten – Planerin und Nutzerin – bereit sind, sich auf einen gemeinsamen Planungs- und Entwicklungsprozess einzulassen und dass die Ängste der planenden Akteure vor Problemen mit Zwischennutzerinnen, wie etwa die Angst vor Verstetigung der Nutzungen, hinter den positiven Effekten zurücktreten. Das Verfahren im Umgang mit der Nachnutzung des Tempelhofer Feldes deutet einen Sinneswandel an von Zwischennutzungen als geduldeten Notlösungen hin zu Zwischennutzungen als wichtiger Impulsgeber einer partizipatorischen Stadtentwicklung und eines begehrten Imagegewinns für kreative Städte.

Zwischennutzungen im Leitbild „Tempelhofer Freiheit"

Ein prominentes Beispiel für den Versuch der Integration temporärer Ansätze in Stadtentwicklungsprozesse sind die Planungen im Zuge der Nachnutzung des ehemaligen Flughafens Tempelhof und des zugehörigen Flugfeldes. Eine Fläche von etwa 230 Hektar soll auch in Zukunft unbebaut bleiben und als Parklandschaft öffentlich zugänglich sein. Vorläufig hat die Senatsverwaltung für Stadtentwicklung Teile der Fläche – drei sogenannte Pionierfelder – befristet bis 2014 bzw. 2016 für Zwischen- und Pioniernutzungen geöffnet, um eine zivilgesellschaftliche Einbindung in Stadtentwicklungsprozesse zu gewährleisten (vgl. beispielsweise SenStadt 2010c; SenStadt 2010d). Das von der Senatsverwaltung kommunizierte und verfolgte Leitbild „Tempelhofer Freiheit" (SenStadt 2010c) formuliert die Entwicklungsziele und Vorstellungen der Umsetzung für das ehemalige Flugfeld. Demnach wird

„die Tempelhofer Freiheit [...] gemeinsam mit der aktiven und engagierten Stadtgesellschaft entwickelt: Pioniernutzer erhalten für eine Übergangszeit von bis zu fünf Jahren Flächen, auf denen sie ihre Ideen und Projekte umsetzen können." (ebd., 1)

Die Differenzierung in *Pionier-* und *Zwischen*nutzungen symbolisiert, dass sowohl Aktivitäten auf Zeit möglich sind, als auch Nutzungen, die sich dauerhaft etablieren können (vgl. SenStadt 2010d, 1). Diese unterschiedlichen Intentionen derartiger Nutzungen wurden im vorangehenden Abschnitt bereits thematisiert. Der Senatsverwaltung geht es bei der Ansiedlung also ganz explizit um die Effekte, die die Flächenpioniere für die Entwicklung des Tempelhofer Feldes erzeugen können und nicht um das Füllen von zeit- und räumlichen Nutzungslücken.

Betrachtet man die Art und Weise der Ansiedlung von Pioniernutzungen auf dem Tempelhofer Feld und den Verlauf der Aneignung, so lassen sich deutliche Unterschiede zu dem ursprünglichen Ablauf bei Zwischennutzungen erkennen.

„Hinsichtlich der offiziellen Planungen für das Tempelhofer Feld ist derzeit von außergewöhnlichen Vorkommnissen zu berichten. Erstmals wird hier nämlich versucht, mit einer Aktivierungsstrategie für Zwischennutzungen eine neue Form der Standortentwicklung zu betreiben." (Roskamm 2011, 9)

Im Unterschied zur ursprünglichen Aneignung schreibt in diesem Fall die Eigentümerin Flächen zur Nutzung aus. Die Senatsverwaltung für Stadtentwicklung legt die thematische Ausrichtung fest und führt ein Bewerbungsverfahren durch. Damit wird das ursprüngliche Verfahren, das stark vereinfacht beschrieben werden könnte mit *Zwischennutzerin sucht Fläche und versucht Eigentümerin dafür zu gewinnen*, umgekehrt.

Inwieweit diese Ansätze von Erfolg gekrönt sein werden, muss die Zeit noch zeigen. Zahlreiche Nutzungen haben sich auf den Flächen angesiedelt. Die Nachfrage ist also vorhanden. Ob die *Pionier*nutzungen letztlich *Zwischen*nutzungen bleiben oder sich im Rahmen der Entwicklung des Tempelhofer Feldes zu dauerhaften Angeboten verstetigen können, muss abgewartet werden.

2 NATUR

Was ist eigentlich Natur? Alles, das grünt und blüht oder ist es auch Natur, wenn die Sonne scheint oder es regnet? Gibt es Natur eigentlich nur draußen, vor den Toren der Städte oder ist ein städtischer Schrebergarten auch Natur? Ist es Natur, wenn der Marder die Bremsleitungen meines geparkten Autos zerbeißt? Nehme ich Natur wahr, wenn ich das Eichhörnchen im Stadtpark beim Knabbern von Nüssen beobachten kann? Diese etwas plakativ gewählten Beispiele zeigen bereits, dass unter Umständen jeder etwas anderes unter Natur versteht. Besonders augenscheinlich wird dies in Diskussionen um schützenswerte Natur. Was für den einen hochgradig wertvoll, ist dem anderen lästig. Man denke nur an das populäre Beispiel der Kleinen Hufeisennase, einer Fledermausart, im Zusammenhang mit dem Bau der Dresdner Waldschlößchenbrücke. Die Diskussionen um deren Existenz, ihren Schutz bzw. Maßnahmen zum Schutz dieser Tiere verzögerten, neben anderen Einflussfaktoren, den Bau der Brücke bedeutend (vgl. Rosenfeld 2013; Schilder 2013). Aber nicht nur im Umgang mit Naturschutzfragen spielen unterschiedliche Vorstellungen von Natur eine Rolle. Auch in Fragen städtischer Flächennutzungen sowie den zugehörigen Diskursen zeigt sich, dass Vorstellungen davon, was Natur ist, nicht per se bestehen oder im luftleeren Raum entstehen, sondern gesellschaftlich konstituiert werden. Natur wird in gesellschaftlichen Kommunikationsprozessen und Diskursen konstruiert.

Kapitel II 2.1 geht zunächst auf konstruktivistische Denkansätze ein, um diese im Anschluss auf die Konstruktion von Natur anzuwenden. Mit der Politischen Ökologie wird ein Arbeitsfeld vorgestellt, das unter anderem dem diskursiven Charakter von Natur Rechnung trägt und als Bezugsrahmen für diese Arbeit dienen kann. Aus dem konstruktivistischen Verständnis von Natur resultiert die Einschätzung, dass in Kommunikationsprozessen unterschiedliche Naturverständnisse aufeinandertreffen und verhandelt werden. Nach einer Klärung der Begrifflichkeiten in Kapitel II 2.2 werden aus unterschiedlichen disziplinären Perspektiven Konzeptionen vorgestellt, diese Naturverständnisse in unterschiedlichen Kontexten zu fassen (Kapitel II 2.3).

2.1 Natur als Konstruktion

Dieser Arbeit liegt die Annahme eines konstruktivistischen Verständnisses von Natur als Erklärungsansatz zugrunde. Demzufolge existiert Natur nicht als objektive Wirklichkeit, sondern wird abhängig vom jeweiligen Kontext ausgehandelt und konstruiert. Diese Vorstellung schlägt sich in der Existenz und dem Einfluss unterschiedlicher Naturverständnisse im Umgang mit Zwischennutzungen nieder.

Konstruktivistische Denkansätze

Konstruktivistische Denkansätze entstammen unterschiedlicher disziplinärer Herkunft. Ihnen allen gemein ist die Problematisierung des Verhältnisses zur Realität. Flick (2009a) unterscheidet anhand der Konstruktionsleistungen auf unterschiedlichen Ebenen drei Denkrichtungen des Konstruktivismus (ebd., 151): einen radikalen Konstruktivismus, der jegliche Erkenntnis und Wahrnehmung von Wirklichkeit als Konstruktion erachtet (vgl. Glasersfeld 1996); einen sozialen Konstruktivismus, der annimmt, dass eine soziale Wirklichkeit in gesellschaftlichen Prozessen konstituiert wird (vgl. Berger u. Luckmann 1969), sowie eine konstruktivistische Wissenschaftssoziologie, der zufolge Wahrheiten durch wissenschaftliche Erkenntnis produziert werden und „wissenschaftliche Fakten als soziale Konstruktionen" angesehen werden (vgl. Knorr-Cetina 1984). Insbesondere die ersten beiden Formen konstruktivistischer Ansätze sind für qualitative Forschungsarbeiten von Bedeutung (Flick 2009a, 152), denen die konstruktivistische Annahme zugrunde liegt, dass gesellschaftliche Wirklichkeit in der Kommunikation, Produktion und Reproduktion permanent konstituiert wird. Demzufolge kann davon ausgegangen werden, dass es nicht eine objektiv erfassbare Wirklichkeit gibt, sondern eine Vielzahl von Realitäten, die abhängig vom Kontext ständig konstruiert werden.

„Die Wirklichkeit entsteht [...] durch kontinuierliche Bedeutungszuweisungen; durch Sprechen oder Schreiben, Denken oder Fühlen im Rahmen kultureller Konventionen. Mit anderen Worten: Die Wirklichkeit stellt eine Konstruktion dar, die im Rahmen von Repräsentationsprozessen (re-)produziert wird." (Lossau 2003, 104)

Wirklichkeit wird demzufolge in Kommunikationsprozessen produziert und ist Ergebnis diskursiver Praktiken. „Diskurse vermitteln folglich die symbolischen Ordnungen einer Gesellschaft." (Wolkersdorfer 2001, 195) Den paradigmatischen Wandel beschreibt Wolkersdorfer als die *konstruktivistische Wende* wie folgt:

„[Es] stehen nicht länger die analytischen Fragen nach dem ‚Was ist?' auf der Agenda. Stattdessen interessiert man sich für die Produktion von Wahrheiten, für ihre Ursprünge, ihre Genealogien." (ebd., 194)

Konstruktivistische Denkansätze sind mit dem Cultural Turn (vgl. Bachmann-Medick 2006) insbesondere auf dem Feld der Neuen Kulturgeographie (vgl. Gebhardt et al. 2007) sowie der Politischen Geographie rezipiert worden (vgl. Lossau 2002; Gebhardt et al. 2003; Wolkersdorfer 2001). Der konstruktivistische Zugang ist auch der „gemeinsame Nenner" (Gebhardt et al. 2007, 12) der vielfältigen unter dem Dach der Neuen Kulturgeographie diskutierten Arbeiten.

„Der gemeinsame Nenner liegt dabei weniger auf der inhaltlichen, als vielmehr auf der konzeptionellen Ebene: Kennzeichnend ist in erster Linie die Hinwendung zu konstruktivistischen Forschungsperspektiven, die auch und gerade auf Forschungsthemen angewendet werden, die quer zu den klassischen ‚Bindestrich-Geographien' verlaufen." (ebd.)

Die Neue Kulturgeographie definiert sich über diese Forschungsperspektive, die unter Berücksichtigung des konstruktivistischen Blickwinkels er-
kenntnistheoretisch auf einen Beitrag zur „Weiterentwicklung einer wissen-
schafts- und gesellschaftstheoretisch reflektierten Humangeographie" (ebd.,
14) ausgerichtet ist. Die „Dekonstruktion des vermeintlich Offensichtlichen" (ebd.) auf implizite Vorverständnisse ist der für dieses Feld charakteristische Zugang zu Forschungsgegenständen.

„Machtvolle und in diesem Sinne ‚herrschende' gesellschaftliche Konventionen,
Narrative oder Diskurse, die in oft subtiler Art und Weise die Strukturen der Gesellschaft rahmen, sollen in ihrem Wirken transparent gemacht werden." (ebd.)

Charakteristisch ist des Weiteren eine De-Zentrierung des Blicks, die zur
Folge hat, dass auch wissenschaftliche Weltdeutungen nur eine von vielen
möglichen Perspektiven auf die Welt darstellen und keinen Anspruch auf
eine objektive Wirklichkeit beanspruchen können (ebd.). Mit Verweis auf
konstruktivistische Denkansätze die Existenz einer objektiven Realität zu
leugnen, wäre jedoch der falsche Schluss. Sie steht lediglich nicht zur Diskussion, sondern die Prozesse ihrer Konstitution. In anderen Worten

„geht es ja weniger darum, den Dingen eine Existenz vor ihrer Bedeutung ab- oder
zuzusprechen, als vielmehr darum, die Unmöglichkeit der *Erkenntnis* vor-
semantischer bzw. extra-diskursiver Objekte oder Sachverhalte zu betonen – existiert doch, wie Foucault (1981) nahelegt, außerhalb von Diskursen nichts, was von
Bedeutung wäre, und stellt doch ein ANDERES Denken kein Denken in ontologischen, sondern in epistemologischen Kategorien dar." (Lossau 2002, 96; Hervorhebungen im Original)

Die materielle Welt wird in ihrer Bedeutung somit nicht ausgeblendet. Die
Ansätze folgen lediglich der Perspektive, die einer Erkenntnis gesellschaftlicher und materialer Realitäten das Verständnis diskursiver Prozesse zugrunde legt.

Natur als Konstrukt

Vor dem Hintergrund eines solchen Denkansatzes wird Natur ebenfalls als soziales Konstrukt erachtet (vgl. Flitner 1998; Zierhofer 2003). Auch Natur existiert nicht per se, sondern wird abhängig von der eingenommenen Perspektive konstituiert.

„Our representations of nature do not mirror an objective or universally valid knowledge about the role, function, or ‚essence' of nature but are, on the contrary, dependent on culture-specific knowledge systems." (Lossau u. Winter 2011, 335)

Was als Natur erachtet wird, ist stets Ergebnis eines Prozesses, der auf Basis einer kulturellen Ordnung Natur konstituiert. Das erzeugte Naturbild ist damit kontext- und subjektabhängig (vgl. z. B. Eisel 2004; Hard 1993; Trepl 1992).

„Was Natur objektiv ist, folgt nicht nur aus dem Objekt, sondern auch aus Projektionen gesellschaftlicher Anliegen in ein Feld von Interpretationsmöglichkeiten außerhalb der Gesellschaft. Somit variieren Naturbegriff und Naturerfahrung mit den in den theoretischen Konzepten enthaltenen Anliegen, wonach ‚beobachtet' wird." (Eisel 2004, 92)

Demzufolge wirft eine konstruktivistische Betrachtung von Natur die Frage auf, welche Auffassungen von Natur in Kommunikations- und Aushandlungsprozessen eingebettet sind, welche Akteure diese Verständnisse in den Diskurs einbringen und welche Wirkmächtigkeit sie besitzen.

Analog zu oben beschriebener Vielfältigkeit der konstruktivistischen Denkansätze kann dies für die Betrachtung der verschiedenen Konstruktionsweisen von Natur angenommen werden. Beispielhaft sei hier eine Typologie dieser Konstruktionsweisen von Michael Flitner (1998) vorgestellt. Er unterscheidet vier Formen der Konstruktion von Natur: eine *erkannte*, eine *kulturelle*, eine *simulierte*, sowie ein *produzierte* Natur (ebd., 89ff). Unter Konstruktionsprozessen einer *erkannten* Natur werden Ansätze subsumiert, die auf einer erkenntnistheoretischen Basis zum einen kognitionsbiologisch von Konstruktionsleistungen des Individuums ausgehen, „wonach es grundsätzlich keine ‚naturgetreue' Abbildung der Wirklichkeit geben könne, sondern die Beobachtungen ein Konstrukt des Bobachtenden seien" (ebd., 90). Diese Denkweise entspricht der oben angeführten Perspektive eines radikalen Konstruktivismus, der zufolge jegliche Erkenntnis eine Konstruktion ist. Zum anderen werden auch Perspektiven eines sogenannten Laborkonstruktivismus hierzu gezählt, die von einer Konstruktion von Wirklichkeit über wissenschaftliche Fakten ausgehen (ebd.). Ohne das hier vorgestellte Schema konstruktivistischer Zugänge auf diese Arbeit anwenden zu wollen, sind hier insbesondere die Denkansätze einer *bedeutenden* oder *kulturellen* Natur von Interesse, denen allen gemein der kulturtheoretische Zugang ist und die sich „mit der Repräsentation und (Be-)Deutung von Natur [...] als geschichtlich-kulturelles Produkt, in Form von Klassifikationen, Symbolen und Mythen" (ebd.) beschäftigen. Dieses Feld deckt sich am ehesten mit den Denkansätzen des Sozialkonstruktivismus. Der Vollständigkeit halber sei an dieser Stelle auch kurz auf die zwei weiteren Typen konstruktivistischer Forschungsperspektiven eingegangen, die jedoch für die Zielsetzung dieser Arbeit weniger relevant sind: Unter *produzierter* Natur werden Konstruktionsweisen versammelt, die „die materielle Dimension menschlicher Naturaneignung und –gestaltung ins Zentrum stellen" (ebd.). Sie beschäftigen sich mit einer Natur, die durch menschliche Aneignung transformiert wurde, etwa durch Technik oder Land- und Forstwirtschaft. Auch hier finden sich sozialkonstruktivistische Einflüsse.

„Die angeeignete, sozial gewordene Natur wird demnach sekundär objektiviert durch die Symbolisierung und die Versprachlichung der Erfahrung sowie durch die Routinisierung und Habitualisierung von Handlungen. Die produzierte Natur wird so zu einem Teil der sozialen ‚zweiten Natur'." (ebd.)

Die *simulierte* oder auch *virtuelle* Natur ist Teil künstlicher Welten und Gegenstand der Medientheorie und Informationswissenschaften. Sie erscheint in Kontexten, in denen die „Realität selbst nur noch als Illusion und Verführung existiert" (ebd.). Diese Natur kann als „Informationslandschaft [...] gegenüber der bereits sozial konstruierten ‚zweiten Natur' zunehmend Eigenständigkeit erlang[en]" (ebd.).

Das beschriebene Schema erhebt jedoch nicht den Anspruch, alle Denkansätze trennscharf zuzuordnen. Es sollen mit der Strukturierung lediglich die Tendenzen der verschieden Perspektiven sichtbar gemacht werden. Die Ausführung an dieser Stelle beruht ebenfalls auf dieser Intention. Die Frage nach dem tatsächlichen Realitätsgehalt von Natur bzw. einer „im ontologischen Sinne [...] echten Natur hinter oder neben den verschiedenen konstruierten Naturen" (ebd.) bleibt in den jeweils beschriebenen und erfassten Ansätzen vielfach unbeantwortet. Die erarbeitete Typologie belegt jedoch die Wirkung, die konstruktivistischen Forschungsperspektiven in der Auseinandersetzung mit Naturbegrifflichkeiten gezeigt haben.

Politische Ökologie

Die Politische Ökologie als Forschungsperspektive formiert sich im Kontext eines konstruktivistischen Zugangs zur Naturbegrifflichkeit als Antwort auf „das Bedürfnis, in der Auseinandersetzung mit der Politisierung ökologischer Fragen den Naturbegriff theoretisch zu erneuern" (Flitner 1998, 92). Die Politische Ökologie fungiert dabei als transdisziplinäres Forschungskonzept zwischen Natur-, Politik- und Gesellschaftswissenschaften, deren gemeinsamer Fokus es ist, die sich fortwährend neu konstituierenden Beziehungen zwischen Gesellschaft und Umwelt zu beleuchten. In der Geographie ist die Politische Ökologie in den vergangenen zwei Jahrzehnten zu einem zentralen Paradigma geworden (vgl. Krings 2008, 4; Flitner 2003a, 213). Mit der kulturellen Wende nach dem *Cultural Turn* hat die humangeographische Umweltforschung eine ganze Reihe von Ansätzen, beeinflusst von den verschiedensten Denkrichtungen, hervorgebracht. Flitner ordnet hier neben der Humanökologie und der Kulturökologie auch die Politische Ökologie ein (ebd., 213f). Der Forschungsgegenstand der politisch-ökologischen Arbeiten sind Umweltveränderungen dezidiert unter Berücksichtigung der Einflussnahme der Gesellschaft-Umwelt-Beziehungen. Die zugrundeliegende Hypothese beschreibt Krings (2008) wie folgt:

„Hierbei wird von der Annahme ausgegangen, dass Umweltwandel durch politische Entscheidungen bzw. Interessen einflussreicher Gruppen auf verschiedenen räumlichen Handlungsebenen verursacht wird." (ebd., 4)

Eigen ist der Politischen Ökologie dabei die Berücksichtigung der diskursiven Produktion von Umweltveränderungen und damit der politischen Interessen, Machtstrukturen sowie gesellschaftlichen Ungleichheiten, die den Diskurs beeinflussen. Flitner spricht aus der Perspektive der Politischen Ökologie von einer „Natur als Kampfgebiet" (Flitner 2003a, 221) und betont damit die Aspekte der Ungleichheit der Verteilung von Naturressourcen sowie den machtvollen Umgang mit Verfügungsrechten. Die politisch-ökologische Forschung konzentrierte sich zunächst schwerpunktmäßig auf Problemlagen in Entwicklungs- und Schwellenländern (vgl. beispielsweise Blaikie 1985; Blaikie u. Brookfield 1987), da diese eine höhere Verwundbarkeit gegenüber Umweltveränderungen und Ressourcenverknappung an den Tag legen (Krings 2008, 5). Zunehmend werden auch in höher entwickelten Ländern politisch-ökologische Fragestellungen erkannt und bearbeitet, wie beispielsweise das Thema der Umweltgerechtigkeit (vgl. beispielsweise Flitner 2003b; Flitner 2007). Mit der Urban Political Ecology hat sich im angloamerikanischen Raum eine Forschungsrichtung der Politischen Ökologie etabliert, die sich explizit mit den Beziehungen zwischen Gesellschaft und *städtischer* Umwelt beschäftigt und davon ausgeht, dass natürliche und gesellschaftliche Veränderungen wechselseitig verbunden sind (vgl. Heynen et al. 2006). Dem entsprechend gehören die Annahmen des *Metabolismus* und der *Zirkulation* zu den Leitkategorien der Urban Political Ecology, denen zufolge Städte als Stoffwechselkreisläufe verstanden werden, in denen der Wandel von Teilen dieses Kreislaufs immer auch den Wandel anderer Elemente bedingt. „Die zentrale Prämisse [der Urban Political Ecology] lautet: Umweltwandel und sozialer Wandel bedingen einander." (Krings 2008, 7).

Die zentralen Forschungshypothesen der Politischen Ökologie benennt Krings wie folgt (ebd., 6):

(1) Umweltveränderungen werden gesellschaftlich ausgelöst und können daher nur im Kontext der gesellschaftlichen Rahmenbedingungen auf der jeweiligen Maßstabsebene verstanden werden.

(2) Die Begrenztheit der natürlichen Ressourcen ist gesellschaftlich bedingt. Vor diesem Hintergrund werden Verfügungsrechte interessant.

(3) Im Kontext von Umweltveränderungen werden Akteure als mit unterschiedlicher Macht ausgestattet angesehen. „Von Politischen Ökologen wird die Umwelt als ein Schlachtfeld divergierender Interessen betrachtet." (ebd., 6)

(4) Umwelt und natürliche Ressourcen werden als sozialkonstruiert verstanden. Damit werden die Diskurse über Umweltveränderungen zum Gegenstand des Interesses.

Bemerkenswert ist die Bilanz, die Flitner bezüglich der Integration der Einflüsse des Cultural Turns auf die Politische Ökologie zieht:

„Die Politische Ökologie [...] hat das Kernproblem keineswegs zu lösen vermocht: die Umwelt, das Materielle, *the matter of nature*, mit der Analyse kollektiver Sinnsysteme konsistent zu verknüpfen." (Flitner 2003a, 225; Hervorhebung im Original)

Zurückzuführen sei dies auf die tiefe Verankerung der Natur-Kultur-Dichotomie in unseren Wissenssystemen. Die zunehmend rezipierten Einflüsse des Cultural Turns lassen jedoch auf „eine neue, reflexive Positionierung zu der Umwelt, die nicht mehr einfach als Natur ‚da draußen‘ gedacht werden kann" (ebd.), hoffen.

Mit den zentralen Aspekten der Umwelt-Mensch-Beziehung, der Verfügungsrechte, der Macht sowie der Annahme eines konstruktivistischen Charakters von Natur ist die Politische Ökologie dennoch als Bezugsrahmen für eine Untersuchung der Verständnisse von Stadtnatur von Bedeutung. Ohne auf die metabolistische Grundlegung der Urban Political Ecology in dieser Tiefe eingehen zu wollen, soll die Politische Ökologie für den Umgang mit städtischer Natur den Blick für bestimmte Aspekte schärfen. So kann davon ausgegangen werden, dass auch Flächen von Stadtnatur umkämpft sein können, Stadtnatur auf Brach- und Freiflächen als verfügbare Ressource angesehen werden kann und Diskurse um die Verfügungsrechte und Nutzungsentscheidungen machtvoll geführt werden. Im Zuge einer dezidierten Untersuchung der Naturverständnisse kann auch die Frage, welcher Akteur welche Auffassungen von Natur in den Diskurs einbringt und unter Umständen durchsetzt, vor einem politisch-ökologischen Hintergrund betrachtet werden.

2.2 Naturverständnisse – Abgrenzung und Begrifflichkeit

„Naturbilder sind keine Bilder aus der Natur" überschrieb Ulrich Eisel einen Aufsatz, in dem er sich mit dem Zusammenhang von Lebensstilen und Naturbildern beschäftigt (Eisel 2004). Wenngleich es hier nicht um die Abgrenzung von materiellem gegenüber einem ideellen Bild gehen soll, thematisiert Eisel mit dem *Naturbild* eine Begrifflichkeit für das Erfassen von Natur.

Zahlreiche Autoren beschäftigten sich vor unterschiedlichen disziplinären Hintergründen mit der Thematik des Naturverstehens. So vielfältig sich die Art und Weise zeigt, über Natur nachzudenken, so zahlreich sind die Begrifflichkeiten, die eben jenes Verstehen von Natur beschreiben, etwa

Naturverständnis und Naturbegriff, Naturbild und Naturauffassung, Konzepte, Deutungen und Ideen von Natur. Häufig wird die Verwendung dieser Begriffe weniger reflektiert als der zu bezeichnende Gehalt, das Verstehen von Natur. Im Folgenden soll eine Abgrenzung zwischen Begrifflichkeiten, die ein Verstehen von Natur beschreiben, vorgestellt werden.

Karen Gloy differenziert in ihrer Arbeit zur Ideengeschichte des Naturverständnisses (Gloy 1995 und 1996) zwischen einer übergeordneten Ebene des Naturverstehens einerseits und lebensweltlichen Anschauungen andererseits sowie drittens naturwissenschaftlichen Termini von Natur (Gloy 1995, 21). Dabei verwendet sie *Naturverständnis* synonym mit Begrifflichkeiten wie *Naturkonzeption, Naturdeutung* oder *Naturauffassung* als „Oberbegriff [...], unter den zuallererst spezifische Arten des Naturverstehens fallen" (ebd.). *Naturbild* und *Naturanschauung* sind demzufolge lebensweltliche Begrifflichkeiten des Naturverstehens. *Naturbegriff, Naturerkenntnis* oder auch *Naturtheorie* fallen unter die Kategorie wissenschaftlicher Begriffe. Der Begriff des Naturverständnisses werde häufig exklusiv in wissenschaftlichem Kontext verwendet. Da jedoch auch

„Laien sich dieses Ausdrucks bedienen, soll er [...] [im Rahmen ihrer Untersuchung] im allgemeinsten, den spezifischen wissenschaftlichen Kontext übergreifenden Sinne gebraucht werden als generelle Vorstellung, die sowohl rationale Argumente, Urteile wie auch Bilder, Analogien u. ä. umfasst und zudem Orientierungen für den praktischen Umgang mit Natur bietet" (ebd.).

Die Autoren Dieter Rink, Monika Wächter und Thomas Potthast (Rink et al. 2004) fügen im Zusammenhang mit Naturverständnissen in der Nachhaltigkeitsforschung der Unterscheidung in lebensweltliche und wissenschaftliche Kontexte eine weitere Begrifflichkeit für praktische Dimensionen des Naturverstehens hinzu. Unter Bezug auf Gloy (1995) bezeichnen auch sie lebensweltliche Auffassungen als *Naturbilder*, wohingegen *Naturverständnis* wissenschaftliche und theoretisch-konzeptionelle Kontexte bezeichnet (ebd., 14). Der Begriff des „Naturverhältnis meint den praktischen Umgang mit Natur" (ebd.). Da die Autoren den Fokus auf „Wechselwirkungen von lebensweltlichen Naturauffassungen und wissenschaftlichen Naturkonzeptionen" legen, scheint es ihnen zweckmäßig, eine deutliche Grenzziehung auch in der Wahl der Begrifflichkeiten sichtbar zu machen.

Diesen Unterscheidungen folgend verwende ich für diese Untersuchung die Begrifflichkeiten *Naturverständnis, Naturauffassung* und *Naturkonzeption* synonym und bezeichne damit den theoretischen Kontext des Verstehens von Natur. Im Unterschied dazu sollen *Naturbilder* und *Naturvorstellungen* die von den Akteuren artikulierte Formen des Verstehens von Natur beschreiben, demzufolge die lebensweltlichen Kontexte.

Nach dieser begrifflichen Klärung werden im Folgenden verschiedene Konzepte von Naturverständnissen vorgestellt.

2.3 Naturverständnisse – Konzepte

Untersuchungen von Naturverständnissen finden sich mit unterschiedlichen disziplinären Hintergründen in diversen Kontexten. Im Folgenden werden einige Konzeptionen vorgestellt, die für eine Erarbeitung der Naturverständnisse im Umgang mit Zwischennutzungen als theoretische Basis dienen und den Blick schärfen können. Die Auswahl erhebt dabei keinen Anspruch auf eine vollständige Abbildung existierender Naturkonzeptionen. Ziel war es, Ansätze auszuwählen, die für eine Erarbeitung der Naturverständnisse in dieser Arbeit produktiv sein können.

Im Folgenden werden daher zunächst vier politisch-strategische Konzeptionen von Naturverständnissen vorgestellt: Zwei Konzeptionen von Naturverständnissen im Kontext des Naturschutzes, ein allgemeiner Ansatz zur Einordnung von Schutzbegründungen sowie ein Ansatz, der konkret Naturbegriffe im Umgang mit Stadtnatur beleuchtet; des Weiteren zwei Konzeptionen, die sich mit Naturbegriffen in Umweltdiskursen beschäftigen, ein Ansatz mit Fokus auf Technikkonflikte sowie ein Ansatz, der Naturbegriffe in ökologischen Diskursen beleuchtet (vgl. Kap. II 2.3.1).

Daran anschließend werden fünf wissenschaftlich-paradigmatische Konzeptionen von Naturverständnissen vorgestellt: ein kulturgeschichtlicher Ansatz, die Entwicklung verschiedener Naturverständnisse zu beschreiben; ein interdisziplinärer Ansatz, Naturverständnisse im Zusammenhang mit den Begrifflichkeiten *Landschaft, Wildnis* sowie *Ökosystem* zu erarbeiten; zwei Konzeptionen, die die Entwicklung der disziplinären Naturbegriffe der Geographie und der Soziologie beleuchten; sowie eine sozialökologische Konzeption der gesellschaftlichen Naturbeziehung (vgl. Kap. II 2.3.2).

2.3.1 Konzeptionen politisch-strategischer Naturverständnisse

Politisch-strategische Konzeptionen beziehen sich auf argumentative Begründungen eines speziellen Umgangs mit Natur, wie dies im Kontext von Naturschutz bzw. ökologischen Diskursen der Fall ist. Die Konzeptionen dieses Kapitels versuchen, die diesen Begründungsweisen zugrunde liegenden Naturverständnisse zu erfassen. Es sollen zunächst zwei Arbeiten vorgestellt werden, die Konzeptionen von Naturverständnissen im Naturschutz erarbeitet haben. Die erste Konzeption von Annemarie Nagel und Ulrich Eisel widmet sich ethischen Naturschutzbegründungen und den Argumentationslinien innewohnenden Naturverständnissen. Das Forschungsprojekt, dem dieser Beitrag entstammt, hat nach Einschätzung des Ökologen Ingo Kowarik wesentlich zu engagierten Diskursen über Leitbilder und Begründungsweisen im Naturschutz beigetragen (Kowarik 2005, 32) und bildet daher eine bedeutende Grundlage für die Diskussion von Vorstellungen schützenswerter Naturen. Daran anschließend wird Stefan Körners Untersuchung von Naturverständnissen vorgestellt, die sich explizit auf Natur im städtischen Raum bezieht, und daher als theoretischer Beitrag für diese Untersuchung ergiebig ist. Die folgenden zwei Konzeptionen von Bernhard Gill sowie von Kate Soper thematisieren Naturverständnisse in Umweltdiskursen.

Naturverständnisse in ethischen Naturschutzbegründungen (Annemarie Nagel und Ulrich Eisel)

Annemarie Nagel und Ulrich Eisel (2003) beschäftigen sich mit ethischen Begründungen für den Schutz der Natur. Ethische Begründungsweisen überschneiden sich mit anderen – etwa kulturellen, ökonomischen oder ökologischen – Begründungen für Naturschutz bzw. sind die Basis für die Entstehung dieser Argumentationsweisen. Die Analyse ist Teil eines Berichts (Körner et al. 2003) im Rahmen des F&E-Vorhabens des Bundesamtes für Naturschutz, der sich Naturschutzbegründungen widmet, um das Akzeptanzdefizit des Naturschutzes zu erklären. Die herangezogenen Argumente resultieren aus einer ethischen Einstellung und beruhen auf einem spezifischen Verständnis von Natur. Ethischen Einstellungen liegen, wie auch Naturverständnissen, entsprechende Weltbilder zugrunde, die zu Auffassungen darüber führen, welche Natur aus welchem Grund als schützenswert gelten kann. Die Autoren ordnen die Begründungsweisen für Naturschutz einerseits einem anthropozentrischen Naturverständnis zu, das den Schutz von Natur an den Wert der Natur für den Menschen koppelt, oder andererseits einem biozentrischen Naturverständnis, das sich aus intrinsischen Werten der Natur erklärt (Nagel u. Eisel 2003, 53).

Anthropozentrische Naturverständnisse

Anthropozentrische Begründungsweisen berufen sich auf beispielsweise ästhetische oder funktionale Werte der Natur für den Menschen. Auch die in der Nachhaltigkeitsdebatte grundlegende Idee des Erhalts gleicher Chancen für zukünftige Generationen basiert auf einem anthropozentrischen Verständnis, da es um den Erhalt von Natur *für den Menschen* bzw. für *menschliche* Zwecke geht (Nagel u. Eisel 2003, 77ff). Ein anthropozentrisches Naturverständnis gründet auf einem „aufgeklärten und liberalen Weltbild […], weil direkte moralische Rechte nur den Menschen als vernunftbegabten, moralischen und nutzenmaximierenden Wesen" (ebd., 57) zugesprochen werden. Der Natur wird dabei durchaus ein Eigenwert zugeschrieben, etwa ein ästhetischer, symbolischer oder kultureller. Dieser ist jedoch immer auf den Mensch und menschlichen Nutzen gerichtet, beispielsweise durch naturästhetische Erfahrung (ebd., 53f). Nur ein vernunftbegabtes Wesen kann diese Werte und Rechte zusprechen. Ein unabhängig von menschlicher Bewertung existierender Eigenwert von Natur wird aus anthropozentrischer Sicht daher abgelehnt.

„[Da] eine Wertzuschreibung […] generell nur von Subjekten ausgehen [kann], wird die Behauptung von in der Natur auffindbaren Selbstwerten, wie sie der Biozentrismus enthält, aus einer konstitutionstheoretischen Perspektive heraus generell verworfen. Das heißt, die in der Natur ‚gefundenen' Eigenschaften können immer nur als menschliche Zuschreibung gelten, da die Natur als ‚Ding an sich' unerkennbar ist." (ebd., 57)

Biozentrische Naturverständnisse

Dagegen liegt einem biozentrischen Naturverständnis eine Auffassung zugrunde, die der Natur intrinsische Werte zuschreibt, also einen unabhängig
vom Menschen existierenden Selbstwert. Argumente dieser Denkrichtung
sprechen sich für „den Schutz der Natur [...] um ihrer selbst willen"
(ebd., 54) aus und verbieten jede Instrumentalisierung durch den Menschen.

„Die biozentrischen, physiozentrischen oder holistischen Positionen hingegen rekurrieren auf das konservative Weltbild und können als mehr oder weniger säkularisier-
te Fassungen einer christlich-humanistischen Ethik gelten, die die Wahrung und
Vervollkommnung der göttlichen Schöpfung durch den Menschen zum Ziel hat."
(ebd., 58)

Dieser Argumentation folgend hat der Mensch die Natur unabhängig von
jedweden Nutzenüberlegungen zu schützen. Abhängig davon, worauf sich
die Schutzabsicht bezieht, ist von einem „biozentrischen Individualismus"
(ebd., 54) oder einem „biozentrischen Holismus" (ebd., 54) die Rede. Während sich die individualistische Interpretation des biozentrischen Konzeptes
auf Individuen richtet, greift der holistische Ansatz auch auf überindividua-
listischer Ebene. Er spricht Ökosystemen, Lebensgemeinschaften und Arten
einen Selbstwert zu, der zu einem Schutzanspruch führt. Als Beispiel hierfür wird der Schutz der Systemharmonie genannt (ebd., 54). Die einzelnen
biozentrisch fundierten Ansätze unterscheiden sich zwar in der Frage, an
welcher Stelle der Mensch zu integrieren ist, fußen aber auf dem Verständnis von Schöpfung als ganzer Natur, Erde oder Kosmos. Hieraus leitet sich
die Forderung nach maßvollem Umgang und Rücksichtnahme ab (ebd., 58).

Naturschutzargumente

In diesem Kontext stellen die Autoren ohne Anspruch auf Vollständigkeit
einige gängige Argumente der Naturschutzethik vor (Nagel u. Eisel 2003,
74ff):
 (1) Das Grundbedürfnis-Argument (ebd., 75ff) beruht auf der weitver-
breiteten und weithin anerkannten Annahme, dass die Erfüllung menschlicher Grundbedürfnisse wie Nahrung, Obdach, etc. von natürlichen Rahmenbedingungen abhängt, die aus diesem Grunde zu schützen seien. Das

Menschenrecht auf Natur integriert darüber hinaus auch „Bedürfnisse nicht instrumenteller Naturnutzung" (ebd., 75), wie beispielsweise naturästhetische Bedürfnisse.

(2) Das Argument einer Verpflichtung gegenüber zukünftigen Generationen (ebd., 77ff), wie es in der Beschreibung des anthropozentrischen Naturverständnisses bereits angedeutet wurde, mündet in einem Ressourcenschutzargument. Die aus der Verpflichtung gegenüber zukünftigen Generationen resultierende Begründungsweise ist damit klar einer anthropozentrischen Orientierung zuzuordnen. Das Verpflichtungsargument führt schnell zu einer utilitaristischen Ausrichtung, die den Nutzen von Natur für zukünftige Generationen wahren soll, beispielsweise indem die Artenvielfalt zur Befriedigung naturästhetischer Ansprüche an Landschaft geschützt wird. Diese Kopplung an Nutzenfragen schließt eine biozentrische Einordnung aus.

(3) Unter dem Überbegriff „Lebensqualität-Argumente" (ebd., 81) werden Begründungen für den Schutz der Natur versammelt, die auf der Annahme gründen, „dass bestimmte Qualitäten und Zustände von Natur zu einem guten, gelungenen menschlichen Leben gehören" (ebd.). Als die beiden Hauptargumente werden der Heimatschutz und naturästhetische Argumente ausgeführt, zwei Argumente, die „explizit auf die Berücksichtigung des nicht-instrumentellen, inhärenten Werts der Natur" (ebd.) rekurrieren. Diese beiden Aspekte können auch dem Argument der Verpflichtung gegenüber zukünftigen Generationen zugeordnet werden. Dies würde den instrumentellen Wert von Natur im Heimatschutz und in der naturästhetischen Wertschätzung betonen. Naturschutz mit Heimat zu begründen geht von der Annahme aus, dass typische Landschaftsbilder ein Gefühl von Geborgenheit und Vertrautheit auslösen (ebd., 82). Ziel eines Schutzes von Natur dieser Basis ist die Wahrung regionaler Eigenheiten zur Identitätsstiftung. Auch der naturästhetischen Erfahrung wird eine Bedeutung für die Lebensqualität zugeschrieben. Naturästhetische Argumente gilt es dabei zu unterscheiden, in einerseits jene, die auf Basis eines moralischen Urteils einer „ökologischen Naturästhetik" (ebd., 83) zugeordnet werden können. Diesen zufolge ist die ästhetische Erfahrung der Weg zum Erkennen der intrinsischen Naturwerte. „Die sinnliche Erscheinung des Naturschönen soll als Ausdruck des vollkommenen und harmonischen Ganzen der Natur gelesen werden." (ebd., 82f) Andererseits existieren Argumente, die auf „Theorien, die den für die Moderne konstitutiven amoralischen Status der ästheti-

schen Erfahrung beibehalten" (ebd., 83), beruhen. Seel (1997) beispielsweise unterscheidet die Anerkennung von Natur in eine moralische und eine
ästhetische Anerkennung:

> „,Anerkennung der Natur' bedeutet zunächst einmal Anerkennung eines nicht-
> instrumentellen Werts von Natur. Eine solche Anerkennung kann entweder ästheti-
> sche oder moralische Anerkennung sein. Als *moralische* Anerkennung gilt sie allen
> leidensfähigen Wesen – sie ist Rücksicht auf das Wohlergehen dieser Wesen, und
> zwar um dieser Wesen und ihres Wohlergehens willen. Als *ästhetische* Anerken-
> nung gilt sie bestimmten Zuständen und Situationen von Natur, und zwar um der –
> allein für den Menschen erfahrbaren – Gegenwart dieser Situation willen." (ebd.,
> 310; Hervorhebungen im Original)

Eine Vermischung der biozentrischen, also moralischen Position mit der
amoralischen, ästhetischen Wahrnehmung findet in dem Augenblick statt,
in dem das „Wahrgenommene, also die schöne Natur, [...] als Selbstzweck
[erscheint] und die Wahrnehmung selbst [...] um ihrer selbst willen, d. h.
zweckfrei" (Nagel u. Eisel 2003, 84) erfolgt. Der anthropozentrische Charakter dieses Blickwinkels wird deutlich, wenn der ästhetischen Wahrnehmung von Natur ein Wert zugesprochen wird, wobei Schönheit an sich
nicht existent ist, sondern immer eine wertende, subjektive Zuschreibung
eines bewussten Individuums. Dieser Gedankengang führt zu einer „moralischen Anerkennung der ästhetischen Anerkennung der Natur durch den
Menschen" (ebd.). Damit wird folglich von der Sinnhaftigkeit des Schutzes
des Wertes ästhetischer Erfahrung für den Menschen ausgegangen. Für den
Naturschutz fordern Nagel und Eisel daher, „auf eine Instrumentalisierung
der kontemplativen oder erhabenen Naturerfahrung [zu] verzichten" (ebd.,
85) und der ästhetischen Erfahrung von Natur direkt einen Eigenwert zuzu-
gestehen. Am konkrete Beispiel hieße das für die Autoren, dass eine zur
Aneignung freie Brachfläche für Kinder unter Umständen wertvoller und
für die Naturerfahrung stärker zu schützen ist als ein unter dem Gesichtspunkt der Umweltbildung gestalteter Naturlehrpfad, da eine objektive Bewertung der Möglichkeiten ästhetischer Erfahrung abgelehnt wird und mit
der Interesselosigkeit des Schutzes von Naturräumen argumentiert wird
(ebd.). Als Gegenpositionen zu derartigen moralisch fundierten ästhetischen Argumenten werden erstens Auffassungen benannt, die die Natur als
gleichberechtigt im Mensch-Natur-Verhältnis ansehen. Sie sprechen der

Natur daher *objektive* ästhetische Eigenschaften und die Existenz von subjekt-unabhängigen Atmosphären zu. Zweitens werden auch Auffassungen, die auf Basis einer vernunftbestimmten Erfahrung von Natur durch Überwindung des Anthropozentrismus Verständnis für Naturschutzbestrebungen zu erwecken suchen, als moralische Argumentationen angesehen. Drittens zählen hierzu Begründungsweisen, die sich auf ein kosmologisches, teleologisches Denken einer Mensch-Natur-Einheit beziehen (ebd., 85ff).

(4) Ausgehend von der Zielsetzung des Erhalts der Biodiversität gründet die auf Bryan Norton (vgl. Norton 1986; Norton 1987) zurückgehende Argumentation des *contributory value* darauf, dass jede Art neben anderen Werten auch einen sogenannten Beitragswert für die Biodiversität besitzt (Nagel u. Eisel 2003, 88ff). Selbst wenn der Nutzen für den Menschen nicht ersichtlich ist, besitzt jede Art Bedeutung im Gefüge der Artenzusammensetzung. Ihre Existenz oder ihr Aussterben hätte Folgen für andere Arten. Norton betont damit den Wert einzelner Arten für die Stabilität von Ökosystemen. Der Ansatz, so folgern Nagel und Eisel, schließt damit gleichzeitig einen

„Diskurs über den gesellschaftlich gewünschten Umfang der Artenvielfalt und über die kulturellen Sinnerlebnisse, die diese vermittelt, ein und könnte dann auch beinhalten, den von Norton gewünschten Totalschutz aller Arten in Frage zu stellen" (Nagel u. Eisel 2003, 89).

Damit führt auch Nortons Argumentation zu einem biozentrischen, umweltethischen Blickwinkel (ebd., 89). Ebenfalls auf Norton zurückgehende Argumentationen mit einem sogenannten *transformative value* (vgl. Norton 1986; Norton 1987) von Natur beruhen auf der Annahme, dass Naturerlebnisse einen bewussteren Umgang mit Natur fördern und das Potential haben, Einstellungen zu verändern und damit zum Schutz der Natur beitrügen (Nagel u. Eisel 2003, 89). Diese Argumentation kann man in Verbindung setzen zu oben beschriebener Argumentation Seels einer interesselosen ästhetischen Naturerfahrung, die jedoch bei Seel nur indirekt auf die moralischen Einstellung verweist. Norton „geht vielmehr von einem *direkten* Einfluss des erlebten Naturobjekts auf die Moral aus" (ebd.; Hervorhebung im Original). Er schließt von der Bewertung der Schönheit von Natur auf die Moral, folglich die Anerkennung der Schutzwürdigkeit. Dies führt zu einem funktionalistischen, instrumentellen Blickwinkel (ebd., 90).

(5) Mit dem Begriff der Biophilie fassen die Autoren jene Argumente, die auf dem menschlichen Streben nach einem harmonischen Mensch-Natur-Verhältnis beruhen. Dieses sei, den Vertretern dieser Theorie zufolge, „genetisch festgelegt und ein besonderes Merkmal der menschlichen Evolution" (Nagel u. Eisel 2003, 91). Diese Argumentationsweise erweise sich als für den Naturschutz unergiebig:

„Sie ist ein typisches Beispiel für den Versuch, den Wunsch nach einem harmonischen Miteinander von Mensch und Natur mittels biologischer Tatsachen zu begründen, was aber auf ungesicherten und falschen Hypothesen und Kategorienfehlern beruht. Die kulturell bestimmte Interpretation biologischer Tatsachen wird hier besonders deutlich." (ebd., 92)

(6) Mitleid-Argumente subsumieren pathozentrische Begründungsweisen für den Schutz der Natur, die sowohl bio- wie auch anthropozentrisch fundiert sein können (ebd., 92). Ihnen liegt eine Mitleidsethik zugrunde, die darauf gründet, dass ein moralisches Gebot existiert, welches zumindest höheren Tieren einen Anspruch auf Wohlergehen und Erhaltung ihres Lebens unterstellt. Daraus wird ein Rechtsanspruch und im Umkehrschluss eine menschliche Verpflichtung zum Schutz der Natur abgeleitet. Auf Mitleid basierende Argumentationen sind in der Regel individualistisch angelegt. Der Schutz ganzer Arten oder Lebensräume ist daraus nicht ableitbar. Ebenso wie beispielsweise die Räuber-Beute-Problematik zu Abwägungsproblemen führen kann. „Was immer man schützt, pflegt oder ansiedelt, bringt Leiden für andere Tiere mit sich, ohne jede Ausnahme." (ebd., 94)

(7) Holistische Argumentationen führen Nagel und Eisel im Wesentlichen auf die frühe Umweltethiktradition zurück (Nagel u. Eisel 2003, 94). Sie basieren unter anderem auf der Annahme, dass der Dualismus Mensch-Natur und damit die Kategorisierung in Biozentrismus und Anthropozentrismus obsolet ist, da der Mensch Teil der Natur ist. Als weitere Konsequenz einer holistischen Konzeption natürlicher Zusammenhänge gehen Vertreter dieser Argumentation von einem Selbstwert des „Wohlbefindens und Gedeihens allen Lebens auf der Erde" (ebd., 96) aus, was wiederum Nutzenabwägungen ausschließt. Ebenso wird der Artenvielfalt ein Selbstwert zugesprochen, der grundlegend für Schutzargumentationen ist.

„Insofern in diesen [holistischen] Konzepten die Erhaltung der Stabilität und Komplexität des Ganzen oberstes Prinzip ist, haben Menschen nur insoweit ein Recht, die Prozesse der Natur zu beeinträchtigen, als sie ihre lebensnotwendigen Bedürfnisse damit erfüllen." (ebd., 97)

Als weitere Facette holistischer Ansätze, Naturschutz zu begründen, nennen die Autoren die Forderung nach Wahrung bzw. Steigerung der Lebensqualität. Das Argument bezieht sich, wie auch das Heimatschutzargument, auf die Wahrung regionaler Eigenheiten zur Identitätsschaffung.

„Pauschal wird damit gegen eine Globalisierung und Nivellierung der kulturellen Eigenart Position bezogen, ausgehend von dem Argument, dass die Steigerung der Vielfalt ein Naturprinzip darstelle und Gesellschaftsentwicklung generell als ein Teil der Entwicklung der biotischen Gemeinschaft anzusehen ist." (ebd., 99)

Abschließend resümieren Nagel und Eisel über den Wert ökologischer Ethiken für Naturschutzbegründungen. „Ein wesentlicher Teil ökologischer Ethiken ist für eine überzeugungsfähige Begründung von Naturschutzbelangen wertlos." (ebd., 101) Sie halten diese Konzepte für essentialistisch, das heißt, dass sie „in irgendeiner Weise vom Wesen der Natur bzw. der Natur des Menschen ausgehen und daraus Grundsätze für das gesellschaftliche Handeln ableiten" (ebd., 101f). Lediglich einige wenige sind ihrer Auffassung nach reflexiv und damit von Wert für eine Naturschutzpolitik:

„Sie diskutieren unter realistischen Voraussetzungen, welche Möglichkeiten zur Anerkennung von Natur denkbar sind. Die realistischen Voraussetzungen bestehen in der Rekonstruktion und Diskussion sowohl der kulturellen und ideellen Muster, die diese Bilder und Erfahrungen umgeben und ihnen Gültigkeit verleihen, als auch der impliziten politischen Folgen." (ebd., 102)

Zu diesen Ansätzen rechnen sie die Arbeiten Martin Seels (1996), Josef Früchtls (1996) und mit Einschränkungen auch Gernot Böhmes (1999).

Naturverständnisse im (Stadt-)Naturschutz (Stefan Körner)

Stefan Körner (2003) wendet den oben ausgeführten Zusammenhang zwischen Naturverständnissen und den ihnen zugrunde liegenden Weltbildern auf das Themenfeld des Stadtnaturschutzes an. Im Rahmen des auch im städtischen Raum geführten Naturschutzdiskurses ist

„Natur dann nicht allein [...] Ressource menschlicher Nutzungen, sondern vor allem auch [...] Symbol, das soziokulturelle Sinnhorizonte und damit Auffassungen über das richtige Leben verkörpert" (ebd., 349).

Das Naturverständnis resultiert aus Vorstellungen und Bewertungen und ist damit wiederum Bewertungsgrundlage für Naturschutzauffassungen.

„Naturbilder symbolisieren bestimmte Vorstellungen von sinnbehafteter konkreter Natur. Sie haben eine eminent kulturelle und politische Dimension und repräsentieren z. T. in unterschiedlichen Varianten verschiedene Weltbilder." (Körner 2004, 129)

Die widerstreitenden Auffassungen von Naturschutz und die damit verbundenen spezifischen Naturverständnisse zeigt Körner exemplarisch an Einstellungen verschiedener Naturschutzvertreter. Zunächst stellt er die *konservative* einer *liberal-progressiven* Naturschutzauffassung gegenüber (Körner 2000). Diesen fügt er zwei weitere Kategorien von Naturschutzverständnissen hinzu: eine *triviale* und eine *exotische* Auffassung (Körner 2003).

(1) Als *konservative* oder auch *traditionelle* Naturschutzauffassung (ebd., 350ff) konzipiert Stefan Körner ein Verständnis von Natur als landschaftlich-harmonisch. In einem anderen Zusammenhang bezeichnet er eben dieses Verständnis als *organizistische* Naturschutzauffassung (Körner 2005, 51). Natur wird als Landschaft und diese wiederum als harmonisch, weil organisch angesehen. Körner zufolge handelt es sich bei diesem Verständnis um die „gewöhnliche Naturschutzauffassung" (Körner 2003, 350). Traditionellen Auffassungen zufolge wird die Stadt, und hierauf beziehen sich Körners Ausführungen zu Naturschutzverständnissen, als das Gegenteil einer organischen Landschaft angesehen, „als chaotisch, oder auch als tot und versteinert, in der Summe also als lebensfeindlich" (ebd.). Die Stadt

gilt den Vertretern dieser Naturvorstellung demzufolge als gestörter Standort. Fremde Arten werden innerhalb dieses Standortes lediglich deshalb toleriert, weil der Stadtnatur in den Augen der Vertreter[2] dieser Denkweise jegliche landschaftliche oder auch natürliche Qualitäten fehlen.

(2) Kritik an dem beschriebenen traditionellen Naturverständnis üben Vertreter einer *liberal-progressiven* Naturschutzauffassung (Körner 2003, 352ff). Als prominenten Vertreter dieser Denkrichtung des Naturschutzes führt Körner Reichholf an (vgl. beispielsweise Reichholf 2007). Insbesondere im Hinblick auf Stadtnatur wird das „individualistische und dynamische Wesen der Natur" (Körner 2003, 352) betont. Diese Naturschutzauffassung wird von Körner auf ein liberales Weltbild zurückgeführt. Dieses ist geprägt von „der Idee des autonomen Subjekts" (Körner 2000, 20), eines „interessegeleiteten Einzelnen" (Körner 2005, 54), der im Sinne einer Nutzenmaximierung und auf der Basis rationaler Entscheidungen handelt. Aus diesem Weltbild wird „das Prinzip der Toleranz gegenüber fremden Arten" (Körner 2000, 23) abgeleitet. Vor diesem Hintergrund wird Stadtnatur als offen-dynamische Vielfalt angesehen, im Gegensatz zum traditionellen Verständnis, welches die Stadt prinzipiell als gestörten Standort erachtet. Fremde Arten werden nicht nur toleriert, sondern als konstitutiv und die städtische Vielfalt zeigend angesehen (ebd., 30). Dem Bild einer harmonisch-landschaftlichen Natur wird „das Bild der Natur als fließendes Geschehen, in dem sich fortwährend Neues entwickelt, entgegengesetzt" (Körner 2005, 56). Einzelne Arten werden nicht anhand eines Nutzens für einen Gesamtorganismus bewertet, sondern anhand eines pragmatischen Nutzens (ebd.).

„Die individualistische Naturschutzauffassung vertritt im Gegensatz zur organizistischen ein primär utilitaristisches Weltbild." (ebd.)

Wissenschaftstheoretisch folgt aus dieser liberalen Ausrichtung, dass Ökosysteme selbst von naturwissenschaftlichen Vertretern als wissenschaftliche Konstruktionen anerkannt werden (Körner 2003, 353).

---

2 Als einen Vertreter einer konservativen Naturschutzauffassung wird Disko angeführt (vgl. Disko 1996).

(3) Die beiden komplementären Hauptrichtungen erweitert Körner unter Bezugnahme auf Gerhard Hard[3] um eine, sogenannte *triviale* Natur, die ebenfalls auf einem individualistisch-liberalen Weltbild gründet (Körner 2003, 356ff). Dieser Auffassung folgend ist eine Unterscheidung von wertvoller und weniger wertvoller Natur für den städtischen Raum nicht sinnvoll.

„Jeder Naturschutz und jede Gestaltung würde die Stadtnatur zu etwas Besonderem machen, d. h. sie aus ihrem alltagspragmatischen Kontexten herausreißen, dadurch unangemessen ästhetisieren und infolgedessen gewisser-maßen exotisieren." (ebd., 356)

Hard stellt die Frage der Aneignung und des praktischen Nutzens für die Bewohner über den Schutz von Stadtnatur. „Nur keinen Naturschutz, keinen Biotopismus, keine Stadtbrachenveredelung und keine Naturgärtnerei in der Stadt!" (Hard 2001, 264) Das hätte Hard zufolge den Effekt, dass wiederum die Stadtbevölkerung ausgeschlossen würde (Hard 2001, 261). Konkretes Beispiel für eine derartige Auffassung von Natur ist das Verständnis von Spontannatur nicht nur als „materielle Ressource oder bloßer Nebeneffekt von Nutzungen, sondern [als] Ausdruck der spontanen Aneignung der Freiräume durch die Stadtbewohner" (Körner 2003, 358).

(4) Ein von einer exotischen Naturauffassung geprägter Blickwinkel wendet sich im Gegensatz zu den drei oben beschriebenen Naturauffassungen gegen die negative Sichtweise des Exotischen. Das Exotische wird demzufolge weder als etwas, das das Einheimische bedroht, noch als den alltäglichen Praktiken fern angesehen. Diese Auffassung folgt einer Perspektive, die „das Exotische als Interessantes, d. h. als befremdliche, nicht in die gängigen Leitbilder harmonisch-heimatlicher Kulturlandschaft einordenbare, aber doch faszinierende Eigenart" (Körner 2003, 358) städtischer und insbesondere suburbaner Räume ansieht. Die Schlussfolgerung hieraus, dass gerade die exotische Natur „*die* Natur einer neuen ‚Stadtkultur'" (ebd., 359; Hervorhebung K.W.) sei, widerspricht jedoch der Tatsache, dass sich sowohl Körner wie auch Hard stets auf Naturen im Plural be-

---

3 Die Arbeiten Gerhard Hards zu Naturverständnissen werden im weiteren Verlauf im Zusammenhang mit dem Naturbegriff der Geographie (vgl. Kap. II 2.3.2) sowie im Zusammenhang mit Stadtnatur (vgl. Kap. II 3) noch vertieft.

ziehen. Damit muss davon ausgegangen werden, dass es nicht die *eine* Stadtnatur gibt und damit dann auch nicht das *eine* Verständnis von Natur, das als der „authentische Ausdruck der Heterogenität und Wertepluralität moderner Gesellschaften" (ebd., 360) angesehen werden kann.

Landschaft als ästhetisches Konstrukt

Die beschriebenen Naturverständnissen zugrundeliegenden konservativen bzw. liberalen Weltbilder lassen ebenfalls Rückschlüsse auf das Verständnis von Landschaft zu. Auf diesen Landschaftsbildern wiederum gründen Naturschutzauffassungen. Das Verständnis von Natur als Landschaft wird im Rahmen der Vorstellung der Konzeption Kirchhoff und Trepls (2009a) ausführlich besprochen (vgl. Kap. II 2.3.2). In aller Kürze sei hier lediglich vorweg genommen, dass eine ästhetische Auffassung von Natur zu einem Verständnis von Natur als Landschaft führt. Auch Stefan Körner argumentiert in diese Richtung. Anhand einer Gegenüberstellung der liberalen Naturschutzauffassung Reichholfs und der konservativen Auffassung Diskos im Hinblick auf deren Landschaftsbegriffe kritisiert Körner die gängige Vermischung des Landschaftsbegriffs mit Konzepten, die aus Auffassungen räumlicher Bedeutungen von Arten, Eigenart und Vielfalt resultieren:

„Diese räumliche Bedeutung werde dann mit den Vorstellungen über die ideale Landschaft vermischt und die Stellung einer Art im Naturhaushalt unter der Hand nach ästhetischen und nicht nach naturwissenschaftlichen Maßgaben bestimmt, nämlich danach, ob man das Gefühl habe, dass die Art in die Landschaft ‚passt' oder nicht." (Körner 2000, 31)

Körner vertritt die Auffassung, dass „Landschaft [...] kein objektiver Gegenstand im Sinn der Naturwissenschaften ist, sondern eine Idee und ein Ideal, das im europäischen Kulturkreis über eine allgemeine Geltung kultureller Art verfügt." (ebd.) Die Kritik setzt an dem Punkt an, an dem im Rahmen traditioneller Konzepte von Landschaft die Rede ist, obwohl die Funktionalität und der Schutz bestimmter Arten im Vordergrund stehen und implizit gemeint sind. Die Wertung bestimmter Landschaften als schützenswert unterliegt jedoch verdeckten ästhetischen Bewertungen vor dem Hintergrund, welche Arten und welche Zusammensetzung die Eigenart und regionale Typik einer Landschaft bewahren. Für Körner wiederum ist die

Abkehr von Fragen der Funktionalität Grundvoraussetzung für eine Anerkennung von Landschaft als ästhetischem Gegenstand (ebd., 34ff). Damit
wird Landschaft durch Beobachtung konstituiert und ist in erster Linie ein
Sinngebilde und erst in zweiter Linie ein Funktionszusammenhang
(ebd., 37). Das ästhetische Naturverständnis in Form eines Landschaftsverständnisses führt Körner fort zu Vorstellungen Arkadiens, das von ihm als
„Landschaft der Landschaften" betitelt wird (ebd., 39ff).

Vorstellungen Arkadiens und des locus amoenus – ein Exkurs

In diesem Zusammenhang sei kurz auf das mit ästhetischen Naturvorstellungen eng verbundene Motiv *Arkadiens* sowie das darauf rekurrierende
Konzept des *locus amoenus* eingegangen. Von Relevanz unter dem Aspekt
ästhetischer Naturvorstellungen ist das Verständnis von „Arkadien [als] das
Idealbild der schönen Landschaft und Inbegriff des ‚guten Lebens'" (Körner 2000, 39). Das Arkadienmotiv bezieht sich auf eine Landschaftsvorstel-
lung, wie sie in den Schäferdichtungen der griechischen Antike zu finden
ist (vgl. Eisel 1997, 42). Die Vorstellung nimmt Bezug auf harmonisch-
paradiesische Zustände des Lebens, die sich in dem Motiv ganzheitlicher
Landschaft abbilden (ebd., 40). Der *locus amoenus* symbolisiert die arkadi-
sche Landschaft. Seine Naturschilderungen umfassen in der Regel Natur-
elemente wie Bäume, Wiesen, Bäche, aber auch Vogelsang oder Wind-
hauch (vgl. Kirchhoff u. Trepl 2009a, 31; Körner 2000, 40; Hard 1965, 37).
Kirchhoff und Trepl betonen dabei, dass es sich bei einem *locus amoenus*
jedoch um keine Landschaft handelt, sondern eben um die Fiktion eines Ortes, der der Sehnsucht nach einem „lieblichen oder idyllischen, beschatteten
Ort" entspringt, der „sich von seiner Umgebung dadurch positiv [absetzt],
dass er zum Verweilen einlädt; er ist frei von bäuerlicher Arbeit und so mit
der Idee des paradiesischen Goldenen Zeitalters verbunden." (Kirchhoff u.
Trepl 2009a, 31)
   Wie Stefan Körner so bezieht sich auch Bernhard Gill auf Weltbilder
als Grundlage für die Ausprägung unterschiedlicher Verständnisse von Natur, untersucht an Umwelt- und Technikkonflikten. Im Folgenden werden
mit den Ansätzen von Bernhard Gills sowie Kate Soper zwei Konzeptionen
vorgestellt, die Natur in Umweltdiskursen erfassen.

Naturvorstellungen und gesellschaftliche Orientierungen in Umwelt- und Technikkonflikten (Bernhard Gill)

Vor einem umweltsoziologischen Hintergrund widmet sich Bernhard Gill der Thematik der existierenden Naturvorstellungen (vgl. Gill 1998 und 2003; Kropp 2002, 126ff). In einer diskursanalytischen Herangehensweise beleuchtete er Umwelt- und Technikkonflikte im Hinblick auf in ihnen zu Tage tretende Naturvorstellungen. Dabei argumentiert er, dass zahlreiche „Ansätze in der Wissenschafts-, Technik- und Umweltsoziologie Natur nur als Ressource, nicht jedoch als symbolisch vermittelte Ordnung in den Blick nehmen" (Gill 2003, 47). Dabei fungiere Natur auch als „kosmische Ordnung" (ebd.) und diene „den Akteuren als Quelle kollektiver Sinnstiftung, von Werten, Normen und kognitiven Deutungsmustern. [...] Natur ist dann nicht nur Materie, sondern zugleich auch Idee" (ebd.).

Auf Basis dieses Verständnisses entstehen Umwelt- und Technikkonflikte nicht durch gegensätzliche Interessen, sondern durch unterschiedliche Weltbilder, die zu veränderten Risikowahrnehmungen führen (ebd., 16). Ergebnis dieser sich unterscheidenden Weltbilder sind ebenso divergierende Naturvorstellungen. Diese ziehen wiederum verschiedene Handlungsoptionen nach sich. Ergebnis einer Idealtypenbildung sind drei Diskurstypen, die sich jeweils in Weltbild und damit verbundener Naturvorstellung unterscheiden: der identitätsorientierte, der utilitätsorientierte sowie der alteritätsorientierte Naturdiskurstypus.

(1) Der *identitätsorientierte* Diskurstyp (ebd., 55ff) wird umschrieben mit dem ‚Prinzip Herkunft'. Es handelt sich dabei um den traditionellen, zum Teil auch wertkonservativen Diskurs, der sich an der eigenen Natur, dem eigenen Körper und der unmittelbaren Umwelt orientiert und damit ortsspezifisch ist. Das Verständnis von Natur schwankt dabei zwischen Natur als Gegebenem und Natur in der Bedeutung von „Wesensart und Ordnung" (ebd., 59).

„Insofern sind im identitätsorientierten Naturverständnis Natur und die jeweilige Gesellschaft bzw. die jeweiligen Personen gar nicht geschieden: Was sie sind und was sie tun (oder sein und tun sollen), ergibt sich aus ihrer Natur. Oder einfach: Ihre Identität ist ihre Natur – und umgekehrt." (ebd., 59)

Diese Verwendung des Begriffs spiegelt sich etwa in den Redewendungen ‚etwas läge in der Natur der Sache‘ oder ‚etwas sei naturgemäß einer bestimmten Gestalt‘.

„Der Idealtyp einer identitätsorientierten Kosmologie leitet sich von vormodernen Weltbildern her, die von einer alles durchwaltenden Schöpfungsordnung ausgehen. In ihr hat jedes Ding seinen vorgesehenen Platz, an dem sie und es sich gemäß seiner natürlichen Gaben entfalten kann und soll." (ebd., 64)

Eine derartige Haltung rekurriert auf Traditionen und geht von einer grundlegenden Ordnung der Dinge aus. „Die grundlegende Ordnung der Dinge verbürgt die existentielle Sicherheit der Menschen. Gemäß und im Rahmen dieser Ordnung soll der Mensch die Erde mitgestalten." (ebd., 65)

(2) Der *utilitätsorientierte* Diskurstyp (Gill 2003, 65ff) gründet auf dem ‚Prinzip Nutzen‘. Diesen Bernhard Gill zufolge klassisch-modernen Naturdiskurs ordnet er den ideengeschichtlichen Paradigmen des Utilitarismus, Realismus und des Modernismus zu (ebd. 52).

„Für den utilitätsorientierten Naturumgang hat ‚die Natur‘ keinen besonderen Sinn oder Wert, sondern ist bloßes Sammelsurium teils nützlicher und teils schädlicher Antriebe, Abläufe und Gegenstände, die der Mensch zwecks Nutzensteigerung zähmen, beherrschen und verbessern sollte." (ebd., 53)

Der Natur per se wird also kein Eigenwert zugestanden. Als Natur werden diejenigen Phänomene angesehen, die auf Basis der Naturgesetze ablaufen und deren Beherrschung einen Nutzen für die Gesellschaft birgt. Demzufolge sind dem Handeln des Menschen zur Naturbeherrschung, abgesehen von der Kenntnis und dem Befolgen der Naturgesetzlichkeiten, auch keine normativen Grenzen gesetzt. Natur dient dem Menschen als Ressource, die insofern wertgeschätzt wird, als sie durch die Gesellschaft ausgebeutet bzw. genutzt werden kann (ebd., 53f). Der utilitätsorientierte Diskurstyp gründet auf einer rationalen Naturvorstellung, der zufolge Natur „gemäß der ihr inhärenten Naturgesetze […] berechenbar und beherrschbar gemacht werden" (ebd., 74) soll.

„Was man nun unter dem Naturbegriff fasst, sind seelenlose Dinge, die nur noch mittels mechanischer Prinzipien aufeinander einwirken. Ohne technische und sozialtechnologische Kontrolle ist diese Natur tendenziell bedrohlich – als innere Triebnatur wie auch als Gefahr von außen. Nur das Streben nach Sättigung, Schutz, Autonomie und Macht – und davon abgeleitet das Streben nach Komfort und sozialem Rang – werden als positive Triebkräfte wahrgenommen, die unerschöpflichen Ressourcen der Welt in unermesslichen Reichtum zu verwandeln (und in Abfälle, für die sich schon irgendwo eine Senke finden lässt)." (ebd., 74f)

Auf den Punkt gebracht bezeichnet Gill die Grundmotivation des Idealtypus in Technik- und Umweltkonflikten als ein Streben nach der Befreiung *von der* Natur.

(3) Den sogenannten *alteritätsorientierter* Naturdiskurstyp (Gill 2003, 75ff) koppelt Bernhard Gill an das ‚Prinzip Sehnsucht'. In Abgrenzung zum nutzenorientierten Diskurstyp definiert er den alteritätsorientierten wie folgt:

„Es geht nicht um Glückssteigerung im Sine von Nutzenmaximierung, sondern – eingedenk der Erkenntnis, dass man Genuss nicht beliebig steigern kann – um Erlebnis- und Erfahrungssuche, die aber nicht nur auf äußere Bereiche ausschweift, sondern auch zugleich in selbstreflexiver Manier die rezeptiven Einstellungen des Subjekts variiert." (ebd., 75)

Auf einer romantischen Einstellung gründend wird Natur als das Fremde konzeptualisiert, als Gegenwelt zu Mensch und Gesellschaft. Eine wilde Natur mit Eigenschaften wie natürlich, überraschend oder utopisch wird einer geregelten Gesellschaft mit „institutionell und instrumentell beherrschten Lebensbereichen" (ebd., 54) gegenübergestellt. Die Natur wird „als kontemplatives Refugium und als Erlebnisraum" (ebd., 89) gedacht, der sich „industrieller Durchdringung und technologischer Kontrolle" (ebd.) entziehen soll. Als Grundmotiv für Diskurse diesen Typs formuliert Gill das Streben nach Befreiung *der* Natur (ebd., 54).

(4) Aus den beschriebenen drei Idealtypen lassen sich beliebig viele Mischtypen ableiten. So leitet Kropp (2002) aus Gills Konzept beispielsweise folgende vier Mischtypen ab: sozialdarwinistische Haltung, nostalgisch-ganzheitlich Haltung, neo-utilitaristische Einstellung und konsumorientiert-hedonistische Einstellung.

Kritisch bemerkt Kropp, dass Gill in seiner Typenbildung keine vollständige Trennung von Gesellschaft und Natur vollzieht, jedoch eine Diskrepanz zwischen Bezeichnetem und materiellem Gehalt auszumachen ist (ebd., 128). Der im Folgenden dargestellte Ansatz Kate Sopers hingegen, der sich ebenfalls Naturverständnissen in Umweltdiskursen widmet, vollzieht trotz seines sozialwissenschaftlichen Zugangs diese Trennung.

Naturkonzepte in ökologischen Diskursen (Kate Soper)

Unter dem Titel „What is Nature?" nähert sich Kate Soper aus dem disziplinären Kontext der Philosophie heraus den diversen konkurrierenden Naturbegriffen in ökologischen Diskursen (Soper 2000). Dabei hält sie trotz eines sozialwissenschaftlichen Zugangs an einer Existenz und Trennung von Natur als diskursiv produziert und Natur als außerdiskursive Realität fest. Auf der einen Seite ist sie von einer kulturellen Repräsentation von Natur überzeugt, auf der anderen Seite argumentiert sie:

„It is true that we can make no distinction between the ‚reality' of nature and its cultural representation that is not itself conceptual, but this does not justify the conclusion that there is no ontological distinction between the ideas we have of nature and that which the ideas are about: that since nature is only signified in human discourse, inverted commas ‚nature' is nature, and we should therefore remove the inverted commas." (ebd., 151)

Cordula Kropp hat sich in ihrer Arbeit „Natur. Soziologische Konzepte, politische Konsequenzen" (Kropp 2002) mit derselben Thematik auseinandergesetzt und diskutiert Kate Sopers Zugang. Sie sieht in der Beschäftigung mit der kulturellen Ideengeschichte des Naturbegriffs und seiner Vielfalt auf der einen und den ökologischen Diskursen auf der anderen Seite die Ursache für die „Zwickmühle der Realismus-Konstruktivismus-Debatte" (ebd., 108f), in die sie gerät und aus der sie erwartungsgemäß keinen Ausweg findet. Die im Folgenden vorgestellte Naturkonzeption wird damit an drei verschiedene Kontexte gebunden, die für Kropp lediglich ein „origineller Ausweg aus dem Dilemma" (ebd., 109) sind, die Realismus-Konstruktivismus-Kontroverse jedoch in den Gegenstand hineinziehen (ebd.).

Kate Soper zufolge liegen ökologischen Diskursen drei mögliche Naturkonzepte zugrunde: das *metaphysische* Konzept (metaphysical concept), das *realistische* Konzept (realist concept) und das *Oberflächen*konzept (lay or surface concept) (Soper 2000, 155ff):

(1) Das *metaphysische Naturkonzept* entspringt einem Differenzdenken, demzufolge die Menschheit in ihrer Besonderheit und Verschiedenheit zur Natur gedacht wird (ebd., 155). Das Konzept ist durchdrungen von der Abgrenzung des Menschen zur Natur. „But in a formal sense, the logic of ‚nature' as that which is opposed to the ‚human' or the ‚cultural' is presupposed to any debates about the interpretations to be placed on the distinction and the content to be given to the ideas." (ebd., 155)

(2) Natur als *realistisches Konzept* fasst Strukturen, Prozesse und Zusammenhänge der physischen Welt, deren Untersuchung und Beschreibung sich die Naturwissenschaften widmen (ebd., 155f). "It is the nature to whose laws we are always subject, even as we harness them to human purposes, and whose processes we can neither escape nor destroy." (ebd., 156) Der realistischen Konzeption liegt ein Verständnis von Natur als physikalischen Strukturen und Abhängigkeiten zugrunde. Das Naturverhältnis ist demnach geprägt von einer Abhängigkeit des Menschen von den Naturgesetzen.

(3) Natur als *Oberflächenkonzept* gedacht verweist auf Phänomene der natürlichen Welt, deren Kennzeichen es ist, alltäglich erfahrbar zu sein und als ‚natürlich' dem Städtischen oder auch Industriellen gegenübergestellt zu werden (ebd., 156). Die empirische Erfahrbarkeit dieses Naturkonzepts liefert die Grundlage für die Einordnung in den Alltagskontext. Cordula Kropp bezeichnet dieses Konzept aus diesem Grund auch als das „laienhafte" (Kropp 2002, 109).

Trotz der Benennung dreier Naturkonzepte betont Soper die Verzahnung der Konzepte am Beispiel der Ökobewegung, die sich zwar in ihrem Schutz von Natur in der Regel auf ein *Oberflächenkonzept* von Natur bezieht, gleichzeitig jedoch im Sinne eines *realistischen* Konzepts auf natürliche Prozesse beruft (ebd., 156f).

„Through the metaphysical concept, then, it refers to that realm of being that is differentiated from and opposed to the being of humanity, through the realist concept to nature as causal process and through the lay concept to nature as a directly experienced set of phenomena." (ebd., 157)

Dabei beansprucht keines der Konzepte einen höheren Wahrheitsgehalt oder bessere Angemessenheit als das andere. Zahlreichen ökologischen Diskursen liegen Soper zufolge mehrere Konzepte zugrunde, abhängig von der Argumentationsebene (ebd.).

2.3.2 Konzeptionen wissenschaftlich-paradigmatischer Naturverständnisse

Dieses Kapitel beschäftigt sich mit wissenschaftlich-paradigmatischen Verständnissen von Natur. Es stellt eine Auswahl an Ansätzen aus unterschiedlichen disziplinären Zusammenhängen vor. Obwohl hier aus Gründen der Strukturierung und des damit verbundenen Bestrebens besserer Verständlichkeit zusammengefasst, befinden sich die Konzeptionen auf unterschiedlichen theoretischen Ebenen. So beschreibt Ernst Oldemeyers Typologie an der Schnittstelle zwischen lebensweltlichen und paradigmatischen Konzepten einen kulturhistorischen Längsschnitt durch die Entwicklung eines allgemeinen Naturbegriffs. Der Beitrag der Autoren Thomas Kirchhoff und Ludwig Trepl widmet sich den Naturkonzepten hinter der Verwendung der Begrifflichkeiten *Landschaft, Wildnis* sowie *Ökosystem*. Sie liefern damit einen interdisziplinären, kulturgeschichtlichen Zugang, fokussiert auf dieses spezielle Feld. Daran anschließend wird jeweils ein Überblick der Autoren Gerhard Hard sowie Karl-Werner Brand über die disziplinären Naturbegriffe der Geographie sowie der Soziologie vorgestellt. Abschließend wird mit der Konzeption des Wiener Teams für Soziale Ökologie ein interdisziplinäres Konzept der Naturbeziehung vorgestellt.

Typen menschlicher Verhältnisse zur Natur (Ernst Oldemeyer)

Ernst Oldemeyer stellt mit seinem „Entwurf einer Typologie des menschlichen Verhältnisses zur Natur" (Oldemeyer 1983) eine kulturgeschichtliche Perspektive auf das Mensch-Natur-Verhältnis vor. Er versteht Natur darin als das „Korrelat eines jeweiligen menschlichen ‚Verhältnisses' zu ihr" (ebd., 16) und nicht als von vornherein gegeben. Das Verhältnis wird kulturell beeinflusst und unterliegt historischen Veränderungen. Dies führt zu

„unterschiedlichen Begriffen und theoretischen Konzeptionen der ‚Natur' als kognitivem Objektbereich, wie auch in verschiedenartigen Werteinstellungen und normativen Verhaltensmustern, Umgangsweisen und Erwartungshaltungen gegenüber der ‚Natur' als Güterbereich" (ebd.).

Die Betrachtung des geschichtlichen Verlaufs des menschlichen Naturverhältnisses begründet er mit der Annahme, dass von einer „innere[n] Konsequenz in der geschichtlichen Abfolge der Vorherrschaft von Typen des Naturverhältnisses" (ebd., 17) auszugehen sei. Um dieser Annahme Rechnung zu tragen, erweitert er den

„typologischen Ansatz [um] ein Verständnis des Bewusstseins- und Kulturprozesses, das hypothetisch annimmt, dass verschiedene Typen der Weltanschauung (hier: des Naturverhältnisses) nicht auf Grund letztlich zufälliger Kontexteinflüsse einander ablösen, sondern, dass diese Typen hinsichtlich ihrer allgemeinen Grundzüge in einer gewissen Ordnung aufeinanderfolgen und in menschlichen Kollektiven Schichten von je eigener Tradition oder eines impliziten Weiterlebens […] bilden" (ebd.).

Die parallele Koexistenz verschiedener Anschauungen schließt er dabei nicht aus. Auch ein und dasselbe Individuum kann abhängig von seiner Sozialisation einen Zugang zu verschiedenen Typen des Naturverhältnisses finden, die sich überlagern, überformen, aber nicht zwingend verdrängen müssen, wie dies in kulturdarwinistischen Auffassungen konzipiert wäre, die Oldemeyer jedoch hier ablehnt. Die Parallelität der Anschauungen trifft insbesondere für hochentwickelte pluralistische Gegenwartskulturen zu (ebd.).

Als systematischer Ansatz der Typologie dient der sogenannte „Kanon allgemeiner Grundeinstellungen der Menschen zu Begegnendem überhaupt" (ebd., 19). Seinen „Leitfaden" bildet dabei das „System der Personalpronomina", bei dem die „erste Person den Intentionspol, eine erste, zweite oder dritte Person den Bezugspol der Intention bildet" (ebd.). Dieser Kanon wird um die „Beziehung zwischen erster Person und Welt [erweitert], wobei unter ‚Welt' die umfassendste apersonale Totalität verstanden werden soll" (ebd.). Diese vier Beziehungsarten dienen als Grundlage für die Entwicklung von vier Typen eines menschlichen Naturverhältnisses: *Magisch-mythisches* Naturverhältnis, *biomorph-ganzheitliches* Naturverhältnis, Natur als *Gegenstand und Gegenbegriff* sowie Natur als *offenes, umgreifendes System.*

(1) Ein *magisch-mythisches* Naturverhältnis resultiert aus der Beziehungsart von erster Person zu erster Person, also ‚ich zu ich', das „den Charakter einer Teilnahme, deren Grundlage die Symbiose [...] oder die Identifikation" (Oldemeyer 1983, 19) aufweist, sowie erster zu zweiter Person, also ‚ich zu du', das durch gegenseitige Teilnahme geprägt ist (ebd., 19ff). Im engeren Sinne liegt hier noch kein explizites Naturverhältnis vor, da alles Natur ist und der Mensch sich von Natur nicht abgrenzt bzw. Natur nicht explizit macht. In historischem Hinblick lässt sich dieses Verständnis auf eine vorphilosophische und vorwissenschaftliche Zeit datieren. Kennzeichnend sind der Glaube an Naturerscheinungen und Naturkräfte, die als „Bekundungen von teilnehmenden Wesen, die durch sie hindurch wirken" (ebd., 22), aufgefasst werden. Aus diesem Verständnis resultiert ein „Teilnehmerethos auf Gegenseitigkeit, wie es für die Regelungen der Beziehungen zwischen den Menschen gilt" (ebd., 22), das geprägt ist von gegenseitiger Rücksichtnahme und Verpflichtung.

(2) Ein *biomorph-ganzheitliches* Naturverhältnis zeichnet sich durch eine Mensch-Natur-Beziehung aus, die beschrieben werden kann mit dem Verhältnis von erster zu dritter Person, also ‚ich zu sie'. Diese Beziehung ist von einer „einseitigen Intentionalität" (Oldemeyer 1983, 20) gekennzeichnet; Bezug genommen wird auf Gegenstände, Objekte bzw. objektivierte Subjekte (ebd.). Dieses Naturverständnis ist kennzeichnend für die Zeit der Entstehung menschlicher Hochkulturen, dem Entstehen der Philosophie bis zu frühen städtischen Gesellschaften. Charakteristisch ist das Verständnis von Natur als Physis, das als allumfassender Kosmos aufgefasst wird, allerdings

„nicht mehr anthropomorph, unter dem Aspekt der Teilnehmerschaft [...]. Sie ist weder eine erste Person, mit der man sich identifizieren, noch eine zweite Person, mit der man kommunizieren kann. Sie ist zu einem Dritten geworden, das außerhalb personaler Gegenseitigkeitsbeziehungen steht." (ebd., 23)

Die Tatsache, dass die Natur immerhin noch als dritte Person angesehen wird, spricht ihr eine Eigendynamik und eine „immanente Selbstorganisationsfähigkeit" (ebd., 24) zu. Dieser kognitiven Einstellung folgt die normative Auffassung eines Kosmos-Ethos, welches auf Basis rationaler Erwägungen vom Menschen ein Handeln nach den Gesetzen der Natur und unter Rücksicht auf Natur erfordert (ebd., 24).

(3) Unter dem Typus eines Verständnisses von Natur als *Gegenstand und Gegenbegriff* subsumiert Oldemeyer verschiedene Naturverhältnisse, die sich in vielen Aspekten grundlegend unterscheiden, jedoch im Hinblick auf zwei Aspekte Gemeinsamkeiten aufweisen, die herauszustellen sein Ziel ist: „Natur wird im Lichte einer Beziehung zwischen erster und dritter Person Neutrum gesehen." (Oldemeyer 1983, 24) Es handelt sich also um ein Verhältnis ich zu einem neutralen Es, womit das Verhältnis Mensch-Natur einseitig wird und die Natur zum bloßen Gegenstand menschlicher Betrachtung wird. Daraus resultiert der zweite gemeinsame Aspekt der unter diesem Typus zusammengefassten Naturverhältnisse: Die Natur wird zum Gegenbegriff, da die „erste Person, das […] Subjekt, in der Position eines entgegenstehenden Prinzips zur ‚Natur' gedacht" (ebd., 25) wird. Durch diese Abgrenzung wird der Begriff der Natur „zum ersten Mal in seiner spezifischen Differenz definitorisch scharf gefasst" (ebd.). Beide Aspekte, Gegenständlichkeit und Gegenbegrifflichkeit, verweisen auf die Abgrenzung des Menschen von der Natur. Oldemeyer führt auf den Grad der Entfremdung des Menschen von der Natur unterschiedliche Subtypen zurück (ebd.). Einen ersten Untertypus bilden Naturauffassungen vorsokratischen Ursprungs. So lässt sich das Naturverhältnis Platons, ebenso wie das aristotelische, einer gegenständlich-gegenbegrifflichen Naturauffassung zuordnen (ebd., 25ff). Einen zweiten Untertypen führt er auf Verständnisse jüdisch-christlichen Ursprungs mit Verweis auf die göttliche Schöpfung zurück, in der „alles Geschaffene – ‚Himmel und Erde' – gegenüber dem göttlichen Schöpfer offenkundig in den Rang des untergeordneten, abhängigen Seienden verwiesen" (ebd., 28) wird. Aus dieser Ableitung resultiert die Verhaltensnorm für den Menschen, die zum einen die Herrschaft über die Natur impliziert. Zum anderen soll die Schöpfung bewahrt werden (ebd., 29). In einem weiteren Typus fasst er mechanistische Auffassungen des Gesellschaft-Natur-Verhältnisses zusammen (ebd., 30ff). Auch der transzendental-idealistische Typus ist geprägt von einer Auffassung der Gegenständlichkeit von Natur (ebd., 32f). Diesem Verständnis zufolge wird Natur zum einen als Gegenbegriff zum Selbstbewusstsein konzipiert. Zum anderen wird Natur dadurch zum Inbegriff der Gegenständlichkeit (ebd., 32f). Unter einem fünften Subtypen gegenständlich-gegenbegrifflicher Naturkonzeptionen sammelt Oldemeyer „im Anschluss an Schillers Begriffsbildung […] ästhetisch-sentimentalische" (ebd., 34) Auffassungen. Oldemeyer spannt diese Phase der Naturauffassung „seit

Rousseau über die Romantik bis zur neuesten Zivilisationskritik" (ebd.).
Kultur wird als „Unnatur" und „Naturwidrigkeit" (ebd.) der Natur gegenübergestellt und als

„außerhalb der Natur und letztlich unintegrierbar verstanden. ‚Natur' bleibt dann eine *Teilregion* der Welt mit einer bestimmten Struktur, die gegenüber den Kulturver-
hältnissen zur edlen, guten und schönen Wildnis verklärt wird." (ebd.; Hervorhebung im Original)

Aus der

„Zusammenschau [der Subtypen] werden die metaphysischen Voraussetzungen und
Einstellungen erkennbar, die den neuzeitlich-technischen Umgang mit der Natur bedingen. […] Alle diese Auffassungstypen hieben gleichsam aus verschiedenen Richtungen in dieselbe Kerbe: dass Natur, von göttlichen Mächten frei, als unter-
göttliches und unter-menschliches Betätigungsfeld für die menschliche Nutzung und
Beherrschung ohne grundsätzliche normative Einschränkung verfügbar sei." (ebd.,
35)

(4) Natur als *offenes, umgreifendes System:* Unter diesem Typus vereinen
sich Naturauffassungen aus verschiedenen weltanschaulichen und wissenschaftlichen Zusammenhängen seit Beginn des 19. Jahrhunderts. Die Ge-
meinsamkeit dieser Ansätze, die Oldemeyer beispielsweise auf Goethe,
Schelling, Darwin und Marx zurückführt, liegt darin, dass sie bestrebt sind,
„über eine gegenbegrifflichen Abgrenzung, einen mechanistischen Objekti-
vismus und eine transzendentale Nicht-Ich-Auffassung der Natur hinauszu-
gelangen" (Oldemeyer 1983, 35f). Die bloße Gegenüberstellung im Sinne
einer beschränkten Ich-Es-Einstellung soll überwunden werden, indem die
Ansätze „Natur als ‚selbstregulatorisches' und ‚selbstorganisierendes System' von letztlich kosmischem Umfang zu erfassen suchten" (ebd., 36).[4]
Auf diesen Ansätzen basieren Ansätze der Ökosystemforschung, die gesellschaftliche Effekte auf die natürliche Umwelt in die Betrachtung integrieren, ebenso wie sie ein Verständnis dafür schaffen können, dass der

---

4   Oldemeyer bezieht sich hierin auf die Wissenschaftskonzeptionen von Uexküll
      (1928), Wachsmuth (1950) oder Jantsch (1979).

Mensch Teil des Systems ist (ebd.). Natur wird demzufolge nicht mehr durch die Gegenüberstellung von Kultur, Technik oder Gesellschaft definiert, ebenso wenig, wie sie nicht als magisch-mythisch oder auch biomorph-ganzheitlich begriffen wird.

„Vielmehr wird es darauf ankommen, auf der Basis der bisher entwickelten Schichten des Naturverhältnisses eine übergreifende Einstellung zu erreichen, die diese Schichten überformt und die als Neues hinzu bringt: eine Synthese von objektivierender Betrachtung (Ich → Es) und subjekteinbeziehender Reflexion (Ich → Welt → Ich).“ (ebd., 36)

Den normativen Effekt der Ansätze dieses Typus sieht Oldemeyer in Entscheidungen, die auf der Abwägung zwischen humanethischen und naturethischen Aspekten beruhen, ohne selbstverständlich die eine oder die andere Seite zu bevorzugen oder höher zu bewerten (ebd., 37).

Oldemeyer erachtet den letztgenannten Typus eines offenen, integrativen Verständnisses für angemessen, um den Umweltproblemen der Gegenwart zu begegnen. Dennoch hält er die Entwicklung des Mensch-Natur-Verhältnisses für nicht abgeschlossen (ebd., 38).

„Es erscheint im Rahmen des hier vertretenen geschichtsphilosophischen Schichtenmodells menschlicher Grundeinstellungen durchaus denkbar, dass nicht nur die vorangehenden Typen in bestimmten Traditionsbahnen weiterhin metaphysische plausibel bleiben, sondern dass sich – auf dem Boden des integrativen Verständnisses –, künftig neue, komplexere Typen des Naturverhältnisses herausbilden werden, die den vierten Typus ihrerseits überformen.“ (ebd.)

Im Folgenden wird eine ebenfalls kulturhistorisch angelegte Konzeption von Naturverständnissen vorgestellt. Diese beschäftigt sich jedoch im Gegensatz zu Oldemeyer Untersuchung der Entwicklung allgemeiner Naturbegrifflichkeiten dezidiert mit Naturauffassungen, die dem Umgang mit den Begriffen Landschaft, Wildnis und Ökosystem innewohnen.

Naturauffassungen im Umgang mit den Begriffen Landschaft, Wildnis und Ökosystem (Thomas Kirchhoff und Ludwig Trepl)

Im Rahmen des Sammelwerks „Vieldeutige Natur. Landschaft, Wildnis und Ökosystem als kulturgeschichtliche Phänomene" leiten die Herausgeber Thomas Kirchhoff und Ludwig Trepl in einem einführenden, die übrigen Beiträge rahmenden Aufsatz (Kirchhoff u. Trepl 2009a) aus der Verwendung und Konstruktion der Begriffe Landschaft, Wildnis, sowie Ökosystem, die zugrunde liegenden Naturauffassungen ab, die sie wiederum auf philosophische Urteilsformen beziehen. Bereits in der Anlage der Arbeit wird ein konstruktivistisches Naturverständnis deutlich, aus welchem das Bestreben resultiert, die hinter diesen drei Begriffen stehenden Auffassungen davon, was Natur ist, kulturgeschichtlich zu beleuchten.

„Jede bestimmte Art und Weise, wie Natur aufgefasst wird, ist ein kulturgeschichtliches Phänomen; ihre Existenz und ihr objektiver Charakter verdanken sich, unter anderem, intersubjektiven kulturgeschichtlichen Ideen oder Idealen, die auf die Natur an sich projiziert sind." (ebd., 15)

Die Tatsache der Vieldeutigkeit über disziplinäre Grenzen hinweg reflektierend resümiert Wolfgang Haber in einigen einleitenden Worten zum Sammelwerk:

„Mir wurde bewusst, dass der Begriff von Landschaft wie auch der von Natur weit über bloße Ökologie hinausgehen muss. Ihre theoretischen Grundlagen bedurften einer Erweiterung in alle Wissenschaftsbereiche." (Haber 2009, 10)

Dieses Bewusstsein über den vieldeutigen Charakter der Begriffe äußert er auch in seinem Resümee über die zusammengetragenen Beiträge:

„Es ist ein Potpourri von z. T. weit voneinander entfernt scheinenden Interpretationen mit jeweils eigenen disziplinären Quellen und Deutungstraditionen, und darin zugleich ein freilich unvollständiger Spiegel derzeitiger Auffassungen zwischen ländlich und städtisch, wild und kultiviert, zeitlos und zeitgebunden, sprachlich und begrifflich, allgemein oder auf konkrete Gebiete bezogen." (ebd., 11)

Die Wahl der drei Begriffe *Landschaft*, *Wildnis* und *Ökosystem* erklärt sich aus dem (landschafts-)ökologischen Hintergrund der Herausgeber, sowie dem Forschungsfeld des Umwelt- und Naturschutzes, für welches diese Begriffe als zentral erachtet werden. Aufgrund des konstruktivistischen Hintergrunds sind sich die Herausgeber dessen bewusst, dass es zahlreiche weitere Möglichkeiten gäbe, den Begriff der Natur zu beleuchten und ihre Perspektive lediglich eine unter vielen möglichen ist. Auch die drei Begriffe können jeweils auf verschiedene Weise mit Bedeutung gefüllt sein.

„Man kann geradezu von einer babylonischen Sprachverwirrung sprechen, wenn, was zurzeit häufig geschieht, über Wildnis gesprochen wird oder über die Auswirkungen des Klimawandels und des Wandels in der Landnutzung auf die Landschaften und Ökosysteme der Erde. Man versteht einander oft nicht, weil mit den Begriffen Landschaft, Wildnis und Ökosystem alltagssprachlich und auch in den verschiedenen Fachsprachen Unterschiedliches bezeichnet wird - was nicht selten unbemerkt bleibt, weil klare Definitionen fehlen." (Kirchhoff u. Trepl 2009a, 13)

Damit wird die Frage „welche Eigenschaften der Natur [es sind], die ihre Qualität als Landschaft, Wildnis oder Ökosystem ausmachen" (ebd., 14) umso virulenter. Prämisse bei der Entschlüsselung der Naturbedeutungen ist für Kirchhoff und Trepl die existierende Vielfalt der Betrachtungsweisen von Natur. Diese unterschiedlichen Betrachtungsweisen sind in ihren Augen ein kulturgeschichtliches Phänomen. Daher muss eine Kulturgeschichte der Natur mehr als nur die physischen Veränderungen erfassen und betrachten, sondern immer auch der Prägung durch Zeitgeist Rechnung tragen (ebd., 15).

Den Bedeutungsgehalt der Begriffe *Landschaft*, *Wildnis* sowie *Ökosystem* führen sie auf unterschiedliche Naturauffassungen zurück, die wiederum auf der modernen Philosophie entliehenen Urteilsformen gründen (ebd., 18).

(1) *Ästhetische* Naturauffassung – Natur als *Landschaft*: Eine, auf einer ästhetischen Urteilsform beruhende, ästhetische Naturauffassung bewertet Natur vor dem Hintergrund von Einbildungskraft, Vorstellungen von Schönheit und Kunst, des Gefallens von Natur. Seel, auf den sich die Autoren Kirchhoff und Trepl in ihrem ästhetischen Verständnis von Natur beziehen, beschreibt diesen Blickwinkel wie folgt:

„Eine Ästhetik der Natur handelt vom Grund unseres Gefallens an der Natur. Sie beschreibt nicht einfach, warum die äußere Natur den Menschen manchmal gefällt, sie
versucht zu sagen, welche Gründe es tatsächlich gibt, vom lebensweltlichen Dasein
der Natur angezogen zu sein. Sie erläutert den ästhetischen Wert der Natur für den
Menschen. Sie führt damit auch auf besondere Gründe ihrer Achtung und Erhaltung.
Das wiedererwachte Interesse an der ästhetischen Theorie der Natur hängt hiermit
zusammen; es gilt der Verteidigung eines nicht-instrumentellen Umgangs mit der
naturhaften Welt. Zu ihr kann die Ästhetik jedoch nur beitragen, wenn sie das Naturschöne einmal wirklich aus heutiger Erfahrung zur Sprache bringt." (Seel 1996, 9)

Einer ästhetischen Anerkennung von Natur folgend besitzt Natur einen Eigenwert, jedoch nicht absolut, sondern im Rahmen der ästhetischen Praxis
des Menschen. Der ästhetischen Anerkennung stellt Seel eine moralische
gegenüber. Eine moralische Anerkennung von Natur gründet auf Rücksicht
auf das Wohlergehen leidensfähiger Wesen. Sie wird zu einer „Anerkennung der ästhetischen Anerkennung" (Seel 1997, 311), wenn es um eine
nicht-leidensfähige Natur geht. Damit handelt es sich nicht mehr um eine
direkte moralische Anerkennung von Natur (ebd., 310f). Die Ästhetik von
Natur als Einheit zu sehen, was wiederum zur Wahrnehmung von Natur als
Landschaft führt, erklärt sich für Seel aus dem Zusammenspiel dreier
Wahrnehmungsformen von Natur: Natur als „Raum der Kontemplation",
Natur als „korrespondierender Ort" sowie Natur als „Schauplatz der Imagi-
nation" (Seel 1996, 185).

Hierauf beziehen sich Kirchhoff und Trepl, wenn sie Landschaft als Beschreibung für einen ästhetischen Gegenstand erachten. Deutlich abzugrenzen ist diese Verwendung von jener, die Landschaft als Bezeichnung für
„einen moralischen oder einen scheinbar theoretischen Gegenstand"
(Kirchhoff u. Trepl 2009a, 18) heranzieht, etwa im Zusammenhang mit to-
pographisch-politischen Bedeutungen des Begriffs. Diese Verwendung von
Landschaft hat eine lange Tradition. So wurde im Althochdeutschen der
„durch den Geltungsbereich eines bestimmten Rechts fest umrissene Land-
strich" (ebd., 18) mit *landscaf* bezeichnet. Ästhetische Dimensionen des
Begriffs lassen sich ab der Neuzeit zum Beispiel in der Malerei belegen,
später auch in Literatur und Sprache. Ein geographischer Landschaftsbegriff, der sich zunächst auch auf ästhetische Inhalte bezieht, wird ab dem
19. Jahrhundert als

„scheinbar theoretische, also nur scheinbar aus wertungsfreier wissenschaftlicher Forschung resultierende Verwendung des Wortes ‚Landschaft'" (ebd., 20; Hervorhebung im Original)

angeführt.[5] Nach Versuchen, Landschaft unter Verzicht auf ästhetische Kriterien und die in der Folge unspezifischen oder implizit doch ästhetischen Definitionen zu beschreiben, folgern Kirchhoff und Trepl, dass „sinnvolle geographische Definitionen des Landschaftsbegriffs ästhetische [sind] und damit nur scheinbar theoretische" (ebd.). Unter Bezug auf sprachwissenschaftliche, philosophische und kunsthistorische Quellen definieren die Autoren Landschaft als

„eine von der Natur allein oder von Natur und Menschenhand geformte Gegend [...], wenn sie ein empfindender Betrachter ästhetisch als harmonische, individuelle, konkrete Ganzheit sieht, die ihn umgibt" (ebd., 21).

Der eine Kernpunkt dieser Definition bezieht sich damit auf das Empfinden, im Gegensatz zu einer rationalen, theoretischen Erfassung von Landschaft. Ein weiteres Kriterium ist die Verbindung von Landschaft mit einer Auffassung von Schönheit im Sinne einer ästhetischen Harmonie (ebd.). Landschaft wird des Weiteren als eine „konkrete Ganzheit, [d. h. als] eine harmonische Einheit konkreter Gegenstände" (ebd.) angesehen. Neben dieser strukturellen Individualität wird Landschaft als individuell in Bezug auf seinen Charakter definiert. Aufgrund dieser Tatsache kann es sich bei Landschaften auch immer nur um Ausschnitte handeln, „weil es [ansonsten] nichts gäbe, wovon sie sich unterscheiden könnte" (ebd., 22)[6]. Schließ-

---

5 Die ersten Landschaftsbegriffe der wissenschaftlichen Geographie werden auf Humboldts Physiognomie und Herders Kulturtheorie zurückgeführt; vgl. hierzu und zur weiteren Entwicklung des Landschaftsbegriffs in der Geographie auch Hard (1970; 1983) und Eisel (1997, 121ff), außerdem die Ausführungen zum Naturbegriff in der Geographie im Anschluss an diesen Abschnitt.

6 Diese Auslegung von Landschaft als „Ausschnitt der Erdoberfläche" (Kirchhoff u. Trepl 2009a, 21) führen die Autoren auf Popper (1957, 78) zurück, mit dem diese Begrenzung damit begründet werden kann, dass „eine allumfassende Totalität [...] nicht Gegenstand empirischer Anschauung sein" (Kirchhoff u. Trepl 2009a, 22) kann.

lich setzt eine ästhetische Definition von Landschaft einen empfindenden Betrachter voraus.

(2) *Moralische* Naturauffassung – Natur als *Wildnis*: Eine moralische Naturauffassung urteilt auf Grundlage der Vernunft, aber auch politischer Bedingungen. Vorstellungen des Guten basieren auf moralischen Urteilen. Diese führen zu einer Auffassung von Natur als Gegenwelt zu einer moralischen Ordnung und des Weiteren zu einem Verständnis von Natur als Wildnis (Kirchhoff u. Trepl 2009a, 22ff). Dabei muss Natur als Gegenwelt nicht zwingend negativ belegt sein. Wildnis als Gegenwelt zur moralischen Ordnung gedacht, kann durchaus auch positiv konnotiert sein, abhängig davon, was die „korrespondierende kulturelle Ordnung oder Zielsetzung positiv oder negativ" (ebd., 22) bewertet. Kirchhoff und Trepl verweisen auf den Zusammenhang zwischen einem Verständnis von Natur als Wildnis und dem sogenannten *alteritätsorientierten* Naturverständnis, wie es Gill erarbeitet hat (vgl. Kap. II 2.3.1 sowie Gill 2003, 75ff). Die Parallelität zu Gills *alteritätsorientiertem* Naturverständnis hebt die Gegensätzlichkeit von Natur, verstanden als Wildnis, zu Ordnung hervor.

Wie der Landschaftsbegriff weist auch der Wildnisbegriff eine Bedeutungsvielfalt auf, die zeigt, dass

„,Wild' […] keine naturwissenschaftlich beschreibbare Eigenschaft [ist], und ‚Wildnis' kein naturwissenschaftlicher Gegenstand. Diese Begriffe bezeichnen vielmehr in der Gesellschaft entstandene *Bedeutungen* der Natur." (Kirchhoff u. Trepl 2009a, 22; Hervorhebung im Original)

Auffassungen von Wildnis können durchaus ästhetische Dimensionen enthalten, ebenso wie auch Landschaft moralisch beurteilt werden kann. Ausgangspunkt des Verständnisses von Natur als Wildnis ist jedoch immer das moralische Urteil über Natur als Gegenwelt und erst im Folgenden ein ästhetisches Empfinden (ebd., 24). Um darzustellen, „wie sich die Vieldeutigkeit von Wildnis dadurch ergibt, dass sie im Lauf der Kulturgeschichte als Gegenwelt zu *unterschiedlichen* kulturellen Ordnungen fungiert" (ebd., 43; Hervorhebung im Original) unterscheiden Kirchhoff und Trepl Auffassungen von Wildnis als das schreckliche Andere, Wildnis als die böse Gegenwelt, Wildnis als Zeichen göttlicher Allmacht, ein profanes Verständnis von Wildnis, Wildnis als der Ort der Selbstbestätigung des Vernunftsubjekts, Wildnis als Ort der Kolonisation und Symbol für Chaos und Freiheit,

Wildnis als Symbol und Ort guter Ursprünglichkeit, sowie Wildnis als Zeichen der Auserwähltheit und Quelle individueller Stärke (ebd., 43ff).

(3) *Theoretische* Naturauffassung – Natur als *Ökosystem:* Eine theoretische Naturauffassung gründet auf einer ebenso theoretischen Urteilsform. Der Verstand, die Erkenntnisse der Wissenschaft und der Glaube an *das* existierende Wahre führen zu einem Verständnis von Natur als Ökosystem.

„Natur ist ein Ökosystem, wenn sie mit dem Ziel intersubjektiver, begrifflicher Erkenntnis wertungsfrei, kurz: naturwissenschaftlich, betrachtet wird und in dieser methodischen Einstellung Gesellschaften von Organismen mit Blick auf ihre Umweltbeziehungen thematisiert werden." (Kirchhoff u. Trepl 2009a, 24)

Diesem Verständnis folgend, das auf Trepls Versuch der Abgrenzung von Ökologie als wissenschaftlicher Disziplin (vgl. Trepl 2005, 15ff) sowie dieser Abgrenzung zugrundeliegenden Definition des Organismusbegriffs (vgl. ebd., 443ff) zurückgeht, wird Natur als naturwissenschaftliches Objekt beschrieben. Kennzeichnend für diese Naturauffassung sind die Intersubjektivität und die Objektivität.

Der Begriff des *Ökosystems* ist dabei ebenso vieldeutig wie die Begriffe *Wildnis* und *Landschaft*. Diese Auffassung trägt der Tatsache Rechnung, dass auch naturwissenschaftliche Begriffe und Auffassungen, die Objektivität und Intersubjektivität beanspruchen, kulturell geprägt sind (Kirchhoff u. Trepl 2009a, 52ff).

„Ökologische Theorien sind demnach immer auch Projektionen kultureller Ideen in die Natur, Ökosysteme immer auch kulturelle konstruierte Gegenstände – und gerade keine Abbildungen der ‚Natur an sich'." (ebd., 52)

Begründet wird dies damit, dass theoretische Vorannahmen immer auch aus „metaphysischen und methodologischen Grundannahmen [bestehen], die nicht empirisch gewonnen worden sind" (ebd., 52f) und durch Denkstile sowie Traditionen beeinflusst sind. Als die beiden konkurrierenden Hauptströmungen dieser Denkstile in der Ökologie identifizieren Kirchhoff und Trepl auf der einen Seite holistische, organizistische und auf der anderen Seite individualistische, konstruktivistische Theorien. Organizistische Ansätze gehen davon aus, dass Arten in Abhängigkeit voneinander mehr oder weniger stabile, ökologische Einheiten bilden. Diese Auffassung entstammt einer rationalistischen Kosmologie (ebd., 54). Individualistische Ansätze hingegen gründen auf der Annahme, dass

„Arten in ihrer Existenz relativ unabhängig voneinander [sind]; deshalb bilden sie nicht natürliche diskrete Einheiten, sondern ein fluktuierendes Kontinuum, das nur durch eine künstliche Klassifikation (Nominalismus) in überindividuelle Einheiten gegliedert werden kann." (ebd., 53)

Der Begriff des Ökosystems ist demzufolge eine Konstruktion.

Ein Verständnis von Landschaften als Ökosysteme entspringt, Kirchhoff und Trepl zufolge, der Fortführung organizistischer Theorien als eine „Verwissenschaftlichung [...] der funktionalistischen, organizistischen, aufklärungskritischen Landschaftsauffassung" (ebd., 54). Diese Vorgehensweise ontologisiert die ästhetische Landschaft und führt damit zu einer Naturalisierung von Landschaft, „die nur scheinbar rein naturwissenschaftlich ist" (ebd., 57).

„Wenn heutzutage Wildnis als ein Gebiet natürlicher oder zumindest naturnaher Ökosysteme definiert wird und wegen dieser Ökosysteme geschützt wird, dann werden damit [...] ästhetische und moralische Naturauffassungen, insbesondere solche, in denen Wildnis der Ort guter Ursprünglichkeit ist [...], in verwissenschaftlichter Form reformuliert." (ebd., 57)

Während Kirchhoff und Trepl in ihrer Betrachtung von Natur als Landschaft eine ästhetische Naturauffassung zugrunde legen, differenziert Gerhard Hard den Landschaftsbegriff stärker und beschränkt ihn nicht auf die ästhetische Konstitution. Auch der Naturbegriff der Geographie, den Gerhard Hard detailliert ausgearbeitet hat und der ebenfalls im Folgenden vorgestellt wird, rekurriert auf das Landschaftskonzept.

Die ,Natur' der Geographen und Landschaft als Symbol für den Naturbegriff der ,klassischen' Geographie (Gerhard Hard)

„In einer differenzierten Gesellschaft muss man von vornherein damit rechnen, dass es zahlreiche Begriffe von Natur gibt, auch dann, wenn die gleiche Vokabel benutzt wird." (Hard 2002, 67)

Dennoch bezeichnet Hard das Verständnis von Natur als *Erdnatur* als „so etwas wie ein Superparadigma" (ebd.) der Geographie des 19. und 20. Jahrhunderts. Die heute noch diesem Verständnis folgende Geographie bezeichnet er als die *klassische* Geographie. Dass „inzwischen ein fundamentaler Paradigmenwechsel stattgefunden hat" (ebd., 68), macht Hard an der Tatsache fest, dass der Diskurs um den Naturbegriff generell an Bedeutung verloren habe. Seit etwa den 1970er Jahren können erste Versuche ausgemacht werden,

„das alte Paradigma durch entsprechende Umbauten und Neuinterpretationen zu einem Instrument zu machen, mit dem man auch die heutigen Industriegesellschaften, überhaupt die Zustände und Prozesse in den Regionen der heutigen (ersten bis vierten) Welt verständlicher machen könnte [...] und dabei ist zuerst die konkrete Natur, dann die Natur überhaupt aus der fortgeschrittenen geographischen Theorie und Metatheorie verschwunden." (ebd., 78)

Hard benennt den *spatial* sowie den *behavioral approach* als die beiden Konzepte, deren Entwicklung zu diesen Veränderungen führte.

„Der spatial approach hat die konkret-ökologische, phänomenale Natur aus der geographischen Forschung vertrieben; [...] entsprechend hat der korrelate behavioral approach das sich konkret mit konkreter Natur versöhnende [...], unendlich variable, naturgebundene und sich konkrete Natur aneignende Subjekt der alten Geographie ausgerottet und durch ein Subjekt ersetzt, welches tendenziell als allgemein und gleichartig gedacht wurde, jedenfalls in seinem Verhalten oder Handeln nicht mehr primär durch seinen Bezug auf konkrete ökologische Natur/Umwelt, sondern durch seinen Bezug auf Gesellschaft und Kultur bestimmt ist." (ebd., 79)

Damit wurde das Mensch-Natur-Verhältnis dergestalt geändert, dass Natur und Landschaft „nicht mehr landschaftlich-physiognomisch evident" (ebd.)

sind, sondern in ihrer Symbolik und ihrem konstruktiven Charakter betrachtet werden. Konkrete Natur wird darin zu einer kognitiven, wahrgenommenen Umwelt und damit zu einem „Objekt einer Beobachtung zweiter Ordnung" (ebd.).

Landschaft als Symbol für den Naturbegriff der Geographie

Die *klassische* Geographie

„betrachtete die physisch-materielle Welt an der Erdoberfläche, d. h. (Erd)Natur, also nicht naturwissenschaftlich, sondern im Prinzip: hermeneutisch-verstehend. Man kann diese Geographie auch als eine Semiotik der Erdoberfläche oder eine Semiotik, sogar als eine Ikonographie der Landschaft verstehen." (Hard 2002, 71)

Die „Landschaftliche Natur" bezeichnet Gerhard Hard „als Schlüsselkonzept der ‚klassischen Geographie'" (Hard 1983, 139). In erster Linie war der Naturbegriff der Geographie – Hard bezieht sich auf die Geographie des 19. und 20. Jahrhunderts – ein „Gegenstandsbegriff", der eine „Wirklichkeit oder [...] zumindest ein objektsprachliches theoretisches Konzept" (ebd., 140) zu bezeichnen sucht. Dies gilt auch für die begrifflichen Ableitungen der *Landschaft* oder der *Landschaftsnatur*. Landschaft stand häufig symbolisch für die Natur der Geographie, die wiederum im Wesentlichen als *Erdnatur* verstanden wurde (ebd.). Anhand der Verwendung des Landschaftsbegriffs als geographisches Symbol für Natur benennt Hard fünf Kategorien eines Landschaftsverständnisses (ebd., 141f): Landschaft verstanden als Landschafts*bild* bezeichnet die „bildhafte Wahrnehmungsgesamtheit" (ebd.). Als Landschafts*natur* wird die „Naturumwelt des Menschen" (ebd.) als Ergebnis der Wechselwirkungen zwischen Bevölkerungsgruppen und ihrer jeweiligen umgebenden Landschaft angesehen. In diesem Landschaftsverständnis findet sich die Gegenbegrifflichkeit Mensch-Landschaft besonders ausgeprägt. Das Verständnis von Landschaft als *Kultur*landschaft wird dahingegen als das Ergebnis der individuellen Mensch-Natur-Interaktion interpretiert (ebd., 142). Des Weiteren findet sich Landschaft auch im Sinne eines „allumfassende[n] Ökosystem[s] an der Erdoberfläche" (ebd.) im Sprachgebrauch der Geographie. Als weiteres Verständnis fügt Hard seinen vier Haupttypen eine regionalisierte, verräumlichte Auffassung von Landschaft als „Region mit einem bestimmten physiognomischen, natürlichen, kulturlandschaftlichen oder ökologischen Charakter" (ebd., 142) hinzu.

Utopische Ideen des Landschaftsbegriffes

Das Landschaftskonzept war immer schon ein Produkt utopischer Vorstellungen, auf deren Basis Kritik und Sehnsüchte entwickelt wurden (Hard 1983, 151). Landschaftsbegriffe sind stets auch an Naturbegriffe gekoppelt. Hard konzipiert drei landschaftliche Utopien, eine ästhetische, eine politische und eine intellektuelle:

(1) Landschaft als *ästhetische* Utopie beschreibt zum einen die emotionale Komponente der Befriedigung durch Schönheit. Zum anderen bezieht sie sich auf die Beziehung zwischen Individuum und dinglicher Umwelt (ebd., 152).

„Das Spezifikum der landschaftsästhetischen Utopie war und ist, dass solche ‚Befriedigung durch Schönheit und Intimität', dass solche Stimmung und Übereinstimmung von Ich und Welt vorzugsweise, ja ausschließlich erwartet wird von einer Umwelt, die zumindest auch die Gebrauchsbedingungen des Wortes ‚Landschaft' erfüllt, die also zumindest auch die Physiognomie und das Requisit einer ‚richtigen Landschaft' aufweist – kurz: das landschaftliche Auge befriedigt." (ebd.)

Als Wurzeln sieht Hard die klassische Landschaftsmalerei mit ihren Arkadienvorstellungen, den antiken Auffassungen einer schönen Landschaft (vgl. den Exkurs zu Arkadienvorstellungen in Kap. II 2.3.1). Sie beeinflussten als Vorbilder für die Landschaftsgärten des 18. und 19. Jahrhunderts die Gestalt moderner Parks und Grünflächen.

„Sie bestimmen in ‚Landespflege', Landschaftsarchitektur, Landschafts-, Freiraum und ‚Grünplanung', ja sogar in Umwelt- und Landschaftsökologie bis heute auch weitgehend die Expertenvorstellungen davon, wie Natur und Landschaft, wie Erholungslandschaften, Naturparke, Naturschutzgebiete, wie ‚schöne bäuerliche Kulturlandschaften', wie ‚ökologisch gesunde Natur', wie ‚städtisches Grün' und wie Freiräume in Stadt und Land aussehen sollten." (ebd.,153)

(2) Landschaft als *intellektuelle* Utopie formuliert eine Entwicklung von einem „kosmos-theoretischen" (ebd., 154) Naturverständnis hin zu einem

„Landschaftserleben" (ebd., 155). Je aussichtsloser es über die Jahrhunderte schien, die Natur als Ganzes, „mit intellektuellen und im weitesten Sinne (natur-)wissenschaftlichen Mitteln als einen transsubjektiven Kosmos zu begreifen" (ebd., 154), desto mehr tritt Landschaft als ästhetisches Symbol für Natur in den Vordergrund. Hard bezeichnet diese als kosmoökologische bzw. landschaftsökologische Utopie (ebd., 153). Rudimente dieser ganzheitlich gedachten Natur erscheinen in den Landschaftsauffassungen „als Schönheit gedachte Vielfalt und Wohlgeordnetheit des Kosmos, seinen Allzusammenklang, seine Harmonie und sein Gleichgewicht" (ebd., 155).

Die regionalistische Utopie sieht er als „Nuance der beschriebenen ‚kosmoökologischen' Utopie" (ebd.).

„Es handelt sich um die Vorstellung, dass die Regionen der Erde (die ‚Erdräume' oder ‚Erdraumindividuen', ihre ‚Kulturlandschaften' und ‚Lebensformen') verstanden werden können als historisch ‚gewachsene', ausdrucks- und charaktervolle, einheitliche, harmonische und je individuelle Ergebnisse der ‚Einpassung' und ‚Einwurzelung' konkreter menschlicher Gemeinschaften in ihr jeweiliges Erdmilieu, ihre jeweilige Erdnatur und Landschaft, ihre ‚konkrete landschaftliche Ökologie'." (ebd.)

Natur, gedacht als physische Natur, erscheint demzufolge in Harmonie mit Mensch und Kultur. In dieser Idee der *Kultur*landschaft lässt sich ebenfalls eine Auffassung eines Landschaftsideals der vorindustriellen Welt erkennen, das auf das Motiv *Arkadiens* Bezug nimmt (ebd., 153f; vgl. zu Arkadien den Exkurs in Kap. II 2.3.1).

(3) Landschaft als *politische* Utopie erweitert die Idee einer vorindustriellen, sinnlichen Mensch-Natur-Beziehung um die Ebenen der Politik, der Arbeit und des Alltags (ebd., 156ff). Sie gründet auf der Vorstellung, dass jegliches menschliches Handeln durch landschaftliche Gegebenheiten geleitet ist.

„Die politische Planung, Ordnung und Anordnung setzt den konkreten Menschen, seine konkreten Lebensäußerungen, Produkte und anderen materiellen Manifestationen an der Erdoberfläche wieder in eine unmittelbare Beziehung, eine unmittelbare Kongruenz und Harmonie mit der konkreten landschaftlichen Natur." (ebd., 156)

Landschaft wird als Ordnungsgrundlage angesehen, auf dessen Basis sich gesellschaftliche Entwicklung strukturiert. In der Zwischenkriegszeit war diese Landschaftsidee hochgradig weltanschaulich beeinflusst. Mit Ende des zweiten Weltkriegs verlor diese Utopie an Bedeutung. Hard hält den Landschaftsbegriff für generell als Sehnsuchtsbegriff mit gegenbegrifflichem Charakter angelegt.

„Im Hinblick auf alle drei Utopie-Varianten oder Utopie-Dimensionen kann man [...] sagen, dass ‚Landschaft' von vornherein ein Gegen- und Sehnsuchtsbegriff war (und es auch geblieben ist) – eine Utopie, eine Polemik, eine Kritik, die (ideen- wie realgeschichtlich) immer ein Produkt und ein Teil des Kritisierten selber waren." (ebd., 151)

Der Begriff der Landschaft bezieht sich dabei in seinem Charakter als Sehnsuchtsbegriff auf Vorstellungen einer vor-industriellen Umwelt, wenngleich es sich bei dieser erträumten Landschaft nicht um „das Abbild einer vormodern-industriellen Wirklichkeit" handelt, sondern um „ein imaginäres modernes Konstrukt der Kritik und der Apologie" (ebd., 152).

Ähnlich den Suchbewegungen der Geographie zwischen einer physisch-materiellen *Erd*natur und einer symbolhaft-konstruktivistisch verstandenen Natur, zwischen einer physiognomischen Landschaft und einem Verständnis von Landschaft als (verschiedene) Utopien, finden sich auch in der Soziologie entsprechende Entwicklungen, sowohl Gesellschaft wie auch Natur in Konzepte zu integrieren. Im Folgenden werden daher zwei Arbeiten der Soziologen Karl-Werner Brand und Cordula Kropp vorgestellt, die versuchen, die verschiedenen Konzepte einzuordnen.

Naturverständnisse in der Soziologie
(Karl-Werner Brand und Cordula Kropp)

In einem Beitrag zur Sammlung von Naturverständnissen in der Nachhaltigkeitsforschung (Rink u. Wächter 2004) gehen Karl-Werner Brand und Cordula Kropp der Frage nach,

„welchen – unter Umständen – impliziten Naturbegriff die Soziologie hat und wie sich dieser möglicherweise in interdisziplinären Bemühungen auswirkt, die Antworten auf ökologische Probleme suchen. Es geht also um eine Meta-Reflexion, inwieweit im soziologischen Grundverständnis ein Naturbegriff angelegt ist, der in den inter- oder transdisziplinären Kooperationen einer ‚problemorientierten Nachhaltigkeitsforschung' mit bestimmten Implikationen einhergeht." (Brand u. Kropp 2004, 103)

In diesem Zusammenhang legen die beiden Soziologen zum einen dar, dass die wissenschaftliche Soziologie

„bekanntermaßen keinen konstitutiven, und schon gar keinen einheitlichen Naturbegriff hat. Vielmehr macht sie sich seit ihren Anfängen die kritische Reflexion von Naturbegriffen selbst zum Thema." (ebd.)

Zum anderen variieren die Naturbegriffe der Soziologie ebenso, wie sich die gesellschaftlichen Naturbegriffe im Lauf der Zeit wandeln. Brand und Kropp (ebd., 114ff) zufolge lassen sich die am meisten beachteten Trends, das Gesellschaft-Natur-Verhältnis zu konzipieren, drei Hauptgruppen zuordnen: Erstens einer *naturalistischen* Perspektive, die die Anfangsphase der soziologischen Auseinandersetzung mit der ökologischen Krise dominierte, zweitens einer *sozialkonstruktivistischen* Perspektive, die nach Brand und Kropp als die typisch soziologische Art der Konzeptionalisierung des Gesellschaft-Natur-Verhältnisses gelten kann, sowie drittens Versuchen, mittels *dialektischer* Ansätze den Dualismus Natur-Gesellschaft, der sowohl naturalistischen als auch sozialkonstruktivistischen Ansätzen innewohnt, zu überwinden. In gewisser Weise folgen diese Ansätze auch zeitlich aufeinander und können als Korrektiv, zunächst der Gesellschaftsvergessenheit der naturalistischen Herangehensweise, dann der Naturvergessenheit der sozialkonstruktivistischen Perspektive betrachtet werden.

(1) Als eine der ersten Versionen *naturalistischer* Konzepte des Gesellschaft-Natur-Verhältnisses führen Brand und Kropp (ebd.) Riley Dunlap und William Catton und deren Version der *environmental sociology* an, die in den USA in den 1970er Jahre einen Paradigmenwechsel vom *Human Exemptionalism Paradigm* zum *New Ecological Paradigm* forderten (vgl. Dunlap u. Catton 1979). Ihre Kernforderung war der Wandel von einem „‚fundamentalen Anthropozentrismus' [...], der die Einzigartigkeit des Menschen unterstellt" (ebd., 115), hin zu der Sichtweise, dass die menschliche Spezies eine unter vielen sei, deren Handeln jedoch auf die Natur wirke. Der Fokus der Soziologie in der Betrachtung der Gesellschaft-Natur-Verhältnisse müsse daher die Beschäftigung „mit jenem Ausschnitt der Ökologie [sein] [...], der die Spezies homo sapiens und seine Interaktion

mit der physischen Umwelt betreffe" (ebd.). Eine „theoretische Reorientierung der Soziologie" (ebd.) blieb Brand und Kropp zufolge jedoch aus.

„Die [...] geforderte ökologische Umorientierung ist primär eine normative Forderung, kein theoretisches Konzept zur Analyse von Mensch-Natur-Interaktionen." (ebd.)

Der normative Bezugspunkt für die soziologische Betrachtung der ökologischen Krise bleibt naturalistischer Art. Als weiterer Ansatzpunkt der Kritik erachten Brand und Kropp die aus der naturalistischen Perspektive resultierende Annahme der „„objektive[n] Beschreibbarkeit' der ökologischen Probleme [...], aus denen sie (normativ) systematische Konsequenzen für die Gesellschaft ableiten wollen" (ebd., 116). Kritisiert wird an dieser naturalistischen Herangehensweise neben der Annahme einer objektiven Abbildung der Wirklichkeit „der Versuch, Werturteile und Normen aus Fakten deduzieren zu wollen" sowie die Tatsache, dass „die reduktionistische Forderung nach Anpassung der Gesellschaft(en) an natürliche Erfordernisse die Variabilität kulturell vermittelter gesellschaftlicher Naturbeziehungen" (ebd.) unterschlägt.

(2) *Sozialkonstruktivistische* Konzepte des Gesellschaft-Natur-Verhältnisses wurden als „korrigierende Reaktion" (Brand u. Kropp 2004, 116) auf diese erste naturalistische Annäherung der Soziologie an Mensch-Natur-Verhältnisse entwickelt. Brand und Kropp fassen in dieser Gruppe Ansätze zusammen, die „aus sozialkonstruktivistischer Perspektive vor allem die soziale Bedingtheit von Naturkonzepten" (ebd.) fokussieren:

Douglas und Wildaysky (vgl. Douglas u. Wildavsky 1982) sowie Schwarz und Thompson (vgl. Schwarz u. Thompson 1990) gehen mit der *Cultural Theory* von der Annahme aus,

„dass unterschiedliche Organisationsformen und Lebensweisen mit unterschiedlichen Welt- und Naturbildern, Risikodefinitionen und Problemlösungsstrategien verbunden sind" (Brand u. Kropp 2004, 117).

Vertreter der *Cultural Theory* arbeiten mit einer Typologie aus den Grundmustern sozialer Beziehungen (ebd.): individualistisch, hierarchisch, egalitaristisch und fatalistisch. Diesen können vier entsprechende Naturmythen zugeordnet werden, wie sie die folgende Aufstellung darstellt (ebd., 118):

Individualistisch	← →	nachgiebig-tolerante Natur
Hierarchisch	← →	robuste Natur
Egalitaristisch	← →	Natur als fragiles, gefährdetes System
Fatalistisch	← →	zufällig-unberechenbare Natur

Vertreter der Cultural Theory halten Naturvorstellungen für einseitig abhängig von

„sozialen Organisations- und Vergesellschaftungsformen; die Art des gesellschaftlichen Stoffwechsels mit der Natur und dessen Rückwirkungen auf die Gesellschaft liegt für sie jenseits der soziologischen Analysekapazität." (ebd.)

Niklas Luhmann (vgl. Luhmann 1986) hingegen „thematisiert soziale Systeme – im Anschluss an das biologisch-kybernetische Autopoiesis-Konzept – vielmehr als selbstreferentiell geschlossene Kommunikationssysteme" (Brand u. Kropp 2004, 119). Natur ist diesem Konzept zufolge erst in dem Moment gesellschaftlich relevant, in dem „sie in die Sprache der gesellschaftlichen Teilsysteme übersetzt werden" (ebd., 120) kann.

„Luhmanns Perspektive schärft den Blick für die soziale Konstruktion von Umweltproblemen in gesellschaftlichen Kommunikationsprozessen, für die hochgradige Selektivität der Resonanz und Bearbeitungsfähigkeit ökologischer Probleme in gesellschaftlichen Teilsystemen sowie für die Grenzen der gesellschaftlichen Wahrnehmungsfähigkeit ökologischer Probleme und der daraus erwachsenden Handlungsrisiken." (ebd.)

Dennoch kritisieren Brand und Kropp (2004) an Luhmanns Entwurf, dass die „disziplinäre Tradition der Ausgrenzung natürlicher Umweltfaktoren aus der Soziologie in radikaler Konsequenz" (ebd., 120) durch das Konzept der selbstreferentiell geschlossenen Systeme fortgeführt würde.

Der oben bereits ausgeführte Entwurf von Kate Soper (2000, 155ff; vgl. Kap. II 2.3.1) wird von Brand und Kropp (2004) hier ebenfalls angeführt, da er sozialkonstruktivistisch angelegt ist.

Auch die Autoren Phil Macnaghten und John Urry (1999) argumentieren auf sozialkonstruktivistischer Basis. Im Kontext der Aushandlung von Naturbegriffen legen sie Wert auf die Verwendung des Begriffs *Naturen*. „We seek to show that there is no singular ‚nature' as such, only a diversity of contested natures." (ebd., 1) Ihre Arbeit beschäftigt sich mit an individuelle Praktiken gekoppelten Naturverständnissen und Naturbildern. Kern ihres Konzeptes ist die Annahme, dass noch nicht einmal innerhalb eines Subjekts von einheitlichen Naturbildern ausgegangen werden kann, sondern an die jeweilige soziale Praxis gekoppelte Naturbilder zu Ambivalenzen führen können (Brand u. Kropp 2004, 125). Auch diesem Konzept attestieren die Autoren Brand und Kropp einen Verlust der materiellen Natur zugunsten der Bedeutung der sozialen Konstruktion:

„Je weiter Phil Macnaghten und John Urry's Abhandlung voranschreitet, desto weiter verliert sie Natur und ihre potentielle Zerstörung als materielle Dimension aus den Augen. Im Ergebnis entsteht eine differenzierte, typisch soziologische Diskussion der Naturwahrnehmung und –bilder und der sie prägenden gesellschaftlichen Strukturen." (ebd., 127)

(3) *Dialektische* Ansätze der Konzeption eines Gesellschaft-Natur-Verhältnisses jenseits naturalistischer und konstruktivistischer Ansätze können als Reaktion gesehen werden auf die „konstruktivistisch verordneten Abstinenz auf den Wirklichkeitszugriff" (Brand u. Kropp 2004, 128). Sie suchen den Dualismus Gesellschaft-Natur konzeptuell zu überwinden, wobei sie dennoch „,realistische' oder ,kulturalistische' bzw. ,konstruktivistische' Akzentuierungen auf[weisen]" (ebd., 128).

Anzuführen ist hier zunächst die Perspektive der sozial-ökologischen Forschung, wie sie vom Frankfurter Institut für sozial-ökologische Forschung sowie der Wiener Arbeitsgruppe verfolgt wird. Ein Ansatz Letzterer wird im Folgenden noch ausführlich dargestellt.

Ulrich Beck thematisiert mit der „Risikogesellschaft" (Beck 2007) eine „neue Qualität von Modernisierungsrisiken" (Brand u. Kropp 2004, 129). Brand und Kropp führen diesen Ansatz unter der Gruppe der dialektischen Ansätze an aufgrund der Tatsache, dass Natur durch die Integration in gesellschaftliche Prozesse Teil der „ökonomische[n], soziale[n] und politische[n] Widersprüche und Konflikte" (Beck 2007, 107) wird. „Natur kann nicht mehr *ohne* Gesellschaft, Gesellschaft kann nicht mehr *ohne* Natur begriffen werden." (ebd.; Hervorhebungen im Original) Ökologische Probleme sind damit auch gesellschaftliche Problemlagen. „Natur *ist* Gesellschaft, Gesellschaft ist (auch) ,Natur'." (ebd., 108; Hervorhebung im Original)

„Das Risikokonzept erscheint heute als Hybridkonzept, [...] das unentwirrbare Ge-
mengelagen von Natur, Gesellschaft und Technik bzw. die öffentliche Thematisie-
rungsform von Realitäten hergestellter Ungewissheit [bezeichnet]." (Brand u. Kropp
2004, 131)

Aufbauend auf der angeführten hybriden Konzeption Becks werden die Autoren Donna Haraway und Bruno Latour (vgl. Haraway 1995; Latour 2001
und 2008) ebenfalls der Gruppe von dialektischen Gesellschaft-Natur-
Konzeptionen zugerechnet (Brand u. Kropp 2004, 131ff). Beide Autoren
konzipieren Natur dabei zwar als „im Rahmen von symbolisch-materiellen
Konstruktionsprozessen erzeugt", jedoch nicht „auf die gesellschaftliche
Dimension menschlichen Handelns beschränkt" (ebd., 132).

„[Sie] betrachten diese Konstruktionsprozesse vielmehr als situierte, genuin *soziale*
Beziehung zwischen heterogenen ‚Akteure' bzw. ‚Aktanten', die gleichermaßen aus
Menschen, performativen Wissensobjekten und technischen Geräten in geteilten
Netzen bestehen" (ebd.).

Daraus folgern sie die Hybridisierung von Natur und Technik. Die Einordnung dieser Konzepte jenseits naturalistischer und konstruktivistischer Ausrichtung folgt aus der Tatsache, dass sie „weder als Beschreibung harter
Fakten, noch als beliebige Konstrukte verstanden werden können" (ebd.,
133).

Frühere Konkretisierungen soziologischer Konzepte des
Gesellschaft-Natur-Verhältnisses

Bereits einige Jahre zuvor veröffentlichte Karl-Werner Brand auf Basis
langjähriger Diskussionen einer innerhalb der Soziologie auf Ökologie spe-
zialisierten Arbeitsgruppe einen weiteren Beitrag über die theoretischen
Versuche, ein Natur-Gesellschaft-Verhältnis zwischen Konstruktivismus
und Realismus zu konzeptionieren (Brand 1998). Aus diesem Versuch resultieren vier Gruppen von Naturkonzeptionen, denen allen zwar das Bestreben gemeinsam ist, die Verknüpfung einer stofflich-materiellen Grundlage mit einer gesellschaftlichen Dimension zu fassen, die sich jedoch hinsichtlich ihres Fokus und der Perspektive unterscheiden.

Eine erste Gruppe von Autoren versucht die konzeptionelle Integration des Doppelcharakters gesellschaftlicher Naturbeziehungen (vgl. Conrad 1998; Görg 1998; Jahn u. Wehling 1998). Während deren soziologische Arbeiten systemtheoretisch ausgelegt sind, erarbeiteten die Autoren einer zweiten Gruppe von Soziologen wissenssoziologisch-kulturalistische Positionen dieser Integration (vgl. Eder 1998; Keller u. Poferl 1998). Eine dritte Gruppe versucht mittels eines interdisziplinären Zugangs, die Natur-Gesellschaft-Interaktionen zu fassen (vgl. Fischer-Kowalski u. Weisz 1998, die im Folgenden noch vertieft werden, Sehrer 1998 sowie Metzner 1998). Eine letzte Gruppe bezieht sich (viertens) auf dialektische Ansätze (vgl. den bereits vorgestellten Ansatz von Gill 1998 sowie Rosenbaum 1998), die die Überwindung des Gesellschaft-Natur-Dualismus mittels der „Fokussierung auf Sachverhältnisse, auf ‚Hybride', auf die technische Vermittlung von Mensch-Natur-Beziehungen" (Brand 1998, 25) bearbeiten, wie die Akteur-Netzwerk-Theorie.

Diese Gruppierung unterscheidet sich jedoch nur auf den ersten Blick von der oben angeführten Unterscheidung in naturalistische, sozial-konstruktivistische sowie diese überwindende Konzepte. Die hier vorge-stellten Ansätze bewegen sich ebenfalls in dem Rahmen, der nach der oben vorgestellten Gruppierung sozialkonstruktivistische und dialektische Konzepte fasst, und können als weitere Untergliederung angesehen werden.

Unter den dialektischen Ansätzen wurde bereits auf die Wiener Forschungsgruppe für soziale Ökologie hingewiesen. Im Folgenden werden deren Konzepte der Naturbeziehung vorgestellt.

Metabolismus und Kolonisierung als Konzepte der Naturbeziehung (Marina Fischer-Kowalski und Helga Weisz)

Grundlegend für den theoretischen Ansatz der Wiener Sozialökologen um Marina Fischer-Kowalski ist die Annahme, dass Gesellschaft aus dem Zu-sammenwirken kulturell-symbolischer und materieller Elemente besteht (Fischer-Kowalski u. Weisz 1998, 145). Daraus resultieren die theoreti-schen Bemühungen, ein Modell der Beschreibung von Mensch-Natur-Interaktionen zu entwickeln, welchem weder naturalistische, noch kultura-listische Reduktionismen vorgeworfen werden können. Zur Überwindung der Reduktionismen greifen sie auf drei Modelle zurück:

(1) Auf einen humanökologischen Ansatz nach Stephen Boyden (vgl. Boyden 1987; 1992), dessen Grundmodell aus *biophysical actualities* auf der einen Seite und aus einer *abstract culture* auf der anderen Seite besteht, wobei als Schnittmenge eine *human society* beschrieben wird. Diese besteht auf der biophysischen Seite aus Menschen und Artefakten und auf der immateriellen Seite aus Kultur. Den Menschen und seine Artefakte als Schnittmenge zwischen physischer und symbolischer Welt zu konzeptionieren, liefert dem theoretischen Ansatz von Fischer-Kowalski und Weisz (1998, 147ff) einen ersten Anknüpfungspunkt.

(2) Die zweite theoretische Säule für den Ansatz der Autoren Fischer-Kowalski und Weisz liefert die Konzeption des Gesellschaft-Natur-Verhältnisses als „geschichtsmächtige Kraft" (ebd., 149) nach dem Kulturanthropologen Maurice Godelier (1990). Im Gegensatz zur humanökologischen Konzeption des Mensch-Natur-Verhältnisses als bio- und technometabolistisch, reagiert hier der Mensch nicht adaptiv auf Einflüsse der Natur, sondern folgt einer „objektivierten [...] symbolischen Struktur" (Fischer-Kowalski u. Weisz 1998, 149). Aus der marxistischen Tradition heraus geht Godelier der Frage nach, wie sich die Wechselwirkungen zwischen Gesellschaft und Naturaneignung materiell niederschlagen. Natur wird demzufolge nicht als statisch gedacht, sondern als im Zuge menschlicher Naturaneignung historisch variabel. Dem Mensch-Natur-Verhältnis wird damit eine koevolutive Dynamik zugesprochen (ebd., 150). Die Beziehung zwischen materieller Wirklichkeit und Natur kann daher wie folgt unterschieden werden (ebd., 150f): Natur ohne Zugriff des Menschen, indirekt anthropogen beeinflusste Natur, unmittelbar veränderte Natur, Natur, die durch Bearbeitung zu Artefakten wurde sowie eine Untergruppe der Artefakte, der materielle Rahmen der Gesellschaft in Form von Infrastruktur und Bauwerken. Gesellschaft umfasst demzufolge neben materiellen Elementen, wie dem physischen menschlichen Körper, auch Symbolisches, wie die Kultur und in der Schnittmenge menschgemachte Artefakte (ebd., 151).

(3) Die Ansätze von Boyden und Godelier ergänzen Fischer-Kowalski und Weisz mit systemtheoretischen Annahmen Rolf Peter Sieferles, die auf dem humanökologischen Modell Boydens aufbauen (Fischer-Kowalski u. Weisz 1998, 152). Sieferle liefert mit seinem Modell der Interaktion von Gesellschaft und Natur einen Beitrag zum Verständnis der Umweltkrise aus „dem Blickwinkel einer universalhistorisch aufgeklärten Umweltgeschich-

te" (Sieferle 1992, 77). Mit Blick auf den Entwurf einer Naturgeschichte der Umweltkrise konzipiert Sieferle die Mensch-Umweltbeziehungen als aus drei interagierenden Systemen bestehend (ebd., 105): aus Ökosystemen, aus menschlichen Populationen und aus dem System der menschlichen Kultur. Dabei stellt die physische menschliche Population das materielle Bindeglied zwischen dem System *Kultur* und dem der *Natur* dar. Die entscheidende umweltgeschichtliche Dynamik erzeugt das kulturelle System. Kulturelle Prozesse führen zu Handlungen und bedingen ein Verhalten, das auf das physische Natursystem wirkt. Das System der Kultur untergliedert Sieferle wiederum in drei Subsysteme (ebd., 106): die Sozialstruktur und Ökonomie, Machtstrukturen und Politik, sowie die symbolisch-normative Kultur.

Ausgehend von diesen beschriebenen drei Ansätzen hat das Wiener Team für Soziale Ökologie zwei Konzepte entwickelt, die das Verhältnis Gesellschaft-Natur fassen und gleichzeitig dem Anspruch genügen sollen, weder in naturalistische, noch in kulturalistische Reduktionismen zu verfallen.

Basierend auf dem biologischen Stoffwechselbegriff fasst das Konzept des *gesellschaftlichen Metabolismus* „die gesellschaftliche Reproduktion in ihrer materiell-energetischen Dimension" (Fischer-Kowalski u. Weisz 1998, 155). Die Betrachtung der energetischen Dimension ist in den Sozialwissenschaften nichts Neues. Auch die Untersuchung der materiellen Dimension im Hinblick auf die Zusammenhänge zwischen Rohstoffen und deren Nutzung durch die Gesellschaft hat Tradition, wenngleich auch eher eine technologieorientierte. Den Gewinn ihres Ansatzes sehen Fischer-Kowalski und Weisz hingegen in der Einbeziehung der stofflichen Seite des technologischen Prozesses (ebd., 156). Hierdurch soll die kulturalistische Reduktion überwunden werden. Gesellschaften können sehr unterschiedliche Stoffwechsel aufweisen. Fischer-Kowalski und Weisz unterscheiden zwischen erstens einem basalen Stoffwechsel, wie er in Jäger- und Sammlergesellschaften zu finden ist, zweitens einer Übergangsform, in der die Reproduktion natürlicher Ressourcen kontrolliert wird, wie in Agrargesellschaften, und drittens einem erweiterten Metabolismus, der dadurch gekennzeichnet ist, dass auf nicht erneuerbare Ressourcen zugegriffen wird (ebd., 156ff).

Als weiteres Modell der Interaktion von Gesellschaft und Natur entwarfen Fischer-Kowalski und Weisz (1998) das Konzept der *Kolonisierung* von Natur.

„[Es] beschreibt die dauerhafte, gezielte und intendierte Beeinflussung naturaler Prozesse durch die Gesellschaft als Vorleistung für die Befriedigung gesellschaftlicher Ansprüche an die natürliche Umwelt." (Fischer-Kowalski u. Weisz 1998, 159)

Hierbei handelt es sich um ein prozessuales Modell, welches die Interaktion zwischen natürlichen und sozialen Systemen fassen soll. Dabei geht die Annahme einer *intendierten Beeinflussung* von Natur durch die Gesellschaft über die Integration anthropogener Einflüsse in das Modell hinaus. Es betont das *absichtsvolle* Handeln des Menschen im Umgang mit der Natur und grenzt die Intention als eine rein soziale Kategorie von den rein funktionalen Zusammenhängen naturaler Systeme ab (ebd.). Als Beginn der Kolonisierung von Natur markieren Fischer-Kowalski und Weisz den Übergang von Jäger- und Sammlergesellschaften zu agrarisch ausgerichteten Gesellschaften. Der weitere gesellschaftliche Wandel hin zu industriellen Gesellschaften bedeutet zunächst nur eine metabolische Innovation, indem der Rohstoff Kohle als Energieträger genutzt wird, führt jedoch mit der Industrialisierung der Landwirtschaft auch zu einer Beeinflussung der Kolonisierungsstrategien. Denkt man den Wandel weiter, stellen auch die Gentechnik und die Anwendung von Biotechnologien intentionale Beeinflussung des Mensch-Natur-Verhältnisses dar und werden dem Konzept der *Kolonisierung* folgend als Veränderungen der Kolonisierungsstrategien gefasst. Damit wird auch deutlich, dass es sich bei dem Prozess der Kolonisierung um einen irreversiblen Prozess handelt. Dementsprechend wird auch hier die koevolutive Entwicklung von Gesellschaft und Umwelt angenommen (ebd., 160ff).

3 STADTNATUR

Die lange Zeit für die Stadt konstitutive Abgrenzung zu Natur und Landschaft scheint ins Wanken zu geraten. Die Stadt stellte jahrhundertelang den Zufluchtsort der Menschen vor den Widrigkeiten der Natur dar und galt als die Emanzipation des Menschen von der Natur. Mit der Aufklärung wurde die Natur in Form der Landschaft vor den Toren der Städte „zum Inbegriff der Sehnsucht nach dem (vermeintlich) verlorenen Paradies des ganzheitlichen, unzerrissenen Lebens" (Trepl 1992, 31; vgl. auch Hard 1983, 151).

„Alles, was die Stadtbewohner seitdem mit der Natur in der Stadt unternahmen, geschah in dem Bestreben mit diesem Widerspruch fertigzuwerden, vom Hereinholen der Natur in die Stadt als bürgerlichen Landschaftspark bis zur Charta von Athen. […] Mittels der in die Stadt geholten Landschaften […] *kompensieren* die Bürger den realen Verlust *und* das schlechte Gefühl, an ihm schuld zu sein, auf einer symbolischen Ebene." (Trepl 1992, 31; Hervorhebungen im Original)

In der jüngeren Vergangenheit gewinnt das Phänomen des städtischen Gärtnerns an Bedeutung. Häufig ist von einer neuen *Landlust* der Städter die Rede (vgl. beispielsweise SenStadt 2010e, 26; Müller 2012b, 22). Neben den altbekannten Formen von Stadtnatur wie Parkanlagen, Grünstreifen, Straßenbäume geraten verstärkt auch temporäre Gärten, Stadtbrachen oder auch Baumscheiben in den Blick von Stadtbevölkerung und –verwaltung. Christa Müller, die sich mit dem Phänomen des städtischen Gärtnerns beschäftigt (Müller 2012b), vertritt die Auffassung, dass die aus dem Boden sprießenden Stadtgärten dazu beitragen,

„dass derzeit zentrale Dichotomien der europäischen Moderne, nämlich die zwischen Stadt und Land, zwischen Gesellschaft und Natur, ins Wanken geraten und erodieren". (ebd., 23)

Damit stellt sich die Frage, was eigentlich *Stadtnatur* sei. Was sind die Charakteristika einer *Stadtnatur*? Gibt es die typische *Stadtnatur* und wer erachtet welche Natur als *Stadt*natur?

Das semantische Feld der *Stadtnatur* stellt für diese Arbeit die Schnittstelle einer Beschäftigung mit dem urbanen Phänomen der Zwischennutzung einerseits und einer Erschließung zugrundeliegender Naturverständnisse andererseits dar. Eine Verortung der Theoriesäule *Natur* im städtischen Bereich mündet folglich in einer Beschäftigung mit *Stadtnatur*. Dabei bezeichnet *Stadtnatur* mehr als die bloße Zusammenführung oder Überlagerung der Kategorien *Stadt* und *Natur*. *Stadtnatur* bezeichnet nicht schlicht die Gesamtheit der Naturen im städtischen Raum.

Um sich den Bedeutungen von Stadtnatur zu nähern, werden im Folgenden einige Aspekte der wissenschaftlichen Beschäftigung mit dieser Thematik angesprochen. Zunächst wird auf das vielfach rezipierte Konzept der vier Arten von Stadtnatur von Ingo Kowarik eingegangen (Kowarik 1992). Im Anschluss daran wird auf zwei Typen von Stadtnatur, deren Bedeutung und Bewertung eingegangen: Das *Stadtgärtnergrün*, sowie das *Stadtunkraut*[7]. An die Natur innerstädtischer Brachflächen anknüpfend wird ein Entwurf von Naturideen im Umgang mit Brachflächen vorgestellt. Abschließend wird auf die Vielzahl der Begrifflichkeiten eingegangen, die städtische Natur bezeichnen, sowie auf die Notwendigkeit einer Begriffsabgrenzung für die Verwendung in dieser Arbeit.

Vier Stadtnaturen

Folgt man der Definition von Ingo Kowarik (1992), weist die städtische Vegetation spezielle Charakteristika auf. Kowarik hat zur Abgrenzung der spezifischen städtischen Vegetation von anderen Vegetationskomplexen vier Typen von Natur im städtischen Raum entworfen (ebd., 41f): die Vegetation der ursprünglichen Naturlandschaft (Natur der ersten Art), die Vegetation einer landwirtschaftlichen Kulturlandschaft (Natur der zweiten Art), die symbolische Natur[8] gärtnerischer Anlagen (Natur der dritten Art) sowie die spezifisch urban-industrielle Natur (Natur der vierten Art), die die spontane Vegetation beschreiben soll. Der Grad menschlicher Einflussnahme auf die Vegetation nimmt von der Natur der ersten Art bis zur Natur der vierten Art hin zu. Ohne tiefer auf Details der in dieser Typologie erfassten biotischen Bestände eingehen zu wollen, zeigt sie jedoch das Spektrum an Flora und Fauna, das mit dem Begriff der städtischen Natur be-

---

7 Die Begriffe *Stadtgärtnergrün* sowie *Stadtunkraut* entstammen dem Artikel Gerhard Hards „Natur in der Stadt?" (Hard 2001), der damit die beiden Formen von Stadtnatur beschreibt, die Kowariks Typologie zufolge die Naturen dritter und vierter Art sind (Kowarik 1992): etwa das gärtnerische Grün städtischer Parkanlagen, Grünstreifen, etc. sowie spontane, ruderale Vegetation, beispielsweise auf Brachflächen.

8 Kritisch angemerkt sei an dieser Stelle, dass *jede* dieser Naturen symbolisch aufgeladen ist und für einen spezifischen Umgang mit Natur steht. Dies nur für die (dritte) Natur gärtnerischer Anlagen zu beanspruchen, greift m. E. zu kurz.

schrieben wird. Ebenso vielfältig sind die Bedeutungen, die diesen Naturen beigemessen werden (vgl. Hard 2001, 259). Kowarik beschreibt zwar alle vier Typen als *städtische* Natur. Die größte Bedeutung wird jedoch den Naturen der dritten und vierten Art zugesprochen. Diese beiden Kategorien von Stadtnatur sollen im Folgenden vertieft werden.

„Stadtgärtnergrün"

In einem Aufsatz zu „Natur in der Stadt" reflektiert Gerhard Hard (2001) unter anderem den Umgang mit der, Kowarik zufolge, Natur dritten Art (Kowarik 1992, 41f), dem „Stadtgärtnergrün" (Hard 2001, 260). Dabei attestiert er den zuständigen Stellen einen ökologisch, vegetationsdynamisch und funktional falschen Umgang mit dieser Natur (ebd., 261). Bemerkenswert ist zum einen die Einschätzung, dass es sich um ein ökologisch sinnloses Unterfangen handele, da die „Gärtnervegetation [...] gegenüber der Spontanvegetation, dem städtischen Unkraut, nie konkurrenzfähig war" (ebd.). Zum anderen kritisiert Hard den Umgang insofern als funktional falsch, als „diese Begrünung auch humanökologisch so gut wie wertlos ist und die städtischen Freiräume für die Stadtbevölkerung unbenutzbar macht" (ebd.). Während von städtischer Seite der Unterhalt mit großem Aufwand betrieben wird, wird Hard zufolge lediglich eine „Schein- oder Pseudonutzung [...] und die Aussperrung der Stadtbewohner und Nutzer" (ebd.) erreicht. Folglich plädiert er auf eine Freiraumplanung, die sich an den jeweiligen Nutzungen orientiert und der sich die Gestaltung der Vegetation hintanzustellen habe.

„,Pflege' ist dann Gebrauchswertsicherung und Brauchbarkeitspflege, statt, wie bisher und noch im heutigen Normalfall, Bekämpfung des Unkrauts sowie Aussperrung und Drangsalierung der Stadtbewohner zwecks Aufrechterhaltung eines modisch wechselnden stadtgärtnerischen Gründesigns, dessen (human)ökologischer, klimameliorativer, ästhetischer und sozialer Wert (von den Bäumen einmal abgesehen) insgesamt nahe Null, wenn nicht im negativen Bereich liegt." (ebd., 262)

Daraus folgert Hard für den Umgang mit Natur in der Stadt: „Wo dann ohne Gärtner nichts wächst, wächst auch mit Gärtner nichts. Ohnehin wären die Städte ohne Stadtgärtner und Grünflächenämter schon immer viel grüner gewesen." (ebd.) Die angeführte Argumentation Gerhard Hards verdeutlicht anschaulich die Existenz divergierender Bewertungen dieser Art von Stadtnatur und deren Wirkung im praktischen Umgang mit Stadtnatur.

„Stadtunkraut" und Brachflächennatur

Wildes Stadtgrün scheint dem Städter weitgehend unbekannt, so die Einschätzung Rainer Grothaus' und Gerhard Hards (1996, 108). Wenn es denn in den Blick gerate, dann häufig als „ein Grün, das eigentlich vernichtet werden muss" (ebd.), als „Stadtunkraut" (Hard 2001, 260). Andreas Keil, der sich im Rahmen einer Untersuchung von Industriebrachen unter anderem mit der Wahrnehmung von Natur beschäftigt hat, konnte hingegen gleichzeitig feststellen, dass die „Unkrauttoleranz" (Hard 1997, 564) der Stadtbevölkerung dennoch größer geworden zu sein scheint (Keil 2002, 209ff). Hard erkannte allerdings auch, dass spontane Vegetation „nicht nur die Bau-, Funktions- und Wirtschaftsgeschichte der Stadt, sondern unter Umständen auch die Sozial- und Mentalitätsgeschichte der Städter abbildet" (Hard 1997, 564). Dementsprechend variiert auch die Akzeptanz bei der Stadtbevölkerung. Anders zeigt sich zum Teil die Bewertung aus naturschutzfachlicher Sicht (vgl. etwa Kowarik 1993). Aus dieser Perspektive erscheint Brachflächennatur vielfach als wertvolle, schützenswerte Natur. Entsprechend seiner Argumentation zum Umgang mit dem von ihm so genannten *Stadtgärtnergrün* fordert Hard Zurückhaltung im Umgang mit Brachflächennatur. Diese Einstellung wurde bereits im Zusammenhang mit der Konzeption Stefan Körners und dem darin angeführten *trivialen* Naturtypus vorgestellt (vgl. Kap. II 2.3.1). Seine Bewertung dieser Art von Natur formuliert er wie folgt:

„Nur kein Naturschutz, kein Biotopismus, keine Stadtbrachenveredlung und keine Naturgärtnerei in der Stadt! [...] Der einzig sinnvolle Naturschutz in Stadtgebieten besteht im Wachsen lassen von dem, was in der Stadt so von selber wächst – wo und solange es die alltäglichen Bewegungen, Transporte und andere Verrichtungen auf diesen Flächen nicht wirklich stört." (Hard 2001, 264)

Kowarik hebt insbesondere diese vierte Natur als *„spezifisch* städtische" (Kowarik 1992, 43; Hervorhebung K.W.) Vegetation hervor, da sie „durch vergangene oder gegenwärtige städtische Nutzungen [...] entstanden" (ebd., 43) sei. (Dabei wird der Aspekt vernachlässigt, dass beispielsweise auch beschriebenes Stadtgärtnergrün, also städtische Parkanlagen, der Typologie zufolge eine Natur der dritten Art, in ihrer Anlage als „Landschaftsimitate" (ebd.) einer spezifisch urbanen Auseinandersetzung mit Natur entspringen.) Des Weiteren betont auch Kowarik, dass die urban-industrielle Natur der vierten Art „in der Regel immer noch als ‚Unkraut' bekämpft wird" (Kowarik 1992, 43). Seiner Einschätzung zufolge wird gerade diese *spezifisch städtische* Natur von der Bevölkerung nicht als *die* Stadtnatur erkannt. Landschaftsplanerinnen hingegen versuchen für die Sicherung derartiger Freiflächen, so Ulrich Eisel, Daniela Bernard und Ludwig Trepl (Eisel et al. 1998), „nicht zuletzt mit Hilfe der Ökologie […], rationale Argumente zu finden – beispielsweise bezogen auf die Bedeutung der Flächen für Grundwasser-, Klima- und Artenschutz" (ebd., 1). So werde „Natur in der Stadt […] gegen die Stadt verteidigt, wenn auch im Bewusstsein, dass solche Natur nur in der Stadt gedeiht" (ebd.). Dabei wächst „selbst bei den Ökologen" (ebd., 2) das Bewusstsein eines kulturellen Wertes von Natur. So interpretieren Eisel et al. (Eisel et al. 1998) die Haltung Kowariks zu Stadtnatur wie folgt:

„Städtische Natur wird von ihm [Kowarik; Anm. K.W.] […] nicht als ein Beitrag zur kulturellen Welt der erlebten Bedeutungen aufgefasst, vielmehr ist die Verschiedenheit des kulturellen Umgangs mit Natur ihm wertvoll, weil sie die Natur ökologisch diversifiziert." (ebd., 2)

Hard führt den Gedanken der Bedeutung des Umgangs mit diesen Flächen für Natur fort (Hard 2001, 267). Jene Natur, die in der Stadt vielfach als wünschenswert und schützenswert angesehen wird, weil vielfältig oder charakteristisch, entspringe der „kleinteilig-differenzierten Flächennutzung durch lokale Nutzer" (ebd.). Diese Natur schützen zu wollen, hieße, die für ihre Entstehung konstitutiven Prozesse vermeiden zu wollen.

„Kurz, in der Stadt Natur produzieren und Naturschutz treiben, das heißt so gut wie immer: Etwas direkt wollen, was wesentlich nur Nebenprodukt von etwas anderem sein kann. Wie immer eingegriffen wird, ob der Naturschutz Flächen nun ‚pflegt' oder (nach einer bloß formalen Okkupation) ‚sich selbst überlässt': Der Schutz verändert die schutzwürdige Vegetation, und zwar nach aller Erfahrung auf eine nicht vorgesehene und (auch nach den Maßstäben des Naturschutzes selber) negative

Weise. Tendenziell wird zerstört, was gepflegt und geschützt werden soll." (Hard 2001, 267)

Die beschriebenen Vorstellungen über den Umgang mit jener Natur, die auf Brachflächen vorzufinden ist, sind zum Teil äußerst konträr und wirkmächtig im Diskurs. Ergebnis dieser Diskurse ist häufig ein Eingreifen der Verwaltung oder des Naturschutzes, das zum einen auf Vorstellungen schützenswerter, wertvoller Natur gründet und zum anderen, Hard zufolge, mit dem Eingreifen und durch den Ausschluss der Bevölkerung eben diese Natur maßgeblich verändert (ebd., 268). „Schon das öffentliche *Reden* von (der) Natur (in) der Stadt schadet nur – erstens den Stadtnaturen und zweitens den Stadtbewohnern." (ebd.)

Naturideen im Umgang mit Brachflächen nach Eisel et al.

Die Autoren Ulrich Eisel, Daniela Bernard und Ludwig Trepl stellen in einer Arbeit zur „Anmutungsqualität innerstädtischer Brachflächen" (Eisel et al. 1998) „Empfindungsqualitäten innerstädtischer Brachflächen" (ebd., 1) am Beispiel des Berliner Gleisdreiecks, eines ehemaligen Bahnareals, vor. Sie setzen den Umgang mit Brachflächen hierfür in „Relation zu unterschiedlichen Bedeutungshorizonten [sowie] divergierende[n] Idealbilder[n] von Natur" (ebd.). Zu diesem Zweck beleuchten sie das Verhältnis von Stadt und Natur vor dem Hintergrund der Referenzsysteme Ordnung sowie Freiheit.

Die gegenbegriffliche Auffassung von Natur – ‚Natur ungleich Stadt' – (vgl. beispielsweise die Konzeption Oldemeyers in Kap. II 2.3.2) führt zunächst zu Ordnungsvorstellungen. Die Brachflächennatur wird als Unordnung gleichgesetzt mit einer Beendigung gesellschaftlicher Nutzung und Einflussnahme und steht daher im Gegensatz zur Ordnung symbolisierenden Stadt. In dieser Unordnung stehen Brachflächen allerdings in einem anderen Gegensatz zum städtischen Raum als Flächen „unberührter" Natur (Eisel et al. 1998, 6), beispielsweise im Hochgebirge, deren Natur im Sinne einer „natürlichen Ordnung" (ebd.) aufgefasst wird. Die Brachflächennatur steht nicht in Konkurrenz zur Stadt, sondern wird als deren Überwindung interpretiert. Im Gegensatz dazu steht die ökologische Bewertung der Brachflächennatur, die das „natürliche Chaos als *natürliche Ordnung"* (ebd.; Hervorhebung im Original) ansieht, die außerhalb gesellschaftlichen

Einflusses zu stehen scheint. Vor diesem Verständnis entspricht die städtische Brachflächennatur ländlichen weitgehend unberührten Naturen und erweckt den „Eindruck eines Kampfes der Natur gegen die Stadt" (ebd., 7). Indem Natur die Gegenbegrifflichkeit zu Stadt verliert und als Äquivalent gesetzt wird – die Autoren beschreiben dies als „ungewisse Natur gleich Stadt" (ebd.) – verändert sich das Referenzsystem von Ordnung zu Freiheit. Der städtische Raum ist darin das Symbol für Freiheit.

„Das Typische an der Brachflächen-Natur kann mit der Stadt identifiziert werden, wenn Stadt nicht als künstliches Gebilde gegenüber der Natur gesehen wird, sondern derjenigen Idee der Natur gegenübergestellt wird, die sinngemäß mit dem Land als Basis einer künstlich errichteten und gewaltsam tradierten Herrschaftsordnung verbunden ist." (ebd.)

Mit „Landschaft ungleich Stadt" (ebd., 8) wird die Auffassung beschrieben, dass ländliche Natur als die natürliche, harmonische Ordnung verstanden wird. Die Stadt hingegen wird als das Chaos angesehen. Brachflächen entsprechen diesem Verständnis zufolge keiner ländlichen Harmonie und beziehen sich auf Unordnung und Offenheit als Referenzsysteme von Natur. Die Brachflächennatur entspricht damit dem städtischen Ordnungsprinzip. Dies führt dazu, dass „man [...] auf innerstädtischen Brachflächen gleichzeitig Natur und darin Stadt" (ebd., 10) sieht.

Gleichzeitig werden unterschiedlichen Geschichtsbegriffe wirksam und führen dazu, dass von derselben Brachfläche ausgehend verschiedene Naturideen ausgemacht werden können. Demzufolge stehen Brachflächen korrelierend mit einer fortschrittlichen, einer geplanten sowie einer chaotischen Stadt sowohl für Natur als Evolution, Natur als Kosmos wie auch für eine Natur als Dschungel (ebd. 10ff).

Auch wenn die theoretischen Tiefen der vorgestellten Systematik von Naturauffassungen im Umgang mit innerstädtischen Brachflächen hier nicht ausgeführt werden können, wird dennoch die Vielfalt existierender Bedeutungszuschreibung deutlich.

Begriffsabgrenzung

In den vorangegangenen Abschnitten ist deutlich geworden, dass vielfältige Formen von Natur in der Stadt existieren, die sehr unterschiedliche Bewertungen erfahren können. Auch die Begrifflichkeiten, die diese städtischen Formen von Natur beschreiben, weisen eine große Bandbreite auf. An dieser Stelle seien nochmals kurz die existierenden Begrifflichkeiten zusammengeführt, die Natur im urbanen Raum beschreiben: Im Rahmen dieser Arbeit wird *Stadtnatur* synonym mit den Bezeichnungen *urbane* oder auch *städtische Natur* verwendet. Der Begriff der *urban-industriellen* Natur ist davon abzugrenzen, da er sich in seiner Verwendung Kowarik zufolge dezidiert auf spontane, nicht menschlich intendierte Vegetation im städtischen Raum bezieht (die Natur vierter Art), während die übrigen Begrifflichkeiten in der Regel ein breiteres Spektrum städtischer Flora und Fauna abdecken (vgl. Kowarik 1992, 40f). Eine trennscharfe Abgrenzung der Begriffe für Natur im städtischen Raum im Vorfeld der empirischen Studie vorzunehmen, wird für diese Arbeit dennoch nicht angestrebt. Vor dem Hintergrund der dargelegten konstruktivistischen Grundlegung dieser Arbeit kann es nicht zielführend sein, sich dem Forschungsfeld mit einem vorgefassten Begriff zu nähern, da ja gerade die zugeschriebenen Bedeutungen von Interesse sind. Wer versteht welche Art von Natur als *Stadt*Natur?

III Methodologie und Methoden

In diesem Kapitel wird dargelegt, welche Methoden zur Bearbeitung der Fragestellungen rund um Naturverständnisse im Umgang mit Zwischennutzungen herangezogen wurden. Hierzu wird zuerst der qualitative Forschungsprozess mit seinen spezifischen Charakteristika wie der Zirkularität und der Offenheit beschrieben (vgl. Kap. III 1). Kapitel III 2 widmet sich dem Untersuchungsraum. Hierbei wird zunächst kurz auf die Eignung Berlins für eine Analyse von Zwischennutzungen eingegangen. Daran anschließend werden die gewählten Fallstudien mit den Kriterien, die zu ihrer Auswahl führten, vorgestellt. In Kapitel III 3 werden die gewählten Methoden erläutert. Der Schwerpunkt liegt hier auf qualitativen Leitfadeninterviews, ergänzt durch einige teilnehmende Beobachtungen. Abschließend wird in Kapitel III 4 die Gestaltung der drei Empiriekapitel begründet.

1 CHARAKTERISTIKA EINES QUALITATIVEN FORSCHUNGSPROZESSES

Für das hier dargestellte Forschungsvorhaben wurde ein qualitativer Zugang gewählt. In Kapitel II 2.1 wurde die dem Forschungsvorhaben zugrundeliegende konstruktivistische Forschungsperspektive dargelegt. Ziel des Vorhabens ist es, Konstruktionen der räumlichen Welt zu erkennen und zu verstehen. Hierfür sind qualitative, offene Methoden geradezu prädestiniert. Während quantitative Forschungen der Maxime folgen, eine objektive Wirklichkeit zu erfassen, eignen sich qualitative Verfahrensweisen besonders, eben diese Konstruktionen der Wirklichkeit zu untersuchen (vgl. Reuber u. Pfaffenbach 2005, 34).

Die Entscheidung für dieses Vorgehen geht über die reine Auswahl qualitativer Methoden hinaus. Es geht also nicht darum, sich beispielsweise zwischen einem standardisierten Fragebogen und einer offenen Interviewvariante zu entscheiden. Bereits die Art und die Phasen des Forschungsprozesses unterscheiden qualitatives und quantitatives Forschungsdesign (vgl. Flick 2009b, 122). Vereinfacht kann man hier den linearen Forschungsprozess quantitativer Untersuchungen dem zirkulären Vorgehen einer qualitativen Untersuchung (vgl. Abb. 2) gegenüberstellen. Während im Rahmen eines quantitativen Forschungsprozesses aus theoretischem Wissen abgeleitete Hypothesen geprüft werden, ist es das Ziel qualitativer Forschung, Theorien bzw. theoretische Erkenntnisse aus dem empirischen Material abzuleiten. Uwe Flick (2009b, 124) beschreibt dieses induktive Vorgehen wie folgt:

„Diese [theoretischen Annahmen] sollen nicht an den untersuchten Gegenstand herangetragen werden, sondern in der Auseinandersetzung mit dem Feld und darin vorfindlicher Empirie ‚entdeckt‘ und als Ergebnis formuliert werden."

Trotz – oder gerade wegen – des Verzichts auf Hypothesen in qualitativen Forschungsprozessen, kommt der Formulierung der Fragestellung eine besondere Bedeutung zu. Nach Flick (2009b, 132ff) wird sie beeinflusst von der Historie der Forscherin und deren disziplintheoretischen Hintergründen. Die Abfassung der Fragestellung ist bereits eine Reduktion und Strukturierung des vielfältigen Forschungsfeldes. Dies gilt es zu reflektieren und gegebenenfalls damit die Fragestellung auch zu re-formulieren. Die eingangs vorgestellten Forschungsfragen sind daher das Ergebnis eines Prozesses der Auseinandersetzung mit Literatur und Fragen des Erkenntnisinteresses. Nicht zuletzt sind sie beeinflusst von der eigenen Positionierung innerhalb der disziplintheoretischen Felder der Humangeographie. Ebenfalls Teil des Vorgehens nach dem sogenannten *hermeneutischen Zirkel* (vgl. Gadamer 1960, 270) sind die Auswahl der Fälle, die angewandten Methoden sowie die Auswertung des empirischen Materials. In den folgenden Kapiteln wird auf diese Teilprozesse der Forschung noch eingegangen. Grundlage des zirkulären Vorgehens ist die fortlaufende Reflektion und Überprüfung vorheriger Phasen, Annahmen und Entscheidungen im Forschungsprozess.

Abbildung 2: Modell des zirkulären qualitativen Forschungsprozesses

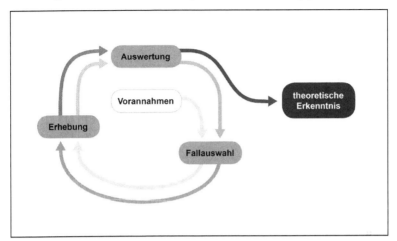

Quelle: eigener Entwurf

Diese Reflexivität erstreckt sich auch auf die Forscherin selbst in ihren Handlungen, Einschätzungen, Gefühlen. Qualitative Forschungsprozesse integrieren bewusst die Subjektivität des Untersuchenden (Flick 2009b, 29). Eine Möglichkeit mit den Reflektionen der Forscherin umzugehen, ist die Dokumentation in einem Forschungstagebuch. Forschungstagebücher bieten sich insbesondere bei der Zusammenarbeit von mehreren Forscherinnen an. Aber auch bei einer einzelnen Forscherin werden hier wertvolle Informationen über die Annäherung an das Forschungsfeld, Interpretationen und Erkenntnisse festgehalten. Flick (ebd., 377) sieht darin die Chance, den qualitativen „Forschungsprozess in stärkerem Maße intersubjektivierbar und explizierbar" (ebd.) zu machen. In gewisser Weise ist das Forschungstagebuch eng verwandt mit den im Rahmen des Auswertungsprozesses beschriebenen Memos, die als Bausteine für die Ergebnisse der Datenanalyse gelten. Auch im Rahmen dieses Forschungsprozesses wurde ein Forschungstagebuch geführt, dass die Annäherung an die mit dieser Arbeit nun vorliegenden Erkenntnisse dokumentiert.

Die ständige Reflektion über theoretische Vorannahmen, das wiederkehrende Überprüfen der Zweckmäßigkeit der Methoden in Bezug auf die Fragestellung und eben nicht zuletzt die schriftliche Fixierung in einem Forschungstagebuch, ist die Antwort auf die Frage nach der wissenschaftlichen Qualität der Forschung. Auch qualitative Forschung folgt nachstehendem Bestreben: „produce inter-subjective truths, [...] understand why so many versions of events are produced and recited" (Crang u. Cook 2007, 14). Crang und Cook (ebd., 14f) setzen für eine gute ethnographische Forschungspraxis die Konzepte des *theoretischen Samplings*, der *theoretischen Sättigung* (saturation) und der *theoretischen Eignung* (adequacy) als Maßstäbe.

Anstelle quantitativer Auswahlverfahren wird die Auswahl der Fallbeispiele in qualitativen Forschungen mit dem *theoretischen Sampling* begründet[9]. Qualitative Auswahlverfahren können zwar durchaus auch durch Stichprobenziehung garantieren, dass typische Ausprägungen ausgewählt werden, bzw. Vollerhebungen, dass alle Fälle bestimmter Kriterien in die Analyse einbezogen werden (Flick 2009b, 155ff). Bei schrittweisen Auswahlverfahren nach dem theoretischen Sampling werden Entscheidungen über die Auswahl der Untersuchungsfälle im Forschungsprozess getroffen (ebd., 158ff). Schrittweise Auswahlverfahren tragen am stärksten der Zirkularität und der Offenheit des qualitativen Forschungsprozesses Rechnung, indem die Auswahl während der gesamten Erhebungs- und Auswertungsphasen erfolgt bzw. fortwährend geprüft wird. Die Auswahl folgt dabei der Maxime des größtmöglichen Erkenntnisgewinns. Nicht die Repräsentativität der Auswahl gibt den Ausschlag.

„Vielmehr werden Personen, Gruppen etc. nach ihrem (zu erwartenden) Gehalt an Neuem für die zu entwickelnde Theorie aufgrund des bisherigen Standes der Theorieentwicklung in die Untersuchung einbezogen." (ebd., 159)

Den *Sättigungspunkt* der Datenerhebung beschreiben Crang und Cook (2007) wie folgt: „There usually comes a point in the research process where the range of arguments which can be made concerning a particular matter has been made." (ebd., 15) An diesem Punkt wird von den Forschenden die Entscheidung entweder für die Beendigung der Datenerhebung oder aber für die Einbeziehung alternativer, die Erkenntnis erweiternde Positionen oder Beispiele getroffen. Mit *theoretical adequacy* beschreiben Crang und Cook (2007, 15) das ernsthafte Bestreben, den Kontext der

---

9   Der Begriff des *theoretischen Samplings* geht zurück auf die Grounded Theory von Glaser und Strauss (1998).

eigenen Forschung zu durchdringen, indem die Forscherin die zahlreichen möglichen Herangehensweisen an ihre Fragestellung aus verschiedenen Blickwinkeln als Grundlage einer bewussten Entscheidung ihres Zugangs zum Forschungsfeld reflektiert.

2 UNTERSUCHUNGSRAUM UND FALLSTUDIEN

Der Zusammenhang von Zwischennutzungen und Naturverständnissen könnte an zahlreichen Orten und Beispielen untersucht werden. Die Wahl fiel auf Berlin. Die Begründung hierfür ist Gegenstand des Kapitels III 2.1. Daran anschließend wird in Kapitel III 2.2 die Auswahl der Zwischennutzungsprojekte vorgestellt, die als Fallstudien untersucht werden.

2.1 Am Beispiel Berlins –
Zur Auswahl des Untersuchungsraums

Bereits dargestellt wurde, dass für die Entstehung und Existenz von Zwischennutzungen bestimmte Kriterien entscheidend sind (vgl. Kap II 1.3). Insbesondere zwei dieser Kriterien zeichnen Berlin als *Hauptstadt der Zwischennutzungen* (vgl. ebd.) aus: das Potential an geeigneten Räumen sowie an kreativen Nutzern.

Zwischennutzungen haben insbesondere in Städten Konjunktur, die sich im Wandel befinden und dadurch über ein Angebot an Flächen verfügen, dass die reguläre Nachfrage auf dem Immobilienmarkt übersteigt (vgl. Kap. II 1.3). Berlin bietet zahlreiche Möglichkeiten für Zwischennutzungen. Die Stadt ist in besonderem Maße interessant, da sie nicht nur vom politischen und ökonomischen Wandel betroffen ist, sondern die Folgen der jahrzehntelangen Teilung auch heute noch sichtbar sind. Zwar sind insbesondere die innerstädtischen Räume für Zwischennutzungen in den letzten Jahren knapper geworden, dennoch existieren auch mehr als 20 Jahre nach der Wende zahlreiche Flächen, deren Besitzverhältnisse ungeklärt sind, die daher dem Immobilienmarkt nicht zur Verfügung stehen, zahlreiche Flächen in öffentlichem und privatem Besitz, deren Unterhalt nicht gewährleistet ist oder für die es derzeit keine Interessenten gibt. Mit diesen für unbestimmte Zeit aus dem Verwertungszyklus gefallenen Flächen verfügt

Berlin selbst in innerstädtischen Lagen über befristet nutzbare Raumres-sourcen (Lange 2007, 138).

Ein weiterer begünstigender Einflussfaktor für die Entstehung von Zwi-schennutzungen ist die Existenz einer speziellen und kreativen Klientel, die aufgrund mangelnder finanzieller Mittel kostengünstige Raumnutzungsmo-delle nachfragen. Diese Akteure zeichnen sich dadurch aus, dass es ihnen gelingt, fehlendes Kapital durch ein hohes Maß an Eigeninitiative, kreati-vem Engagement und Kompromissbereitschaft auszugleichen. Dieses krea-tive Potential Berlins zeigt sich auch in der Bezeichnung Berlins als der Hauptstadt der „Selbermacher" (SenStadt 2010e, 26). Die Kulturmetropole Berlin gilt als deutsches Zentrum der Kultur- und Kreativwirtschaft und weist eine sehr hohe Konzentration kreativer Akteure auf (Senatsverwal-tung für Wirtschaft 2008, 8f und 92f). Berlin bietet damit einen perfekten Nährboden für die Entwicklung einer großen Zahl und Bandbreite von Zwi-schennutzungen. Aus dieser Fülle galt es, drei Beispiele als Fallstudien für diese Untersuchung auszuwählen.

2.2 Drei Zwischennutzungsprojekte –
Zur Auswahl der Fallstudien

Die Untersuchung ist als eine Fallstudie angelegt (vgl. Flick 2009b, 177), in deren Rahmen mehrere Fallbeispiele einer Analyse unterzogen wurden. Dieses Forschungsdesign verfolgt die Zielsetzung, Einzelfälle detailliert be-schreiben zu können und Logiken, in diesem Fall den Entscheidungspro-zess beeinflussende Naturverständnisse, zu rekonstruieren. Angestrebt wird mit dieser Form der Untersuchung keine Repräsentativität im statistischen Sinn. Die Fälle werden hingegen aufgrund ihrer Eigenschaft „als ein typi-sches oder besonders aufschlussreiches Beispiel für ein allgemeineres Prob-lem" (Flick 2009b, 178) ausgewählt.

„Versteht man das Allgemeine nicht im numerischen Sinne, hängt die Folgerung vom Einzelnen auf das Allgemeine auch nicht von der Häufigkeit des Auftretens ei-nes Phänomens ab, sondern von der Rekonstruktion der konstituierenden Momente des einzelnen Phänomens in Absonderung von den situations-spezifischen, d. h. fall-spezifischen Besonderheiten. Verallgemeinerungen werden also nicht im numeri-schen, sondern im theoretischen Sinne vorgenommen." (Rosenthal 2008, 75)

Die Vorgehensweise bei der Auswahl der Fallstudien entspricht dem Vorgehen des sogenannten *theoretical Sampling* nach Glaser und Strauss (1998, 53ff; vgl. Kap. III 1). Die Auswahl der Fallbeispiele erfolgte in zwei Phasen: Einer sehr offen gestalteten Explorationsphase folgte die endgültige Auswahl der Fallstudien. Im Rahmen von fünf explorativen Interviews mit Zwischennutzerinnen aus verschiedenen Projekten näherte ich mich der Thematik von Stadtnatur und Zwischennutzungen. Die einzelnen, in diesen Interviews thematisierten Zwischennutzungsbeispiele wurden dabei anhand von zwei wesentlichen Kriterien, die *herkömmliche* Nutzungen von *Zwischen*nutzungen abgrenzen (vgl. Kapitel II 1.3) ausgewählt – nämlich der Temporalität der Nutzung und der Besonderheit der Nutzungsart. Der Charakter des dritten definierenden Kriteriums – der Akteurskonstellation – ließ sich zu Beginn der Untersuchung lediglich abschätzen, bestätigte sich jedoch in allen Fällen im Rahmen der Interviews. Neben diesen *Zwischennutzungs*kriterien wurden diese ersten fünf Projekte anhand des Kriteriums der Relevanz von Natur für die jeweilige Nutzung ausgewählt. Dabei wurde ganz bewusst darauf verzichtet, diese ,Natur' enger zu fassen, den Begriff zu definieren oder abzugrenzen, da gerade verschiedene Interpretationen und Auffassungen von Natur und ihrer Bedeutung für die jeweilige Nutzung den Kern der Untersuchung bilden sollten. Diese von vornherein festzulegen und abzugrenzen, hätte den offenen Charakter einer qualitativen Untersuchung konterkariert. Als Ergebnis der Explorationsphase wurden folgende drei Zwischennutzungsprojekte als Fallbeispiele für diese Arbeit ausgewählt (vgl. Abb. 3): ein interkultureller Garten, genannt *Garten der Poesie*, eine Bauwagensiedlung, namentlich die *Wagenburg Lohmühle*, sowie ein innerstädtischer Zeltplatz, die *Tentstation*[10].

Grundlegend für die Auswahl dieser drei Fallbeispiele auf Basis der explorativen Interviews waren die beiden Aspekte, dass die Projekte sich hinsichtlich der der Nutzung zugrunde liegenden Motivation sowie in Bezug auf ihr zeitliches Entwicklungsstadium voneinander unterscheiden (vgl. Tab. 1).

Der interkulturelle Garten wurde vor dem Hintergrund einer gärtnerischen sowie einer kulturellen Motivation initiiert, die sich aus dem interkul-

---

10 An dieser Stelle sollen lediglich die Kriterien zur Sprache kommen, die zur Auswahl als Fallbeispiel geführt haben. Eine umfassende Vorstellung der einzelnen Zwischennutzungsprojekte erfolgt in den Kapitel IV bis VI.

tureller Charakter sowie einer literarischen Schwerpunktsetzung erklärt. Kennzeichnend ist des Weiteren das ehrenamtliche Engagement der Beteiligten. Das Wagendorf wird als alternative Wohnform betrieben. Den Bewohnerinnen geht es dabei auch um das politische Bestreben, alternative Wohn- und Lebensformen zu ermöglichen und Sichtbarkeit zu erzeugen. Dem Zeltplatz liegt hingegen eine ökonomische Motivation zugrunde. Die zwei Zwischennutzerinnen und zwei Zwischennutzern bestreiten ihren Lebensunterhalt mit dem Betreiben des Zeltplatzes als ein Unternehmen. Hinzu kommt eine kulturelle Motivation, die sich in der Veranstaltung von Konzerten, Tanzereignissen u. ä. auf dem Gelände der Tentstation äußert.

Abbildung 3: Lage der Fallstudien innerhalb Berlins

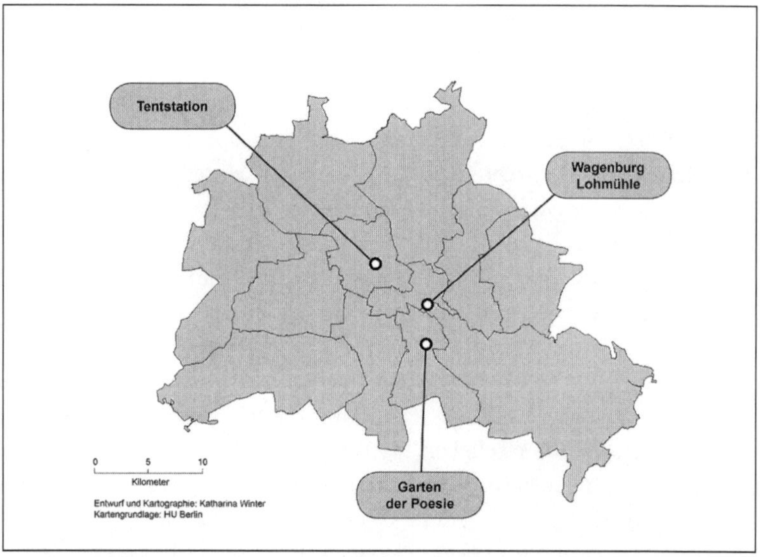

Die drei Fallbeispiele unterscheiden sich des Weiteren hinsichtlich des zeitlichen Stadiums der Nutzung. Während sich die Initiatorinnen des interkulturellen Gartens zum Zeitpunkt der Interviews in der beginnenden Planungsphase befanden, Genehmigungen einholten, Akteure zusammenführten, usw., wurde der Zeltplatz zu dieser Zeit bereits seit mehreren Jahren betrieben. Nach Abschluss der Interviews wurde er im Jahr 2012 aufgrund beginnender Baumaßnahmen der Folgenutzung geräumt. Das Wagendorf existiert bereits seit mehr als 20 Jahren und hat sich etabliert. Eine Räumung der Fläche drohte zum Zeitpunkt meiner Interviews nicht.

Tabelle 1: Aufstellung der Unterscheidungskriterien der drei gewählten Fallbeispiele

	Garten der Poesie	Wagenburg Lohmühle	Tentstation
Nutzungsart	Interkultureller Garten	Wagendorf	Zeltplatz
Motivation	Kultur, Garten, Ehrenamt	Wohnen, Politik	Ökonomie, Kultur
Stadium	Planungsphase	etabliert	etabliert und endend

Quelle: eigene Aufstellung

Von den differierenden Motivationen der Zwischennutzerinnen erhoffte ich mir erweiterte Einblicke in die Relevanz von Natur für derartige Nutzungen. Ist es möglich, dass je nach Motivation Natur eine andere Rolle spielt? Können unterschiedliche Argumentationen mit Natur mit dem zeitlichen Stadium einer Nutzung zusammenhängen?

Bei allen Unterschieden verbinden die genannten *Zwischennutzungs*kriterien die drei Fallbeispiele. Die Auswahl von Zwischennutzungen als Fallstudien dieser Untersuchung gründet auf der Annahme, dass gerade eine zeitliche Befristung besonders machtgeladene Diskurse nach sich zieht. Die unterschiedlichen zeitlichen Stadien zeigen, dass zu jeder Zeit Fragen der Nutzung diskutiert und ausgefochten werden, sei es die Errichtung einer Zwischennutzung, die Beendigung oder auch das weiterhin erfolgreiche Betreiben einer etablierten Nutzung. Zwischennutzungen wurden gewählt, da davon ausgegangen werden kann, dass gerade die Argumentationen zwischen, wie dargelegt, unterschiedlich mächtigen Akteuren, die darin eingebetteten impliziten Verständnisse besonders evident macht. Konkret wurde davon ausgegangen, dass die Diskurse um die Einrichtung, Fortführung und Beendigung der jeweiligen Nutzung machtgeladen geführt würden und damit die den Argumenten zugrunde liegenden Verständnisse von Natur besonders deutlich zu fassen wären. Daran anknüpfend, wurde die Entscheidung getroffen, dezidiert Zwischennutzungsprozesse auf den Diskursen innewohnende Naturverständnisse hin zu untersuchen und dabei eine Konkretisierung anhand der oben dargestellten Fallbeispiele vorzunehmen. Mit dieser Schwerpunktsetzung wurde das Spektrum der potentiell möglichen Ansätze explizit eingeschränkt, um auf jene Herangehensweise zu fokussieren, die meines Erachtens den für die Fragestellung größtmöglichen Erkenntnisgewinn verspricht.

3 ANGEWANDTE METHODEN

Im Folgenden werden die angewandten qualitativen Erhebungsmethoden vorgestellt. Kapitel III 3.1 stellt die Methode der qualitativen Interviews vor, die den Schwerpunkt der Datenerhebung bildeten. In Kapitel III 3.2 wird auf die Methode der teilnehmenden Beobachtung eingegangen, die das aus den Interviews gewonnene Datenmaterial ergänzte.

3.1 Qualitative Interviews

Qualitative Interviews finden sich sowohl in quantitativen Untersuchungen, hier häufig zur Vor- oder Nachbereitung standardisierter Verfahren, als auch unverkennbarer Weise allerdings häufiger in qualitativ angelegten Untersuchungen. Dabei stößt man auf eine Vielzahl von Systematiken, nach denen Interviews eingeordnet werden können. „Fast jeder Autor eines Lehrbuches für (qualitative) Sozialforschung hat eine eigene Systematik entwickelt." (Reuber u. Pfaffenbach 2005, 128f) In Anlehnung an Flick (2009b, 194ff) wird für die durchgeführten Interviews der Begriff des *Leitfaden-Interviews* verwendet. Er grenzt diese Form der Befragung zu narrativen und Gruppeninterviews ab. Hauptkriterium für die Unterscheidung ist die stärkere Ausrichtung am Erkenntnisinteresse des Interviewers und an einer Struktur, dem mehr oder weniger offen gestalteten Leitfaden in Abgrenzung zu völlig frei gestalteten Erzählsituationen oder Situationen, bei denen Gruppendynamiken von Bedeutung sind.

Das problemzentrierte Interview

Die gewählte Form des Interviews orientiert sich an dem auf den Psychologen Andreas Witzel (vgl. Witzel 2000) zurückgehenden problemzentrierten Interview als Typ eines Leitfaden-Interviews, auf das sich in einer früheren Fassung auch Lamnek (1995, 74ff) bezieht. Kern der gewählten Methode ist die Ausrichtung auf die Forschungsproblematik. Witzel fasst die Methode zusammen als

„theoriegenerierendes Verfahren, das den vermeintlichen Gegensatz zwischen Theoriegeleitetheit und Offenheit dadurch aufzuheben versucht, dass der Anwender seinen Erkenntnisgewinn als induktiv-deduktives Wechselspiel organisiert" (Witzel 2000, o. S.).

Der ursprüngliche Ansatz von Witzel ist als integrativer, kombinatorischer Ansatz mehrerer Methoden angelegt. Angewendet wird jedoch in der Regel, so auch im Falle dieser Untersuchung, die Art der Interviewführung sowie die Leitfadenkonzeption (Flick 2009b, 214). Lamnek (1995, 74ff) bezieht sich auf das problemzentrierte Interview nach Witzel ebenfalls als Einzelmethode. Kennzeichnend für die Methode ist die Anerkennung vorhandenen Wissens auf Seiten des Forschers, auf deren Basis die Formulierung eines Leitfadens erfolgt. Das problemzentrierte Interview ist damit in seiner Offenheit eingeschränkter als narrative Interviews, birgt jedoch deutlich mehr Erzählcharakter als fokussierte- oder Tiefeninterviews (vgl. zu den verschiedenen Formen qualitativer Interviews Lamnek 1995, 68ff). Durch einen Stimulus angeregt, bietet das „Erzählprinzip" (ebd., 75) den Gesprächspartnern die Möglichkeit, ihr Alltagswissen selbst zu strukturieren. Die Interviewten selbst entscheiden über Erzählstrang, Wertigkeiten und Argumentationsketten. Dem Forscher ermöglicht dieses Vorgehen Einblicke in Bedeutungsstrukturen in die untersuchte soziale Realität. Erst auf Nachfragen, Witzel nennt es „Sondierung" (Witzel 2000, o. S.), werden im weiteren Verlauf des Gesprächs Details herausgearbeitet und die Darstellungslogiken des Interviewten nachvollzogen.

Leitfäden können je nach Typ des geführten Interviews unterschiedlicher Gestalt sein und auf verschiedene Art und Weise angewendet werden. Im Rahmen problemzentrierter Interviews erfüllt der Leitfaden zum einen die Funktion, Erzählanreize zur gewünschten Problematik zu formulieren.

Zum anderen gewährleistet er mit der Formulierung eines groben roten Fadens den Gesprächsfluss, falls dieser ins Stocken gerät und bietet dem Forscher die Möglichkeit zu prüfen, welche Themenbereiche noch anzusprechen sind (Flick 2009b, 210).

Die im Rahmen dieser Untersuchung verwendeten Leitfäden folgten in ihrer Gestaltung diesen Anforderungen. Die Rede ist von Leitfäden – im Plural, da sich die Gestalt im Verlauf der Datenerhebung mit zunehmender Erkenntnis verändert hat. Allen Leitfäden gemeinsam waren die in Tabelle 2 dargestellten Themenfelder. Die Behandlung dieser Themenfelder variierte jedoch zwischen den einzelnen Gesprächen, wie auch die Schwerpunktsetzung je nach Gesprächspartner unterschiedlich war. Diese Tatsache verdeutlicht nochmals die oben bereits angesprochene Offenheit gegenüber der Bedeutungsstrukturierung durch die befragten Personen.

Insgesamt wurden im Rahmen dieser Untersuchung 25 Interviews geführt. Davon entfielen fünf auf die explorativen Interviews und damit zwei Interviews auf Fallbeispiele, die letztendlich zur weiteren Untersuchung nicht ausgewählt wurden. Tabelle 3 gibt einen Überblick über die Verteilung der geführten 23 Interviews auf die Fallbeispiele sowie die Gruppen von Akteuren. Eine detaillierte Aufstellung der Gesprächspartner findet sich im Anhang sowie im Anlagenband.

Mit der theoretischen Vorannahme, dass Akteure der Gruppen *Zivilgesellschaft*, des *Bodenmarktes* sowie der *Planung* und *Politik* für jede Zwischennutzung zentral sind, näherte ich mich der jeweiligen Akteurskonstellation. Diese Annahme wurde während des gesamten Forschungsprozesses immer wieder überprüft und gegebenenfalls angepasst oder erweitert. Häufig gab es weitere Personen, die von Interesse für die Untersuchung waren, während in einigen Fällen bestimmte Akteursgruppen von geringerem Interesse waren.

Tabelle 2: Überblick über die Themenfelder des Leitfadens

Angesprochene Themenfelder	Mögliche Fragestellungen als Gesprächsanreize zu diesen Themen
Einleitend	Beschreibung meines Projektes und der Zielsetzung dieses Gespräches
Gesprächsanreiz	Wie lief die Entwicklung der Zwischennutzung ab?
Nachfragen, Organisatorisches	Seit wann sind Sie involviert? Was ist Ihre Rolle in dem Prozess? Motivationen zur Beteiligung?
Konflikthaftigkeit	Wie lief die Aushandlung der Zwischennutzung ab? Welche Akteure sind beteiligt? Was sind die Argumente für und wider? Von welchen Akteuren? Ist Natur ein Argument? Von welchen Akteuren? Wer hat sich bislang mit welchen Entscheidungen durchgesetzt?
Stadtnatur	Welche Rolle spielt Stadtnatur in Ihren Augen für diese Zwischennutzung? Wie bewerten Sie die Nutzung in Bezug auf Stadtnatur? Wie sah die Fläche vorher aus? Wie sieht sie jetzt aus?
Zwischennutzung	Ist die betreffende Nutzung in Ihren Augen eine Zwischennutzung? Wie ist Ihre Einstellung zur zeitlichen Befristung der betreffenden Nutzung? Änderungen durch Wegfall der Befristung? Zusammenhang mit Stadtnatur?
Perspektiven	Was wäre in Ihren Augen eine wünschenswerte Entwicklung auf dieser Fläche? Welchen Zusammenhang gibt es mit der jetzigen Nutzung bzw. mit der geplanten Nutzung und mit Stadtnatur?

Quelle: eigene Aufstellung

Tabelle 3: Geführte Interviews nach Fallbeispielen und Akteuren

Garten der Poesie	Tentstation	Wagenburg Lohmühle
3 Zwischennutzerinnen (eine Person wurde ein zweites Mal interviewt)	2 Zwischennutzerinnen	2 Bewohnerinnen, 1 Bewohner
1 Mitarbeiterin, 1 Mitarbeiter beteiligter städtischer Behörden (StadtPlan, NGA)[11]	1 Mitarbeiter beteiligter städtischer Behörde (StadtPlan)	1 Mitarbeiter beteiligter städtischer Behörde (StadtPlan)
2 Mitarbeiter zweier QMs (da Verlegung der Zuständigkeit)[12]	1 Mitarbeiter des Liegenschaftsfonds als ehemaliger Eigentümer	
1 Mitarbeiterin der Hausverwaltung (Eigentümer)	1 privatwirtschaftlicher Eigentümer	
1 Anwohner	1 Mitarbeiterin der Anwohnervertretung	1 Anwohner und 1 Mitarbeiter der Anwohnervertretung
	1 Vertreterin einer alternativen Nutzungsinitiative	
9(+1) Interviews	7 Interviews	6 Interviews

Quelle: eigene Aufstellung

Der erste Schritt der Annäherung an Gesprächspartner war immer die Recherche, sei es über das Internet oder, wie im Fall des Gartens der Poesie über eine Kollegin, die den Kontakt hergestellt hatte. Das weitere Vorgehen weist zusätzlich Züge des *Schneeballverfahrens* auf (vgl. Reuber u. Pfaffenbach 2005, 151), da ich im Rahmen der Interviews immer wieder Hinweise und Empfehlungen erhielt, welche Institutionen und Personen ebenso

---

11 StadtPlan = Abteilungen der Bezirksämter, die jeweils mit Stadtentwicklung und-planung betraut sind, NGA = Naturschutz- und Grünflächenamt

12 QM = Quartiersmanagement

Einfluss auf den Entwicklungsprozess der jeweiligen Zwischennutzung genommen haben und wessen Befragung des Weiteren von Interesse sein könnte.[13]

Die Gespräche fanden an unterschiedlichen Orten statt, in den meisten Fällen in den Büros meiner Interviewpartnerinnen oder in Cafés. Einigen Gesprächspartnerinnen war es ein ausdrückliches Anliegen, sich mit mir auf der betreffenden Fläche zu treffen. Dort wurden dann auch die Interviews geführt.

Auswertung von Interviews

Alle im Rahmen dieser Untersuchung geführten Gespräche wurden aufgezeichnet. Ergänzend wurden Auffälligkeiten und besondere Begebenheiten während des Interviews protokolliert. Das Audiomaterial wurde vollständig in *normales Schriftdeutsch* (vgl. Reuber u. Pfaffenbach 2005, 155) übertragen. Diese Form der Transkription hat den Vorteil, dass die Lesbarkeit verbessert und damit die Auswertung erleichtert wird, der Charakter des Gesprächs, der Erzählung des Interviewpartners gleichzeitig gewahrt bleibt. Dieser Effekt wird dadurch verstärkt, dass Kommentare zur Interviewsituation, wie beispielsweise ein Lachen des Gesprächspartners oder Phasen des Überlegens, als Einschübe im Transkript vermerkt werden (ebd., 155f).

Die Auswertung der verschriftlichten Interviews greift auf verschiedene Vorgehensweisen zurück. Die Art der Auswertung hängt, wie bereits die Transkription, von der Forschungsfrage und damit dem Fokus der Analyse ab. Aus dem rein qualitativen Forschungsdesign dieser Arbeit leitet sich bereits die grundlegende Ausrichtung auf einen interpretativen Auswertungszugang ab (Lamnek 1995, 107) als Gegensatz zu einer quantitativ-

---

13 In Kapitel III 1 wurde auf den reflexiven Charakter eines qualitativen Forschungsprozesses hingewiesen. Dies bedeutet unter anderem für die Forscherin die Anerkennung und Reflektion ihres Einflusses auf den Forschungsgegenstand, beispielsweise indem Gesprächspartnerinnen durch ein geführtes Interview zum Diskurs ermutigt werden. Im Kontext meiner Untersuchung wurde der Einfluss meiner Forschung in einem Fall besonders augenscheinlich in einem zum entsprechenden Zwischennutzungsprojekt im Internet veröffentlichten Blog-Eintrag eines Anwohners. (Aus Gründen der zugesicherten Anonymität des Befragten kann der Name des Blogs hier nicht genannt werden.)

statistischen Auswertung. Zur Interpretation von Textdaten bieten sich in der Qualitativen Sozialforschung verschieden Methoden an (vgl. hierzu beispielsweise Flick 2009b, 386ff). Im Rahmen dieser Untersuchung wurde die Auswertung auf Basis von Codierung und Kategorisierung gewählt. Es wurde das Verfahren der offenen Codierung (vgl. Flick 2009b, 388ff; Crang u. Cook 2007, 137ff; Strauss u. Corbin 1996, 43ff) als grundlegende Analysemethode angewendet. Der Kodierprozess entspricht nach Strauss und Corbin (1996, 43ff) dabei dem eigentlichen Prozess der Datenanalyse. Der Vorgang der Codierung beschreibt das Entschlüsseln der Bedeutungen und Intentionen hinter den gesprochenen Worten und deren Formulierung in Code-Bezeichnungen (Crang u. Cook 2007, 137). Diese Code-Bezeichnungen können entweder der Fachliteratur entnommen sein oder aber, dieses Vorgehen empfehlen Crang und Cook (ebd., 139), als sogenannte emische oder in-vivo-Codes aus der Wortwahl des Interviews generiert werden. Diesem Verfahren folgend wurden die transkribierten Interviews in mehreren Durchgängen vollständig codiert.

Die Wahl der offenen Codierung resultiert aus dem vorgestellten offenen, qualitativen Forschungsdesign. Es sollten nicht Kategorien auf Basis theoretischer Vorannahmen an das Datenmaterial herangetragen werden. Einer induktiven Vorgehensweise folgend wurden in der Auseinandersetzung mit dem Material Konzepte und Codes entwickelt, die in einem weiteren Analyseschritt zu Kategorien gruppiert und in Dimensionen aufgegliedert wurden. Trotz aller Offenheit kann die Tatsache nicht geleugnet werden, dass gewisse theoretische Vorannahmen den Prozess der Codierung beeinflussen. Während des Auswertungsprozesses wurden kontinuierlich sogenannte Memos (vgl. hierzu Strauss u. Corbin 1996, 169ff; Crang u. Cook 2007, 140) angelegt. Diese erklären zum einen das Zustandekommen bestimmter Codes. Zum anderen halten sie auch Hintergründe des weiteren Entwicklungsprozesses fest, wie etwa zur Gruppierung. Damit sind Memos ein wichtiger Baustein in der Dokumentation und Entwicklung theoretischer Erkenntnisse innerhalb des qualitativen Forschungsprozesses.

Die Transkripte der geführten Interviews wurden vollständig codiert. Dabei wurden zunächst Sinnabschnitte gebildet und beschriebene in-vivo-Codes formuliert, welche die in der zugehörigen Textpassage beschriebene Aussage interpretieren. Die so entstandenen Codes wurden im Laufe der Analyse zu Kategorien, die mit fortschreitendem Analyseprozess abstrakter wurden, gebündelt. Auf Basis der so erarbeiteten Kategorien wurde die Erkenntnis der Fallstudien formuliert. Zur Unterstützung des Analyseprozesses wurde ein Programm zur qualitativen Datenanalyse (MAXQDA 10) verwendet. Die Betonung liegt hierbei auf dem Begriff der Unterstützung.

„QDA[14]-Software führt keine qualitativen Analysen automatisch oder selbständig durch, wie etwa SPSS eine statistische Berechnung oder eine Faktorenanalyse ausführen kann. QDA-Programme sind eher mit Textverarbeitungsprogrammen vergleichbar, die Texte bekanntlich auch nicht schreiben, jedoch das Schreiben von Texten etwas vereinfachen können." (Flick 2009b, 452)

Der Mehrwert der computergestützten Analyse liegt vor allem in der Strukturierung und Organisation der Transkripte, der Codes, Kategorien und Dimensionen sowie der verschiedenen Memos (vgl. Abb. 4). Formuliert, erkannt und interpretiert werden muss vom Forscher selbst.

Abbildung 4: Benutzeroberfläche des Programms MAXQDA 10

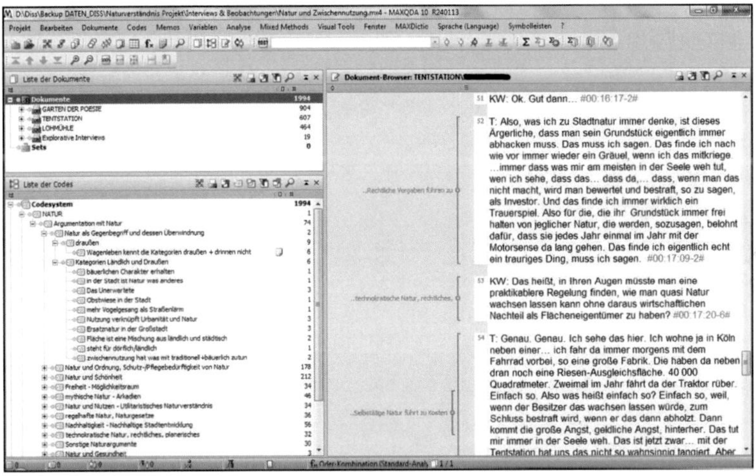

Quelle: eigene Darstellung

---

14 QDA = Qualitative Daten Analyse

3.2 Teilnehmende Beobachtungen

Die Methode der teilnehmenden Beobachtung geht zurück auf die ethnologische Forschung Bronislaw Malinowskis auf den Trobriand-Inseln (1914-1918) (Malinowski 1973), in deren Rahmen die Anwendung der Methode der *teilnehmenden* Beobachtung erstmals beschrieben wird (vgl. Reuber u. Pfaffenbach 2005, 120). Statt einer mittelbaren Feldforschung, der ein Informationsgewinn über Mittelsmänner zugrundeliegt, fordert er den *direkten* Kontakt mit Menschen fremder Kulturen, um ein möglichst vollständiges Bild letzterer erhalten zu können:

„Was die anthropologische Feldforschung betrifft, so verlangen wir offensichtlich eine neue Methode, Beweismaterial zu sammeln. Der Anthropologe muß seine bequeme Position im Liegestuhl auf der Veranda des Missionsgeländes oder im Bungalow des Farmers aufgeben, wo er, mit Bleistift und Notizblock und manchmal mit einem Whisky-Soda bewaffnet, gewöhnt war, Berichte von Informanten zu sammeln, Geschichten niederzuschreiben und viele Seiten Papier mit Texten der Primitiven zu füllen. Er muss hinaus in die Dörfer gehen und den Eingeborenen bei der Arbeit [...] zusehen; er muss [...] sie [...] beobachten. Die Information muss ihm, gewürzt mit eigenen Beobachtungen über das Leben des Primitiven, zukommen und darf nicht tropfenweise aus widerwilligen Informanten herausgequetscht werden." (Malinowski 1973, 128f)

Unter einer teilnehmenden Beobachtung in ihrer ursprünglichen Form wird demzufolge das Sich-ins-Feld-Begeben zu ethnologischen Studien verstanden, bei denen die Forschenden über lange Zeiträume das Alltagsleben von Menschen fremder Kulturen teilen (Reuber u. Pfaffenbach 2005, 120). In der Regel handelt es sich um Beobachtungen mit unterschiedlich hohem Grad an Teilnahme, also sogenannte teilnehmende Beobachtungen. Der Vorteil gegenüber sekundären Quellen liegt in der Unmittelbarkeit und der Vorstellung, „man könne ,der Wahrheit' gerechter werden, indem man dem Leben näher auf den Leib rückt" (ebd., 120). Eben diese Argumentation war der Grund dafür, dass Beobachtungen lange Zeit im Mittelpunkt qualitativer Forschung standen. Während Handlungen unmittelbar beobachtet werden können, liefern sämtliche sprachlich orientierten Methoden lediglich Repräsentationen dieser Handlungsweisen und damit sekundäres Datenmaterial (Flick 2009b, 281).

Vor dem Hintergrund der bereits eingangs unter Kapitel II 2.1 thematisierten Konstruktivismus-Debatte ist der Anspruch, die ‚wahre' Welt methodisch erfassen zu können, allerdings zu relativieren:

„Wenn wissenschaftliches Arbeiten selbst als eine Konstruktion der Welt der Beforschten aufgefasst wird, dann muss auch das Ideal der frühen teilnehmenden Beobachtung heute realistischer in seinen Möglichkeiten und erkenntnistheoretischen Grenzen gesehen werden." (Reuber u. Pfaffenbach 2005, 121)

Jede Beobachtung kann daher immer nur eine Konstruktion der Welt der Beforschten sein. Diese Tatsache hat die Beobachtung wiederum mit allen anderen Methoden gemein und ist damit zumindest generell nicht mehr oder weniger als andere Methoden geeignet, Konstruktionen der Wirklichkeit zu erfassen.

In der Humangeographie finden sich häufiger quantifizierbare Beobachtungen, wie Zählungen und Kartierungen, seltener auch qualitative Beobachtungen. Reuber und Pfaffenbach (2005, 122) zufolge liegt der Schwerpunkt meist auf anderen Methoden, deren Ergebnisse durch Beobachtungen im Sinne einer Methodentriangulation ergänzt werden. Ziel einer methodischen Triangulation ist es, durch die Kombination verschiedener Methoden die Ergebnisse anzureichern und die Erkenntnisgrenzen von Einzelmethoden zu erweitern (Flick 2009b, 519f).

Auch im Rahmen der vorliegenden Forschungsarbeit wurde mit der Zielsetzung eines Erkenntnisgewinns die Methode der qualitativen Interviews um Beobachtungen ergänzt. Das Anliegen dieser Untersuchung, diskursive Praxis auf die den Entwicklungsprozessen rund um Zwischennutzung immanenten Argumentationslogiken mit Stadtnatur zu untersuchen, führt zu verschiedenen möglichen Herangehensweisen. Mit der Methode der Interviews werden die Akteure animiert, über gewisse Diskurspraktiken zu sprechen. Die teilnehmende Beobachtung bietet ergänzend die Möglichkeit, diese Diskurspraktiken durch die Beobachtung mitzuerleben. Damit stellen die Ergebnisse dieser Methode eine willkommene Erweiterung der Interviewdaten dar. Die im Rahmen dieser Untersuchung durchgeführten Beobachtungen sind, wie bereits angesprochen, in ihrer Bedeutung den qualitativen Interviews deutlich nachgeordnet. Dennoch reichern sie das Ergebnis der qualitativen Interviews an und sind daher trotz geringer Zahl für die Untersuchung gewinnbringend gewesen. Es handelte sich bei den

Beobachtungen um drei sogenannte Beobachtungseinheiten (Atteslander 2008, 76) im Frühjahr und Sommer 2010 (siehe Tab. 4). Diese Beobachtungseinheiten orientierten sich an Situationen, wobei unter *Situation* nach Atteslander (2008)

„ein Komplex von Personen, anderen Organismen und materiellen Elementen zu verstehen [ist], der meistens zeitlich und räumlich gebunden eine sinnlich wahrnehmbare Einheit darstellt" (ebd., 77).

Die Beobachtungsform lässt sich als eine unstrukturierte, offene, passiv teilnehmende Beobachtung beschreiben. Systematisch war die Beobachtung insofern, als dass sie geplant und systematisch dokumentiert wurde sowie einem ganz bestimmten Forschungszweck diente (vgl. Lamnek 1995, 247ff). Die Beobachtungen waren in allen drei Situationen direkte Teilnahmen ‚im Feld'. Es handelte sich folglich um natürliche Situationen, die ich durch meine Anwesenheit in der Situation miterleben konnte.

Tabelle 4: Aufstellung der durchgeführten Beobachtungseinheiten

Fallstudie	Inhalt
Garten der Poesie	Ein Organisationstreffen, bei dem unter Teilnahme des Quartiersmanagements die Vereinbarung zwischen dem Trägerverein und den Gärtnerinnen des Gemeinschaftsgartens besprochen wurde.
Garten der Poesie	Eröffnungsfeierlichkeit des *Gartens der Poesie*, die mit zahlreichen Darbietungen unter reger Teilnahme begangen wurde.
Wagenburg Lohmühle	Führung für Interessierte, durchgeführt von einer Bewohnerin und einem Bewohner, durch die Wagenburg im Rahmen des *Langen Tages der Stadtnatur*.

Quelle: eigene Aufstellung

Auswertung

Die Beobachtungssituationen wurden fokussiert protokolliert. Dies bedeutet, dass nur für die Fragestellung relevante Aspekte erfasst wurden und nicht die gesamte Situation mit allen Handlungen und Gesprächen (Flick 2009b, 284). Als relevant wurden Gesprächspassagen über Stadtnatur, Entscheidungsprozesse und Machtkonstellationen angesehen. Diese Protokolle wurden im Anschluss ins Reine übertragen. Die Erkenntnisse flossen in den weiteren Forschungsprozess ein und ergänzen die Ergebnisse der Interviews. Die Beobachtungen wurden des Weiteren genutzt, um weitere involvierte Akteure zu ermitteln und in der Folge im Sinne des qualitativen Forschungsprozesses weitere Interviews mit Gesprächspartnern anzubahnen, deren Existenz und Bedeutung erst im Verlauf des Forschungsprozesses erkannt wurde. So brachte mich beispielsweise die Führung über die Fläche des Wagendorfs Lohmühle in Kontakt mit interessierten Anwohnern, von denen ich einen als Gesprächspartner gewinnen konnte.

4 DARSTELLUNG DER ERGEBNISSE

Die Untersuchung ist als Fallstudie mit drei Fallanalysen von Zwischennutzungsprojekten angelegt. Diese Fallstudien verfolgen das Ziel, die Einzelfälle detailliert zu betrachten und zu rekonstruieren, welche Naturverständnisse den Argumentationen der Akteure im Umgang mit Zwischennutzungen zugrunde liegen. Daher folgt die Darstellung der Erkenntnisse ebenfalls der Untergliederung dieser drei Fallstudien (vgl. Kap. IV, V und VI).

Für jede Fallstudie werden zunächst die Entwicklungsgeschichte sowie die Akteurskonstellation vorgestellt (vgl. Kap. IV 1, V 1 sowie VI 1). Diese beiden Aspekte sind größtenteils Ergebnis der geführten Interviews. Nur ein kleiner Teil des Wissens bezüglich der Historie der Zwischennutzungen sowie der involvierten Akteure war bereits bekannt (etwa durch Vorwissen, Recherche oder sonstige Informationsquellen). Aufgrund dieser Tatsache und da das Wissen um die Entwicklungsgeschichte des jeweiligen Zwischennutzungsprojektes unverzichtbar für das Verständnis der Argumentation mit Natur ist, werden sie als aufschlussreicher Part der Empirie vorgestellt. Im Anschluss daran werden die dominanten Naturverständnisse anhand ausgewählter Interviewpassagen dargelegt (vgl. Kap. IV 2, V 2 sowie

VI 2). Dabei meint *dominant* keine quantitative Beschreibung einer statistischen Häufung, sondern zielt auf die Darstellung einiger auffällig wiederkehrender Naturauffassungen (vgl. Kap. III 1). Auf diesem Wege soll die das Forschungsinteresse durchziehende zentrale Fragestellung nach Naturverständnissen im Umgang mit den Zwischennutzungsprojekten beantwortet werden.

Diese Gliederung, nach der die Vorstellung der Ergebnisse getrennt nach den drei Fallbeispielen erfolgt, resultiert einerseits aus der Tatsache, dass die Auffassungen von Natur, die den Argumentationslogiken der Akteure zugrunde liegen, auf diese Weise für jedes Fallbeispiel separat grundlegend vorgestellt werden können. Es kann so die der Entwicklung und Akteurskonstellation des jeweiligen Fallbeispiels zugrunde liegende Logik im Umgang mit dem Argument Natur tiefgehend beleuchtet werden. Andererseits lässt diese Systematik zusätzlich die Unterschiede zwischen den Fallbeispielen deutlich zu Tage treten. Die voneinander abweichenden Ausprägungen der Kriterien Nutzungsmotivation und Temporalität können so detailliert erörtert werden.

Abschließend wird auf dualistische Naturauffassungen vertiefend eingegangen (vgl. Kap. VII 1). Diese liegen quer zu den übrigen im Rahmen der drei Fallstudien vorgestellten Verständnissen von Natur. Die Auseinandersetzung mit der gegenbegrifflichen Naturvorstellung betont damit schließlich eine Parallelität, die sich in allen drei Fallstudien immer wieder gezeigt hat. Kapitel VII 2 fasst anhand der eingangs aufgeworfenen Forschungsfragen die Ergebnisse dieser Arbeit zusammen. Die Schlussbemerkung formuliert einige resümierende wie ausblickende Gedanken der vorliegenden Dissertationsschrift (vgl. Kap. VII 3).

IV Fallstudie Garten der Poesie

Einen Gemeinschaftsgarten mit Stadtnatur in Zusammenhang zu bringen, erscheint leicht nachvollziehbar. Nicht immer ist Natur, welchen Verständnisses auch immer, so augenfällig und damit für alle beteiligten Akteure *scheinbar* unumstritten von Bedeutung. Einen Gemeinschaftsgarten auszuwählen und auf den Zusammenhang von Stadtnatur, zeitlicher Befristung und – in diesem Falle – *geplanter* Nutzung zu untersuchen, war daher nahe liegend, zumal Gemeinschaftsgärten in den letzten Jahren stark an Anzahl und Nachfrage durch die Bevölkerung zugenommen haben, insbesondere in Berlin. Auch der auf den ersten Blick – ich betone, ebenfalls nur *scheinbar* – völlig klare und unumstrittene Zusammenhang von Natur und Garten schien es wert zu sein, tiefer gehend hinterfragt zu werden. Was unterscheidet den geplanten Garten von der Brache bzw. in diesem Fall dem verwahrlosten, vernachlässigten Blockpark? Wie sieht ein wünschenswerter Garten aus? Und was motiviert Menschen, Zeit und Energie in eine Sache zu stecken, die auf fremdem Boden entsteht, sich für genau diese zu engagieren, deren Existenz zumindest formell zunächst zeitlich begrenzt ist? Diese Fragen sind nur einige wenige, die ich mit beteiligten Akteuren, Entscheidungsträgern, involvierten Personenkreisen diskutiert habe und aus deren Aussagen sich im Weiteren verschiedene sehr deutlich zu Tage tretende Verständnisse von Natur herauskristallisiert haben.

Im Folgenden soll in Kapitel IV 1 zunächst das Zwischennutzungsprojekt *Garten der Poesie* vorgestellt werden. Zunächst wird dabei auf die Entstehungsgeschichte und die involvierten Akteure eingegangen. Im Anschluss daran werden die Rolle von Stadtnatur für die Verwirklichung dieser Zwischennutzung sowie die zu Tage getretenen Naturverständnisse vorgestellt (Kap. IV 2). Kapitel IV 3 resümiert die Ergebnisse.

1 ENTSTEHUNG EINES INTERKULTURELLEN GEMEINSCHAFTSGARTENS

Der *Garten der Poesie* – so soll der interkulturelle Gemeinschaftsgarten[15] später heißen – ist inmitten des dicht besiedelten Neukölln-Rixdorf unweit des Richardplatzes gelegen. Hätte meine Kollegin mich nicht gezielt dort hingeführt, wäre ich wohl nie durch die unscheinbare Pforte getreten, die den Zugang vom Richardplatz aus ermöglicht.[16] Dabei handelt es sich theoretisch um eine *öffentliche* Grünfläche.

Entstehen soll hier ein interkultureller Garten, in dem es den beteiligten Nutzern möglich ist, auf kleinen Beeten Gemüse anzubauen und dessen größerer Teil als gemeinschaftlich genutzter Raum zur Verfügung stehen soll. Der Gemeinschaftsgarten soll Anwohnerinnen und der Bevölkerung im Allgemeinen offen stehen. Neben der gärtnerischen Aktivität soll ein Kernelement des geplanten interkulturellen Gartens, das gleichzeitig den Namen gegeben hat, die Austragung literarischer Veranstaltungen sein. Während sich von dem geplanten Garten noch nicht viel zeigt, haben die Initiatoren schon einige Veranstaltungen durchgeführt (vgl. Abb. 5). Diese Veranstaltungen sollten auch dazu dienen, die Pläne zur Errichtung eines interkulturellen Gartens zu multiplizieren und Öffentlichkeit für das Vorhaben zu schaffen.

Von einem Garten ist allerdings bis heute nicht viel zu erkennen– zumindest nicht *mehr* von einem Garten, als bislang zu sehen war.[17] Auf einer mit dünner Grasnarbe bedeckten Fläche stehen einige Obstbäume, ein Pavillon findet sich in der einen Ecke (vgl. Abb. 6), auf der anderen Seite Buschwerk und ein Gartenteich, der wohl schon bessere Zeiten gesehen hat.

---

15 Folgt man beispielsweise der Definition von Marit Rosol (2006, 7), werden unter Gemeinschaftsgärten „gemeinschaftlich und durch freiwilliges Engagement geschaffene und betriebene Gärten, Grünanlagen und Parks mit Ausrichtung auf eine allgemeine Öffentlichkeit" verstanden.

16 An dieser Stelle sei Maike Brammer, sowohl für den Hinweis auf diesen Ort, wie auch für das freundliche Kontaktanbahnen mit einer der Initiatorinnen, herzlich gedankt.

17 Die Gespräche wurden in den Jahren 2009 und 2010 geführt. Im Jahr 2011 stellten die Initiatorinnen ihre Bemühungen zur Errichtung des Gartens auf der Streuobstwiese ein.

Abbildung 5: Eröffnungsfeierlichkeit des Gartens der Poesie
am 30. Mai 2010

Foto: eigene Aufnahme

Einst war die etwas herunter gekommene Fläche nach Aussage meiner Interviewparterinnen ein ansehnlicher Blockpark. Entstanden war der Park damals aus Absprachen zwischen dem Eigentümer der angrenzenden Wohngebäude, den zuständigen Stellen für Stadtentwicklung sowie für den Unterhalt der Grünflächen des Bezirksamtes Neukölln. Die Verwahrlosung des Parks über die Jahre könnte auf das Zusammenwirken von mangelnder Pflege und problematischer Nutzerstruktur zurückzuführen sein. Mehrere Gesprächspartnerinnen machten mich auf Fehlnutzungen beispielsweise durch Hundehalter, die Drogendealer, die Jugendlichen aufmerksam.

Gleichzeitig hatte das Bezirksamt keinerlei Handhabe, die vertraglich mit dem Eigentümer der angrenzenden Wohnbebauung vereinbarten Pflegemaßnahmen einzufordern[18]. An dieser Situation hat sich bis heute nichts

18 Diese Konstellation aus Zuständigkeiten stellt auch eine Grundlage dafür dar, dass die Fallstudie in die Untersuchung von Nutzungen auf Verfügungsflächen aufgenommen wurde. Die Fläche ist zwar theoretisch in kommunalem Besitz

geändert. Mit ihrem Anliegen, dort einen interkulturellen Garten errichten zu wollen, rannten die Initiatorinnen demzufolge beim Bezirksamt offene Türen ein. Dort versprach man sich eine Aufwertung der Fläche, da ihnen selbst hierfür keine Mittel zur Verfügung standen.

Abbildung 6: Streuobstwiese des Gartens der Poesie im Mai 2010

Foto: eigene Aufnahme

Darstellung der Akteurskonstellation und ihrer Besonderheiten

Betrachtet man die involvierten Akteure, so sind zunächst die Initiatorinnen zu nennen (Interviews I, II und III[19]). Sie schlossen sich zunächst in einem Verein zusammen, dem Verein Netzwerk StadtRaumKultur, aus dem heraus bereits einige Jahre zuvor ein interkultureller Garten im Schöneberger

---

und gewidmet. Im praktischen Umgang zeigen sich alle Charakteristika einer sich selbst überlassenen Verfügungsfläche.

19 Die Interviews wurden mit römischen Zahlen gekennzeichnet. Eine Aufstellung aller geführten Interviews findet sich im Anhang.

Norden initiiert wurde, sowie zahlreiche interkulturelle Kultur- und Thea-terprojekte entstanden. Der Verein hat sich laut Satzung die

„selbstlose, ideelle Förderung der Allgemeinheit insbesondere der Völkerverständi-gung auf allen Gebieten der Kultur und des Schutzes von Natur und Umwelt sowie die Vernetzung von Menschen und Initiativen mit dieser Zielsetzung" (Netzwerk StadtRaumKultur 2009, 1)

zur Aufgabe gemacht. Das Engagement auf dem Gebiet der interkulturellen Gärten wird mit der „Förderung des Naturschutzes und der Landschafts-pflege" (ebd.) begründet, indem der

„Verein die Einrichtung und Entwicklung von interkulturellen Gärten [betreibt]. Er trägt über die kommunikative und völkerverständigende Bedeutung dieser Zentren zur Pflege der Biodiversität und Nachhaltigkeit gem. Agenda 21 bei." (ebd.)

Zu den Vereinsmitgliedern kommen eine Handvoll interessierter Anwohne-rinnen, die sich gerne an dem interkulturellen Garten beteiligten möchten (Interview IV). Aufgrund der nicht unerheblichen Dauer der Initiationspha-se und einer daraus mutmaßlich resultierenden Frustration war hier eine gewisse Fluktuation festzustellen. In der Annahme, dass es sich um eine städtische, öffentliche Fläche handele und damit die öffentliche Hand für den Unterhalt zuständig sei, trugen die Zwischennutzerinnen in Spe ihr An-liegen an das Bezirksamt Neukölln heran. Zuständig zeigte sich hier zu-nächst das Stadtentwicklungsamt (Interview VII), welches gerne vermit-telnd und unterstützend einspringen wollte. Bereits angesprochen wurde die Entstehungsgeschichte des Blockparks in Folge einer vertraglichen Verein-barung zwischen der Stadt und dem Eigentümer der angrenzenden Wohn-bebauung. Hieraus ergibt sich, dass für Pflege und Unterhalt der Fläche nicht das Naturschutz- und Grünflächenamt (NGA) (Interview VI), sondern die vom Eigentümer beauftragte Hausverwaltung zuständig ist (Inter-view V). Wie im Folgenden noch belegt wird, wurde im Rahmen der Ge-spräche von verschiedenen Interviewpartnern beklagt, dass die Hausverwal-tung ihren Verpflichtungen in Sachen Unterhalt der Grünfläche nur unzu-reichend nachkomme. Des Weiteren wurde die ungeklärte rechtliche Zuständigkeit[20] in der Anfangsphase des interkulturellen Gartens wiederholt als Grund genannt, warum sich die Nutzung nur schwer etablieren und durchsetzen lasse. Als *Geburtshelfer* war in der frühen Phase der Projektidee das Quartiersmanagement[21] (QM) Richardplatz Süd beteiligt (Interview IX). Im Rahmen eines Literaturprojekts, das die Initiatorinnen des Gartens der Poesie auf dem Richardplatz in unmittelbarer Nachbarschaft zur Streuobstwiese durchführten, hatten sie bereits Kontakt zum QM Richardplatz Süd, sowie Erfahrung in der Zusammenarbeit mit diesem. Daher stand ihnen zunächst auch diese mit Rat und Tat zur Seite, insbesondere im Zusammenhang mit den Nutzungskonflikten. Im weiteren Verlauf wurde die Fläche des Blockparks dem neu entstandenen QM Ganghofer Straße zugeordnet (Interview VIII). Aus dem Quartiersfond dieses QMs flossen dann auch die ersten Fördergelder.

---

20 Für die theoretisch öffentliche Fläche wäre das Ordnungsamt für die Durchsetzung von Ordnung zuständig, für private Fläche wäre die Polizei bei Verstößen zuständig. Durch die Tatsache, dass es sich um eine öffentliche Fläche unter privater Verwaltung handelt, waren sowohl Ordnungsamt, als auch Polizei zurückhaltend ob ihrer Zuständigkeit.

21 Das Konzept des Quartiersmanagements ist Teil des Programms Soziale Stadt, welches jeweils zu einem Drittel von Bund, Land und Stadt Berlin finanziert wird. Zusätzlich fließen EU-Mittel (EFRE) in das Projekt. Das Instrument des QM wird dazu eingesetzt, in sozial benachteiligten Stadtvierteln die Bewohnerinnen in Stadtentwicklungsprozesse einzubinden und darüber eine Aufwertung dieser Gebiete sowie die Minderung der sozialen Problematik zu fördern (SenStadt 2010a, 6f). Zu diesem Zweck wird in ausgewählten Berliner Nachbarschaften ein Team an Quartiersmanagerinnen eingesetzt, die in dem jeweiligen Gebiet präsent sind und die Bewohnerinnen darin bestärken, an der Entwicklung ihres Viertels mitzuwirken, Netzwerke bilden und fördern sowie Kooperationen aufbauen. Zudem verfügt das QM gemeinsam mit einem Gremium aus Bewohnerinnen, den sogenannten Quartiersräten, über den Quartiersfond mit Fördermitteln für aus der Bevölkerung heraus initiierte Projekte (SenStadt 2004a, 10).

Tabelle 5: Geführte Interviews mit Bezug auf den Garten der Poesie

Interview	Zuordnung und Funktion der Gesprächspartnerinnen und -partner
I, II	Zwischennutzerin
III	Zwischennutzerin
IV	Zwischennutzerin, geplante Gartenleiterin
V	Mitarbeiterin der für den Unterhalt der Fläche zuständigen Hausverwaltung
VI	Mitarbeiter des Bezirksamtes Neukölln, Naturschutz- und Grünflächenamt als Eigentümer der Fläche
VII	Mitarbeiterin des Bezirksamtes Neukölln, Stadtentwicklungsamt als Eigentümer der Fläche
VIII	Mitarbeiter des Quartiersmanagements Ganghoferstraße
IX	Mitarbeiter des Quartiersmanagements Richardplatz Süd
X	Anwohner

Quelle: eigene Aufstellung

Wiederholt wurden von verschiedenen Gesprächspartnern Nutzungskonflikte zwischen den zukünftigen interkulturellen Gärtnern und den Hundehalterinnen angesprochen. Explizit wurde auf Probleme mit Halterinnen sogenannter Kampfhunde hingewiesen. Bei meinen Recherchen konnte ich jedoch keine feste Gruppe an Hundehalterinnen ausmachen. Dennoch führte ich ein aufschlussreiches Interview (Interview X) mit einem Anwohner und ehemaligen Hundebesitzer, der die Fläche als Auslauf für seinen Hund nutzte. Seine Aktivitäten in Bezug auf die Fläche resultierten aus dem Interesse als Anwohner, da er zum Zeitpunkt, als der interkulturelle Garten errichtet werden sollte, bereits keinen Hund mehr besaß. Tabelle 5 gibt eine Übersicht über die geführten Interviews sowie die Zuordnung der Gesprächspartnerinnen zu den jeweiligen Akteursgruppen.

2 STADTNATUR ZWISCHEN SCHUTZ UND NUTZUNGSANSPRÜCHEN

Die Verhandlungen um die Einrichtung des *Gartens der Poesie* belegen in beispielhafter Weise, welche zum Teil auch konkurrierenden Vorstellungen von Natur, selbst bei Akteuren, die ähnliche Ziele verfolgen, vorhanden sein können und wie diese in Konfliktsituationen, an denen bei diesem Fallbeispiel nicht mangelt, verhandelt werden. Zahlreiche Konflikte erklären sich dabei aus der genaueren Betrachtung der Historie dieser Fläche. Die natürliche Situation des Blockparks ist geprägt von einer Vorgeschichte, die auf Fehlnutzung, mangelnde Pflege, ungeklärte Zuständigkeiten und Vandalismus zurückgeführt wird. Es verwundert daher wenig, dass sämtliche in diesem Zusammenhang geführten Gespräche von der Thematik der Verwahrlosung der Fläche, sowie mangelnder Pflege dominiert wurden. Auch der Ausgangspunkt der Initiative zur Errichtung des interkulturellen Gartens lässt sich in diesen Kontext einordnen.

„Es war wirklich wie so eine Art Erweckungsmoment. Ich hab' diesen Teich gesehen, der da so hinter so einem Gestrüpp ist und der war so was von niedergeritten. Da war so gar kein Wasser drin und da lag aller möglicher Müll drin und so. Und da hab' ich wirklich zu dem Teich gesagt: Du, ich helfe dir. Ich hatte so ein Mitleid mit dem. [...] Das war so mein Schwur. Ich hab' gesagt, dir helfe ich und dann hab' ich überlegt, wie man ihm helfen kann." (III, 1)[22]

Im diesem Kapitel werden daher zunächst Naturvorstellungen, die den Zusammenhang von *Natur und Ordnung* widerspiegeln, herausgearbeitet (vgl. Kap. IV 2.1). Wie das Zitat bereits zeigt, hängen die daran anschließend beschriebenen Vorstellungen einer Natur, die als zu schützen angesehen wird, eng mit Ordnungs- und Bedürftigkeitsvorstellungen zusammen. Im Abschnitt *Natur und Schutz* (vgl. Kap. IV 2.2) werden Argumente und Grundlagen für den zugesprochenen Schutzstatus, die in den jeweiligen Gesprächen zu Tage traten, vorgestellt. Die Abgrenzung zwischen Ordnungs- und Schutzvorstellungen von Natur ist häufig fließend, da das, was als schüt-

---

22 Erklärung der Zitierweise: Die römischen Ziffern bezeichnen das Interview, dem der Gesprächsausschnitt entstammt. Die folgende arabische Zahl steht für den Absatz innerhalb dieses Interviews.

zenswert anerkannt wird, häufig auch in eine Auffassung von Ordnung eingebettet ist und dahingehend gepflegt wird. Eine weitere augenscheinliche Naturvorstellung in diesem Zusammenhang ist die einer Verbindung von *Natur und Nutzen* (vgl. Kap. IV 2.3). Dies erklärt sich teilweise bereits aus der Art der Nutzung der Fläche als Gemeinschaftsgarten.

2.1 Natur und Ordnung

Ein zentrales Thema im Umgang mit Natur im städtischen Raum sind Aspekte der Pflege von Frei- und Brachflächen, sowie Ordnungsvorstellungen im Zusammenhang mit Natur. Dies resultiert bereits aus der Tatsache, dass sich der Umgang mit öffentlichen Freiflächen aufgrund knapper werdender kommunaler Mittel verändert, zum einen im Hinblick auf rückläufige kommunale Grünpflege, zum anderen auf zunehmende gesellschaftliche Partizipation (vgl. Kap. II 1.1). Diese beiden Aspekte finden sich beispielhaft auch im Umgang mit dem *Garten der Poesie*. Richtet man den Fokus auf Vorstellungen von Ordnung und Pflege von Natur in Argumentationsweisen in Bezug auf den Gemeinschaftsgarten, finden sich sowohl Aussagen, die pflegerisch-ordnende Maßnahmen als notwendig erachten (im Folgenden mit „Natur in der Stadt – ja, aber Ordnung muss sein!" überschrieben), als auch solche, die derartiges ablehnen (überschrieben mit „Hände weg – liegen lassen!"). Letztere gründen beispielsweise auf einem Streben nach einer Befreiung von Natur und einer Ablehnung der Vorstellung einer angemessenen Ordnung von Natur im urbanen Raum. Dabei wird deutlich, dass Ordnungsvorstellungen in Bezug auf Natur in engem Zusammenhang stehen mit einem Verständnis einer Natur, die gärtnerischer Pflege erfordere.

Ordnungsvorstellungen von Natur gründen auf einer Vorstellung von Natur als bedürftig, also einer Natur, die menschliches Eingreifen beansprucht. Zieht man hier die Typologie wissenschaftlich-paradigmatischer Naturverständnisse heran, die Thomas Kirchhoff und Ludwig Trepl in ihrem Sammelband zur kulturgeschichtlichen Betrachtung der Verwendung der Begriffe *Landschaft*, *Wildnis* und *Ökosystem* zusammengetragen haben (Kirchhoff u. Trepl 2009b, sowie Kap. II 2.3.2), bieten sich zwei Anschlusspunkte für Vorstellungen einer Ordnungsbedürftigkeit von Natur. Wie bereits ausgeführt begründen die Autoren die Konstruktion von Landschaft, Wildnis und Ökosystem aus unterschiedlichen, ihnen zugrundeliegenden Naturauffassungen. Sowohl eine ästhetische, wie auch eine moralisch-praktische Perspektive auf Natur können zur Konzeptualisierung einer Bedürftigkeit von Natur im Hinblick auf Ordnungs- und Pflegevorstellungen herangezogen werden. Natur wird in dem Maße geordnet und gepflegt, dass ästhetische Vorstellungen erfüllt werden. Ein moralisch-praktisches Naturverständnis zeigt sich in der Konzeptualisierung von Natur als Wildnis und damit als Gegenteil von Ordnung und führt ebenfalls zu einer theoretischen Rahmung der Vorstellungen über Schutz, aber vor allem über Einstellungen zu Pflege von Natur. Wildnis steht für das „Unkontrollierte oder sogar Unkontrollierbare – und deshalb Bedrohliche, Schreckliche, Unberechenbare" (Kirchhoff u. Trepl 2009a, 22). Allerdings kann Wildnis, als Gegenwelt zur moralischen Ordnung gedacht, durchaus auch positiv besetzt sein, abhängig davon, was die „korrespondierende kulturelle Ordnung oder Zielsetzung positiv oder negativ" (ebd.) wertet. Dabei ist der Begriff *Wildnis*, ebenso wie *Landschaft* oder eben *Natur*, eine Konstruktion, die mit Bedeutungen besetzt wird, die gesellschaftlich, kulturell und historisch geprägt sind.

Natur als das Andere, das Fremde oder auch das Gegensätzliche findet sich auch in dem *alteritätsorientierten* Diskurstyp, den Bernhard Gill im Zusammenhang mit politisch-strategischen Naturverständnissen in Umwelt- und Technikkonflikten erarbeitet hat (Gill 2003, 75ff sowie Kap. II 2.3.1). Im Gegensatz zur Konzeption Kirchhoff und Trepls, die Natur als Wildnis durchaus auch negativ konnotiert fassen (vgl. Kirchhoff u. Trepl 2009a, 44f), deutet der *alteritätsorientierte* Typus Natur auf romantische Art und Weise als unberechenbar und nicht zu vereinnahmen. Zugrunde liegt die Motivation nach der Befreiung von Natur von technischen, industriellen und gesellschaftlichen Einflüssen. Von Bedeutung ist diese theoretische Konzeption für die in diesem Kapitel mit „Hände weg – liegen lassen!" überschriebene Einstellung, Pflege- und Ordnungsmaßnahmen in Bezug auf Stadtnatur abzulehnen.

Ebenfalls bei Bernhard Gill findet sich in dem sogenannten *identitätsorientierten* Diskurs (Gill 2003, 55ff sowie Kap. II 2.3.1) eine theoretische Annäherung an Auffassungen von Ordnung im Kontext mit Stadtnatur. Vor einem traditionalistischen, konservativen Hintergrund wird von einer „grundlegenden Ordnung der Dinge" (Gill 2003, 65) ausgegangen, auf deren Grundlage der Mensch gestalterisch eingreifen darf. Gill sieht es dabei als unerheblich an, „ob man diese Ordnung [...] in ‚Gott', ‚der Tradition' oder ‚der Natur' repräsentiert bzw. verkörpert sieht" (ebd., 64). Auffassungen darüber, wie in ordnender Weise mit Stadtnatur umgegangen werden soll, lassen sich auch daran anknüpfen. Deutlich wird bereits hier, dass verschiedene Naturauffassungen quer zueinander liegen können. Demzufolge möchte ich neben der Unterscheidung in zwei gegensätzliche Ordnungsvorstellungen, ordnen versus liegen lassen, zwei grundlegende Auffassungen bezüglich der generellen Existenz von Stadtnatur herausstellen. Auf der einen Seite steht die Vorstellung, dass städtische Flächen durchaus ‚Natur' sein können. Je nach Ordnungsvorstellung und daraus resultierenden ästhetischen Vorlieben bedarf es jedoch menschlicher Eingriffe, um eine bestimmte Gestalt zu erhalten. Gleichsam existieren Auffassungen, die gerade Stadtnatur über den besonderen Charakter des Nicht-Eingreifens definieren. Das heißt Stadtnatur kann je nach Verständnis Rosen und Rabatten ebenso als Natur fassen, wie ‚wilde' Vegetation auf Brachflächen. Auf der anderen Seite zeigen sich Argumentationen, die eine Existenz von Natur im städtischen Raum generell verneinen, gerade aufgrund eben dieser gestalterischen Eingriffe. Natur und Stadt werden als gegensätzlich und nicht miteinander vereinbar angesehen. Demzufolge können beide Auffassungen gleichermaßen zu einer Befürwortung oder einer Ablehnung menschlicher Eingriffe und damit einer Ordnungsbedürftigkeit von Natur führen.

Natur in der Stadt – ja, aber Ordnung muss sein!

Es liegt nahe, die Vorstellung, dass Natur zum Erhalt eines bestimmten Zustandes menschlicher Pflege bedürfe, mit einer Auffassung einer wilden, folglich zu zähmenden Natur in Verbindung zu bringen. Auch die Verwendung des Begriffs *Garten* im Namen des untersuchten Zwischennutzungsprojekts könnte diese Vermutung aufkommen lassen. Gärten stehen für ein spezifisches Naturverständnis. Sie sind ein Produkt des Geistes der Epoche ihrer Entstehung. So steht Cordula Kropp zufolge unter anderem das aktuelle Phänomen interkultureller Gemeinschaftsgärten in seiner weltoffenen und zugleich Differenz anerkennenden Konzeption für den Zeitgeist der Reflexiven Moderne (Kropp 2012, 81ff). Gärten sind stets auf einen anthropogenen Nutzen ausgelegt und damit einer belassenen Natur der freien Landschaft gegensätzlich. Der Garten symbolisiert auf diese Weise das Bestreben, eine wilde, selbsttätige Natur zu beherrschen und in Bahnen zu lenken. Gärten sind in diesem Verständnis eng verbunden mit dem Städtischen. Der Garten wie auch die Stadt stellen damit das Andere einer ungeordneten, wilden Natur dar. Derartige Vorstellungen können theoretisch beispielsweise an Kirchhoff und Trepls Konzept einer Natur als Wildnis (vgl. Kirchhoff u. Trepl 2009a, 22ff sowie Kap. II 2.3.2) angeschlossen werden, das auf einer Auffassung von Natur als einer nicht näher spezifizierten Ordnung, als gegensätzlich oder auch unkontrolliert und unkontrollierbar gründet. Im Fall des *Gartens der Poesie* wird jedoch weit weniger mit dem Aspekt der Wildnis argumentiert, die es zu zähmen gilt, als man zunächst mit Blick auf den Zusammenhang Ordnungsvorstellungen und dem Thema Garten und Kultivierung vermutet hätte. Die Argumentation basiert vielmehr auf als Fehlnutzung angesehenen sozialen Phänomenen auf der Fläche in Kombination mit ungeklärten Zuständigkeiten bezüglich des Unterhalts. Betrachtet man die einführend vorgestellte Aussage einer der Initiatorinnen zu ihrem sogenannten „Erweckungsmoment" (III, 1), scheint es einleuchtend, dass der Ausgangspunkt jeglicher Aktivität in Bezug auf die Errichtung des Gartens der Poesie zunächst einmal in Ordnungsmaßnahmen aufgrund des Zustands der Fläche mündete.

„Wir müssen ein Projekt haben, was diese Wiese wieder herstellen kann und wo einfach so eine Art soziale Kontrolle möglich wird, dadurch dass da täglich Gärtnerinnen anwesend sein können. Und dafür haben wir also das hier entwickelt." (III, 4)

Der aktuelle Zustand der Fläche wird als nicht hinzunehmen angesehen. Insbesondere die zerstörte Grasnarbe der Wiese, aber auch, wie im Folgenden noch angesprochen wird, der Zustand der Bäume, geben den Zwischennutzern Anlass, über zu ergreifende Pflegemaßnahmen zu diskutieren. Das Zitat verdeutlicht, wie die eingangs bereits vorgestellte Verknüpfung von Gartenaktivitäten und Poesie im Praktischen ausgestaltet werden kann. Die Durchführung von Theateraktivitäten mit Jugendlichen, sowie die dadurch generierte Öffentlichkeit fungieren als Vehikel für das Einwerben von Verständnis und Unterstützung für die als notwendig erachtete gärtnerische Pflege.

„Aus diesem Spiel hat sich entwickelt... Also die verhexten Wassergeister haben sich direkt um den Teich gedreht. Da war ich auch wieder an meinem Thema dran, weil die das genauso eklig finden, dass der Teich vollkommen, also als Müllhalde gebraucht wird. Ich hab' aber auch einen aus der Gruppe erwischt, wie er selber was rein geschmissen hat. Also, sie sind keine Engel. Wir hatten dann den bösen und den guten Wassergeist und das hatte dann seine Gründe. [*lacht*] Da haben sie sich so richtig geschworen: wir wollen den Teich saubermachen. Dann sind wir auch einmal drin gewesen im... Das ist schon ziemlich modrig so und haben dann da ausgeräumt. Aber inzwischen ist der wieder randvoll. Da ist wieder rein geschmissen worden." (III, 2)

Im Rahmen der Interviews wurde von verschiedenen Personen immer wieder auf drei Bereiche hingewiesen, auf welche sich die Pflegemaßnahmen erstrecken sollen. Neben der Wiese, deren desolater Zustand vor allem auf die übermäßige Nutzung als Hundewiese zurückgeführt wird, werden, wie im vorangegangen Zitat, der Zustand des Teiches sowie der Bäume als verbesserungswürdig angesehen.

„Da hatten wir [...] also noch zu erledigen, dass wir zwei Bäume, die dort sehr schwer gefährdet waren, die dort schon auf halb acht standen, so Pappeln, dass wir die fällen lassen. Dass wir die Obstbäume beschneiden lassen. Und das ist wirklich im allerletzten Moment, bevor der scharfe Frost kam, ist das noch passiert. Dann haben wir das noch durchgekriegt und das Holz haben wir gelagert, das wollten ((wir)) eben als Totholz zu einer Hecke verarbeiten, die diese Fläche begrenzt." (III, 30)

Die Pflegemaßnahmen wurden nicht nur mit dem Ziel der Wiederherstellung von Ordnung geplant und teilweise auch bereits durchgeführt. Sie dienen des Weiteren der Umgestaltung eines bislang nur als Grünfläche genutzten Areals in einen Nutzgarten, wie beispielsweise die Ausführungen zur Bodenbeschaffenheit und zu den anstehenden Maßnahmen in Bezug darauf zeigen. Die zu implementierende Nutzung wird mit einer Vorstellung einer angemesseneren Natur in Verbindung gebracht, die der existierenden vorgezogen wird und damit das Argument für die Durchführung gärtnerischer Maßnahmen liefert.

Im Gegensatz zu vorangegangener Argumentation, die eine Vorstellung einer angemessenen bzw. überlegenen Art und Weise des Umgangs mit Natur artikuliert, lässt folgende Nachfrage und Aussage auf ein Verständnis von Natur als dem Gegenteil von gestaltetem städtischen Raum schließen. Ich erhielt sie auf meine Frage, welche Rolle denn Natur spiele für die Akzeptanz einer veränderten Nutzung auf besagter Fläche:

„Jetzt mit Natur im Sinne eines Naturschutzgebietes, mit natürlich erhaltener? Ich meine, das ist ja total gestaltet und das sieht man ja auch. Aber das ist ja auch notwendig." (IX, 70)

Aus diesem Zitat lässt sich nicht nur die Vorstellung über eine Notwendigkeit gestalterischer, pflegerischer Eingriffe im städtischen Raum herauslesen. Es wird zunächst auch hinterfragt, ob es Natur in der Stadt überhaupt geben kann, da Natur zunächst mal mit einem „Naturschutzgebiet" (ebd.) assoziiert wurde. Natur wird also hier zunächst mit Naturschutz und dieser mit einem ‚natürlich Erhalten' in Verbindung gebracht, mit dem Anspruch, gesellschaftliche Einflüsse zu minimieren und nicht mit einer Fläche, die explizit wieder stärker durch die Bevölkerung genutzt werden soll. Um diese intensivere Nutzung zu implementieren, wird mit der Notwendigkeit einer verstärkten Pflege und Gestaltung der Fläche argumentiert. Theoretisch knüpft diese Auffassung zum einen an der Vorstellung der Gegensätzlichkeit von Natur an, wie sie sich beispielsweise in dem gegenbegrifflichen Naturkonzept Oldemeyers (vgl. Oldemeyer 1983, 24ff sowie Kap. II 2.3.2) oder auch Gills alteritätsorientiertem Naturdiskurstypus (vgl. Gill 2003, 75ff sowie Kap. II 2.3.1) findet. Aus dieser Auffassung der Gegensätzlichkeit können Verständnisse abgeleitet werden, wie mit Natur im städtischen Raum in Bezug auf Pflege und Ordnung umzugehen ist. Im Fall der angeführten Aussage folgt daraus, dass im Kontext mit dem interkulturellen Garten von einer pflegebedürftigen Natur ausgehend argumentiert wird.

Die Notwendigkeit verschiedener gärtnerischer Pflegemaßnahmen führt auch eine Initiatorin des interkulturellen Gartens an. Um die Fläche für eine Nutzung aufzubereiten, seien verschiedene Arbeiten notwendig:

„Die nächsten Schritte werden jetzt die Baumfällungen sein. Die kann man ja immer machen. Dann werden wir hier [*zeigt die betreffende Stelle auf einem Plan*] sozusagen diese Abgrenzung machen. Dann wird das nächste sein, Boden hier herein zu bringen. Und hier, wo Rasen gesät wird, wird er ja gar nicht so ganz hoch sein. Und dann diesen Rasen auch zu sähen. Und an dieser Stelle [*zeigt die betreffende Stelle auf einem Plan*] wird man ein bisschen einen größeren Bodenaustausch voraussichtlich machen müssen." (I, 111)

Das beschriebene Ordnen von Natur soll dazu führen, dass die von vielen Seiten als vernachlässigt angesehene Fläche zu einem Garten wird. Geordnete Natur wird in diesem Kontext als grundlegend für die Entwicklung der Zwischennutzung angesehen. Des Weiteren ist diese Ordnung durch die geplante gärtnerische Nutzung Grundlage einer gesellschaftlichen Nutzung dieser Fläche.

Die beschriebenen Maßnahmen lassen sich zwei Zielsetzungen zuordnen. Zum einen geht es den Zwischennutzerinnen um einen ästhetischen Zugewinn, indem aus einer als vernachlässigt angesehene Fläche ein Garten werden soll. Zum anderen wird die Sichtbarkeit gärtnerischer Maßnahmen als grundlegend für die Implementierung der Nutzung erachtet, indem sie als Symbol den Neubeginn und die erwünschte Nutzung markieren. Der Zustand der Fläche zwischen den Obstbäumen wird aufgrund der, durch mangelnde Pflege und unangepasster Nutzung maroden Rasenfläche als nicht besonders ästhetisch angesehen[23]. Den Boden sowie die Rasenfläche zu verbessern, lässt sich daher einer ästhetischen Motivation zuordnen, aus der wiederum die Pflegebedürftigkeit von Natur abgeleitet wird. Das Einbringen von Boden ist des Weiteren grundlegende Bedingung für eine gärtnerisch-landwirtschaftliche Nutzung. Die Auffassung der Pflegebedürftigkeit von Natur gründet damit auf einer Nutzenorientierung. Die Veränderung des Bodens hat die Optimierung der gärtnerischen Möglichkeiten zum Ziel. Es erfolgt hier ein Eingriff in Natur bzw. eine Veränderung von Natur zur Verbesserung des Ergebnisses der Nutzung. Theoretisch abgebildet wird dies beispielsweise im Konzept der Kolonisierung von Natur, wie es Fischer-Kowalski und Weisz entwarfen (vgl. Fischer-Kowalski u. Weisz 1998, 158ff sowie Kap. II 2.3.2). Ebenfalls die Nutzenorientierung hat das Argument der vorzunehmenden Baumfällungen im Blick. In diesem Fall kommt der Aspekt einer von der Natur ausgehenden Gefahr dazu, wie sie in Konzepten einer Natur als negativ konnotierter Wildnis beispielsweise bei

---

23 In dieser Argumentation zeigt sich die enge Verschränkung eines ästhetischen Naturverständnisses mit Ordnungsvorstellungen. Der konstruktivistische Charakter einer Auffassung von schöner Natur wird im Zusammenhang mit ästhetischen Argumenten im Rahmen des Fallbeispiels der Tentstation diskutiert (vgl. Kap. V 2.2). Da sich die vorgestellten Argumentationen darauf beschränken, jeweils die dominierenden Naturauffassungen zu veranschaulichen und im Sinne der Konzentration auf das Kapitelthema, werden mögliche ästhetische Auffassungen und ein ästhetisches Naturverständnis an dieser Stelle jedoch nicht weiter vertieft.

Kirchhoff und Trepl zu finden sind (vgl. Kirchhoff u. Trepl 2009a, 44f so-wie Kap. II 2.3.2). Die Baumpflegearbeiten werden als notwendig erachtet, um eine gefahrenfreie Nutzung zu gewährleisten. In diesem Sinne hängt die Auffassung von Pflege zusammen mit einem Verständnis einer technokrati-schen Natur, der Auffassung, dass Natur in der Weise zu behandeln ist, dass die Erfüllung rechtlicher Auflagen, wie beispielsweise der Wegesiche-rung, gewährleistet ist.

Betrachtet man den Zusammenhang zwischen den Nutzungsmöglich-keiten und den Ordnungsvorstellungen näher, zeigt sich eine weitere Di-mension der Intention der Pflegemaßnahmen. Im Gegensatz zu den Zwi-schennutzerinnen, deren Aktivität die Schaffung einer in ihren Augen an-gemessenen Nutzung zum Ziel hat, hat das QM als ein Vertreter einer Pla-nungsinstanz eine Nutzungsmaximierung im Blick. Auf die Frage, ob der enge Zusammenhang zwischen einer Nutzung als interkulturellem Garten und Natur bei der Befürwortung der Nutzung durch das QM ein ausschlag-gebendes Argument gewesen sei, wurde folgende Haltung des QMs zu den Entwicklungen auf der Fläche ausgeführt:

„Es gibt ein enormes Defizit an Freiflächen und deswegen muss man mit den gerin-gen Flächen, die da sind, im Grunde das Maximum an Erholungs- und Freizeitwert da herausholen." (IX, 70)

Die Ordnungsvorstellungen, die der Schaffung des interkulturellen Gartens zugrundeliegen, werden als mehrheitsfähig angesehen, sodass die Fläche einer breiteren Bevölkerungsgruppe als bislang zur Nutzung bereitstehen könnte.

Die vielfach angesprochene Fehlnutzung ist nur eine Ursache des heuti-gen, mehrheitlich als mangelhaft angesehenen Zustands der Grünfläche, der Grundlage für die Argumentation mit der Notwendigkeit pflegerischer Maßnahmen ist. Ein weiterer Faktor ist in der strukturellen Situation zu su-chen, die zu einem nur unzureichenden Unterhalt der Fläche führte. Da nach Aussage des städtischen Vertragspartners weder Art und Umfang des Unterhalts der Grünfläche vertraglich genauer bestimmt wurden, noch Maßnahmen zu dessen Einforderung vereinbart wurden, entstand eine Art Patt-Situation. Die Hausverwaltung kommt in den Augen des Bezirksamtes sowie der Zwischennutzerinnen, mutmaßlich aus finanziellen Erwägungen, Unterhaltpflichten nicht nach. Die städtischen Instanzen, Bezirks- und

Grünflächenamt, haben keine Möglichkeit diese einzufordern und können mangels Zuständigkeit und Mittel die Aufgabe nicht übernehmen.

„Bei der Hausverwaltung muss man ganz klar sagen, die sind gewinnorientiert und Punkt. Also alles andere hat die nicht interessiert. Und die Pflege oder die meisten Pflegeverträge gehen ja jetzt auch nicht an Gartenbaufirmen, sondern an Hausmeister oder an Reinigungsfirmen. Die mähen dann da halt einmal und schneiden ein bisschen die Büsche, aber ohne großen Sachverstand, weil es weniger kostet. Das ist ganz klar. Das war der Punkt in den Gesprächen, die wir hatten mit der Hausverwaltung, dass die natürlich auf einer unteren, auf einer Sachbearbeiterebene, schon ein großes Interesse daran haben, auch an der Nachbarschaft da, und dass es die Leute interessiert, wenn der Garten aufgewertet wird. Aber auf der leitenden Ebene zählen die Zahlen." (IX, 22)

Diese Einschätzung des QM-Mitarbeiters bestätigte sich im Interview mit der Sachbearbeiterin des Objekts bei der Hausverwaltung.

„AT: Es ist eben halt nur schade, dass das da so teilweise verwahrlost ist. Das ist echt schade drum. Es ist ansonsten eine tolle Anlage. Finde ich jedenfalls.
KW: Und mit zum Beispiel Pflegeaufwand, was ja jetzt eine Möglichkeit von Ihrer Seite wäre, wenn Geld da wäre, könnte man so was ja...
AT: Dann sicherlich ja. Aber wir haben da kein Geld. Das ist schwierig. Das ist ja das Problem. Wir können da ja kaum was machen. Wir haben ja schon zu tun, dass wir die Mängel, wenn die in den Wohnungen gemeldet werden, dass wir alles ordnungsgemäß auf die Reihe kriegen. Weil da kein Geld ist.
KW: Und der Gemeinschaftsgarten wäre jetzt eine Möglichkeit gewesen, diese Pflegemaßnahmen so ein bisschen abzugeben?
AT: Genau, ja." (V, 71-75)

In engem Zusammenhang mit Ordnungsaspekten von Natur steht die Motivation der jeweiligen Akteure zur Unterstützung des Zwischennutzungsprojekts. Der Wille, die Entstehung des interkulturellen Gartens im Rahmen ihrer Möglichkeiten zu fördern, zeigte sich auch im konkreten Beitrag der Hausverwaltung. So wurde ihnen beispielsweise ein Kellerraum in einem angrenzenden Anwesen zur Lagerung ihrer Gerätschaften zur Verfügung gestellt. Auch auf der Eröffnungsveranstaltung des Gartens, der als Startschuss für die Aktivitäten fungieren sollte, war die Sachbearbeiterin als

Vertretung der Hausverwaltung präsent und bekundete damit Interesse und ihre Unterstützung für die Entwicklungen öffentlich, wenngleich die Zwischennutzerinnen auch nicht auf finanzielle Unterstützung hoffen durften. Immaterielle Unterstützung von kommunaler Seite wurde den Zwischennutzerinnen ebenfalls bereits zu Anfang zuteil. Die involvierten städtischen Stellen signalisierten ihre Unterstützung des Vorhabens. Über die beiden QMs konnte neben direkten organisatorischen Hilfestellungen auch eine erste finanzielle Förderung erfolgen. Ausgehend von der Tatsache, wie sie auch im folgenden Zitat von dem Vertreter des QMs angesprochen wird, dass aufgrund fehlender kommunaler Mittel private Akteure in die Übernahme öffentlicher Aufgaben eingebunden werden, wird die Pflege der Grünfläche zu einer partizipativen Aufgabe. Hier zeigt sich der Zusammenhang zwischen Haltung und Möglichkeiten der Akteure und den tatsächlich möglichen ordnenden Maßnahmen.

„Da wir ja wissen, dass für Pflegemaßnahmen von Seiten des Bezirkes kein Geld mehr zur Verfügung steht, also weder was den Baumschnitt anbelangt, noch Neupflanzung von Bäumen. Die können im Grunde nur Gefahrenabwehr machen. Also wenn ein Baum erst kaputt ist, dann können sie den fällen oder müssen sie den fällen, aber da kann nichts Neues gemacht werden. Deswegen liegt es in der Hand letztlich der Leute vor Ort und da natürlich der Nachbarn bzw. der verantwortlichen Hauseigentümer und Grundstückseigentümer." (IX, 72)

Da der Eigentümer bzw. die ausführende Hausverwaltung sich außerstande sieht, den vereinbarten Aufgaben nachzukommen, wird die Bevölkerung, in diesem speziellen Fall die Zwischennutzerinnen, einbezogen. Das Zitat belegt, dass diese Praxis auf Seiten der Planung Akzeptanz findet und befürwortet wird.

Ein weiterer Aspekt der Partizipation der Bevölkerung im Rahmen des interkulturellen Gemeinschaftsgartens ist die Integration von Bevölkerungsgruppen mit Migrationshintergrund. Über die Aktivität des gemeinsamen Gärtnerns und damit der Verhandlung des Umgangs mit und der Bedeutung von Natur finden Kontakte und Austausch zwischen verschiedenen Bevölkerungsgruppen statt, die ohne diesen Anlass mutmaßlich nicht miteinander in Kontakt treten würden.

„Ich glaub' auch, der Austausch findet in der Intensität nur statt, wenn man selber die Erde und die Pflanzen in die Hand nimmt. Das ist schon etwas Wichtiges." (II, 10)

„Das ist auch ein anderer Austausch, wenn ich gärtnere und jemand gärtnert neben mir. Selbst wenn die Sprachen ganz unterschiedlich sind, merke ich, die Leute fangen an sich zu verständigen." (II, 2)

Diesen Argumenten entgegen stehen Vorstellungen eines angemessenen Umgangs mit Natur, die ordnende Eingriffe ablehnen bzw. Bestrebungen, diese so gering wie möglich zu halten, wie sie im Folgenden vorgestellt werden.

Hände weg – liegen lassen! [24]

Die Forderung „Hände weg – liegen lassen!" beschreibt meines Erachtens sehr treffend eine weitere Einstellung, die im Umgang mit städtischen Brachen existiert, nämlich die, menschliche Eingriffe in die Entwicklung von Natur auf eben diesen Flächen weitestgehend zu vermeiden. Dabei liegt das Augenmerk darauf, pflegerische, ordnende Maßnahmen auf ein Minimum zu reduzieren, damit die Natur sich ungestört von anthropogenen Einwirkungen entwickeln kann, soweit dies in einem urbanen Raum möglich ist. Theoretisch lassen sich Auffassungen dieser Denkrichtung an den *alteritätsorientierten* Diskurstyp in Gills politisch-strategischer Naturverständniskonzeption anschließen (Gill 2003, 75ff sowie Kap. II 2.3.1). Dieser Typus beschreibt ein Naturverständnis, das geprägt ist von dem Bestreben, menschliche, technische und industrielle Einflüsse auf die Natur zu minimieren. Jegliche Flächennutzung, damit auch Zwischennutzungen, stellt einen Eingriff in die Entwicklung von Natur dar und beeinflusst, neben zahlreichen anderen gesellschaftlichen Einflüssen, die Entwicklung der Natur auf diesen Flächen. Im Umgang mit diesem Fallbeispiel liegt der Fokus jedoch nicht auf globalen und gesellschaftlichen Einflüssen auf einer Makro-

---

24 Der Ausspruch „Hände weg – liegen lassen!" geht auf den Titel eines Aufsatzes von Karl Ganser (2003) zurück, der im Rahmen des Sammelwerkes „Stadtentwicklung rückwärts! – Brachen als Chance", herausgegeben von Heidi Müller (2003), veröffentlicht wurde.

ebene, sondern auf der Mikroebene – auf intendierten Eingriffen sowie deren Ablehnung und den diesem Umgang zugrunde liegenden Naturauffassungen. Einer wenig geordneten Natur wird häufig ein besonderer Reiz zugesprochen (vgl. Kap. II 3). Besagter spezieller Charme dieser Natur wird auch in Zusammenhang mit dem aktuellen Zustand der Fläche, also der Gestalt vor der Errichtung des interkulturellen Gartens, angesprochen. Das folgende Zitat des Ansprechpartners des QMs Ganghoferstraße kommuniziert einen Standpunkt, der sich ebenfalls gegen übermäßige Pflege von Natur in der Stadt richtet. Im ersten Teil dieses Kapitels wurden Argumentationsweisen beschrieben, die in der Errichtung eines interkulturellen Gartens die Chance auf ein Mehr an Natur in der Stadt sahen bzw. einer Verbesserung der Nutzungsmöglichkeiten von Natur und der Naturerfahrung. Im Unterschied zu eingangs beschriebener Haltung, sieht dieser Gesprächspartner gerade in der Nutzung als interkultureller Garten die Chance, einer übermäßigen Pflege entgegenzuwirken, den „Natur-Charme" (VIII, 90) der Fläche zu erhalten und damit einen Aneignungsraum für Kinder und Jugendliche zu bewahren.

„Das ist eine mir sehr sympathische Nutzungsform, die halt nach wie vor die Möglichkeit gibt, gerade für Kinder, Jugendliche, die Möglichkeit, dass man sich diese Fläche mit ihrem Natur-Charme als Aneignungsraum erarbeiten kann. Also das, finde ich, ist eine Kombination, die gerne so erhalten bleiben sollte. Also es gibt einfach relativ wenig Bereiche, die das so ein bisschen, na ja, es hat ja in den Eckbereichen so ein bisschen was von Brachfläche da um den Teich herum. [...] Ich mag so diesen Natur-Charme wirklich gerne. [...] Es gibt keinen angelegten Weg. Es gibt keine Rasengrenzen, keine fixierten. [*überlegt etwas länger*] Es ist einfach eine Wiese mit Bäumen drauf. Punkt. Es ist in keiner Form gestaltet und auch mit den Gärten an den Randstreifen wird sich, glaube ich, die Gesamterscheinung nicht ändern. Ja, es ist einfach nicht... es wirkt nicht kultiviert, obwohl es das natürlich ist! Aber so die Erscheinung ist einfach weitgehend naturbelassen." (VIII, 90-92)

Gestaltung in Form von fixierten Rasengrenzen, das Einbringen von Infrastruktur in Form von Wegen wird als Kontrapunkt zu Natur angesehen. Den besagten „Natur-Charme" (ebd.) gilt es vor einem Zuviel an Gestaltung, also vor ordnenden Eingriffen, zu bewahren. In seiner Aussage scheint dabei das Bewusstsein durch, dass selbst dieser „nicht kultiviert wirkende" Zustand auf menschlichen Einfluss zurückgeht. Es zeigt sich hier eine Auffassung, die Natur im städtischen Raum selbst in ungestalteten Bereichen als gesellschaftlich transformiert erachtet. Des Weiteren wird hier wiederum eine Konzeption von Natur als Gegenbegriff, als unkontrolliert sichtbar (vgl. hierzu beispielsweise die Naturkonzeption Oldemeyers unter Kap. II 2.3.2). Die geäußerte Einschätzung geht jedoch nicht so weit, dass jegliche Maßnahmen auf der Fläche abzulehnen sind, sondern um die Frage nach dem richtigen Maß in Relation zur gewünschten Gestalt der Fläche und deren Nutzung. Die geplante Nutzung wird dieser Aussage zufolge lediglich diesem als naturbelassen bezeichneten Charakter nicht abträglich angesehen. Die Etablierung eines interkulturellen Gartens würde in den Augen des QM-Mitarbeiters an der derzeitigen Erscheinung von Natur nur wenig ändern. Diese Argumentationsweise kann an die in Kapitel II 3 vorgestellte Haltung Gerhard Hards angeschlossen werden, der Pflegemaßnahmen innerstädtischer Grünflächen lediglich zum Zweck der „Gebrauchswertsicherung" (Hard 2001, 262) akzeptiert. Die in dem Gesprächsausschnitt vorgestellte Begründungsweise relativiert insofern die Argumente der Zwischennutzerinnen, die bestrebt sind, Pflege und Ordnung durch ihre Nutzung zu etablieren. Während letztere eine Veränderung bezwecken, argumentiert der Mitarbeiter des QMs dagegen mit einem Bewahren des Zustandes.

Deutlich kritischer bewertet ein Anwohner die geplanten Entwicklungen im Rahmen der Entstehung des interkulturellen Gartens:

„Wieso muss die arme Wiese daran glauben? Man muss da sozusagen das Nichts verteidigen gegen den Versuch, dort einen Sinn rein zu schaffen. [...] Wieso muss man da die armen Bäume behelligen?" (X, 81)

Der Anwohner sieht zum einen in der Fläche keine vernachlässigte Brache, sondern eine Wiese. Damit werden zunächst von den bereits vorgestellten Argumentationen abweichende ästhetische Vorstellungen von Natur deutlich. Zum anderen wird in dem Zitat deutlich, dass er auf Basis dieser Auffassung keine Notwendigkeit zu ordnenden Eingriffen sieht. Auch in diesem Fall wird die Verschränkung verschiedener Naturkonzepte – hier der Schluss von ästhetischen Vorstellungen auf eine ordnungsbedürftige Natur – deutlich. Des Weiteren scheint ebenfalls eine schutzbedürftige Naturauffassung durch. Eine grundlegende Argumentation der Initiatorinnen ist, die Fläche einer angemessenen Nutzung zuzuführen, in etwa das, was hier mit

„Sinn rein schaffen" (ebd.) umschrieben ist. Die Einschätzung, der zufolge ein Bewahren des Ist-Zustandes befürwortet wird, spiegelt sich auch in dem Aspekt, dass in seinen Augen selbst die Bäume keiner Pflegemaßnahmen bedürfen. Hier kollidieren verschiedene Argumentationen von Bedürftigkeit: Die Einschätzung der Initiatorinnen, die auf der Basis der Schutz- und Ordnungsbedürftigkeit der Natur die Nutzung implementieren wollen und die Einschätzung eben jenes Anwohners, der die Natur gerne vor dem Aktionismus der Zwischennutzerinnen bewahren würde. Zugespitzt formuliert liegt hier ein Fall vor, in dem Natur vor einem – in seinen Augen übertriebenen – Schutz von Natur zu schützen ist. Die kritische Haltung dieses Anwohners in Bezug auf die naturschützende Zielsetzung zeigt sich auch in folgendem Zitat:

„So viel laufen die Hunde nicht herum, dass an den Rändern nichts mehr wachsen würde. Die laufen eigentlich bloß in der Mitte herum und spielen miteinander. Aber da ist ja auch dieser kleine Teich. Es wundert mich, dass da weniger Zeug wächst als am Gleisdreieck[25]. Vielleicht ist die Fläche einfach zu klein. Ich weiß es nicht. Wenn da jetzt irgendwelche seltenen Pflanzen wären, dann würde wieder irgendein Idiot auf die Idee kommen, dort einen ökologischen Lehrpfad rein zu bauen, dass man da dann nur auf drei Steine treten darf. Ansonsten, eine Grünfläche wird in Berlin dann gleich als Datscha genutzt. Aber das ist auch nicht drin, deswegen ist das ja so originell." (X, 67)

Es begründet die Einstellung, dass gärtnerische Maßnahmen trotz der intensiven Nutzung durch die Hundehalter nicht notwendig seien bzw. auch keine Veränderung dadurch zu erwarten sei. Auch im folgenden Zitat zeigt sich, dass der Diskurs um Ordnungsvorstellungen in Bezug auf Stadtnatur zu sehr kontroversen Ansichten über Angemessenheit und Notwendigkeit führen kann:

„Was denn pflegen? Die Bäume bürsten oder was? [...] Die Natur pflegen. Na gut, in der Stadt ist das vielleicht auch ein bisschen anders." (X, 51-53)

---

25 Das Gleisdreieck ist ein in Diskussionen um die Berliner Stadtentwicklung häufig angeführtes Beispiel für eine äußerst konflikthafte Situation, die im Laufe der Entwicklung der Fläche von einem Bahnareal zu einer Brachfläche und weiter zu einer Parkanlage entstand.

Den Anwohner, von dem die vorangegangenen Zitate sowie diese offensive Rückfrage zum Stichwort Pflege von Natur stammen, lernte ich als offenen Gegner der Etablierung des Gartens der Poesie auf der Fläche des Blockparks kennen. Er untermauerte seine Haltung mit vielfältigen Argumenten. In diesem Zusammenhang richtete sich seine Kritik gegen die Notwendigkeit, ein erhöhtes Maß an Ordnung über verstärkte Pflegemaßnahmen zu erreichen. Im Zusammenhang mit Ordnungsvorstellungen von Natur und einer Auffassung von notwendiger Pflege vertritt er den Standpunkt, dass weder die Eindämmung der – von anderer Seite als Fehlnutzung eingeschätzten – Nutzung als Hundewiese, noch ein vermehrter Pflegeaufwand große Veränderungen mit sich brächten[26].

„Das war nie eine Fläche, damit die Hunde da pissen oder da irgendwie hinscheißen konnten, weil die waren meistens schon entleert, wenn die da ankamen, weil die Hunde sind nicht direkt aus den Häusern, sondern die kamen von weiter weg. Also das Argument zählt nicht. Die Bäume sind nicht mehr ruiniert als die auf dem Richardplatz, wo dann mehr stehen. Was ich mir wünschen würde, wäre eventuell, dass es eine Wiese ist. Es ist aber keine, weil da so viel Schlamm ist und dann kann man es auch vergessen, dass man da Wege anlegt. Die Leute gehen da, wo sie gehen wollen, ob da ein Weg ist oder nicht. Also ein paar stachelige Büsche würden, wenn man sie einzäunt, bis sie groß sind, so ein paar stachelige Büsche würde das schon ein bisschen schöner aussehen lassen, ein bisschen mehr Natur und das würde auch die Hundenutzung ein bisschen eingrenzen. Aber die Büsche dort, wo der Teich ist, die haben es ja auch überlebt." (X, 119)

Im Gegensatz zu angeführten Einschätzungen wäre die Hausverwaltung durchaus an einer Veränderung der Situation interessiert, sieht sich allerdings, wie bereits angesprochen, in ihren Möglichkeiten sehr eingeschränkt. Neben den erwähnten fehlenden finanziellen Möglichkeiten sieht die Mitarbeiterin der Hausverwaltung das eigentliche Problem in der öffentlichen Zugänglichkeit der Fläche. Durchgeführte Pflegemaßnahmen wären aufgrund des stattfindenden Vandalismus nicht von andauernder Wirkung.

---

26 Das Kapitel IV 2.3 *Natur und Nutzen* stellt weitere Aspekte, wie seine Kritik der Bewertung der derzeitigen Nutzergruppen.

„Wenn wir könnten, wie wir wollten, würde ich das da komplett zu machen. Und dann könnte man da irgendwas Schönes machen. [...] Wie zum Beispiel dieser interkulturelle Garten, was ich ja gut fand, muss ich sagen. Oder wie gesagt, die Grünanlagen da um den Teich wieder richtig in Ordnung bringen, dass das ordentlich ist, dass das gepflegt ist, dass das nicht mehr zerstört werden kann. Und dass man da wie so einen kleinen Park hat. Das ist ja eine herrliche Anlage eigentlich, das ist ja wunderschön. Kennen Sie das? Bestimmt. Das ist ja wunderschön eigentlich da. Dass man das eben wieder pflegt und schön macht, als kleinen Park auch für die Mieter oder für die Kinder oder keine Ahnung. Irgendwie einfach nur schön macht. Eine Wohnanlage, wo keiner rein kann. Und dann bleibt es ja auch so, sage ich jetzt mal." (V, 45-47)

Bereits angeklungen ist, dass Auffassungen der Ordnung von Natur mit deren Schutzcharakter häufig verschränkt sind. Dies wird in diesem Zitat nochmals deutlich. Zum einen gilt es, eine aufgrund einer Annahme von Ordnungsbedürftigkeit in eine bestimmte Gestalt gebrachte Natur vor konterkarierenden Einflüssen zu schützen. Zum anderen wird die Frage nach den Möglichkeiten des Schutzes von Natur als Grundlage für generell durchzuführende Pflege herangezogen. Im Folgenden werden Argumentationen vorgestellt, deren Hauptaugenmerk auf Aspekten des Schutzes von Natur bzw. dessen Notwendigkeit liegt.

2.2 Natur und Schutz

Natur und deren Schutzbedürftigkeit werden häufig in einem Atemzug angeführt. Beleuchtet man diese Auffassung von Natur tiefergehend, zeigen sich sowohl anthropozentrische, als auch biozentrische Motivationen, die dem Schutz von Natur zugrunde liegen. Theoretisch ausgearbeitet wurde diese Unterscheidung beispielsweise von Nagel und Eisel (2003). Ausgehend von einer generellen Schutzbedürftigkeit von Natur untersuchen die Autoren ethische Naturschutzbegründungen und stellen damit politisch-strategische Naturverständnisse vor. Die Begründungen eines Schutzstatus' von Natur ordnen sie anthropozentrischen und biozentrischen Verständnissen von Natur zu (vgl. zusammenfassend Kap. II 2.3.1). Dieser Typologie voran geht bereits die Vorstellung einer schutzbedürftigen Natur, da Begründungsweisen für den *Schutz* der Natur den Kontext der hier vorgestellten Typologie bilden. Der Beitrag zu ethischen Begründungsweisen ist Teil eines Berichts (Körner et al. 2003), der auch kulturelle, ökonomische und ökologische Schutzbegründungen analysiert, die allesamt durchdrungen sind von genannten ethischen Naturschutzbegründungen (Nagel u. Eisel 2003, 51). Ihnen allen ist gemein, dass sie die Schutzbedürftigkeit von Natur – wenn auch auf unterschiedliche Art und Weise – argumentativ belegen. Um bei den ethischen Begründungsweisen, auf welchen alle anderen beruhen, zu bleiben: Genannte anthropozentrische, ethische Begründungsweisen werden aus dem Wert und der Funktion von Natur für den Menschen generiert, während biozentrische Argumentationsmuster der Natur intrinsische Werte zusprechen, aus denen sich Schutzansprüche von Natur ableiten lassen.

Schutz von Natur um ihrer selbst willen –
intrinsische Argumentationsmuster

„Armer Teich, ich helfe Dir." (III, 1), so beschreibt eine Zwischennutzerin ihre Motivation, sich für die Errichtung eines interkulturellen Gartens zu engagieren. In diesem, zugegebener Maßen etwas pathetischen Ausspruch zeigt sich im Rahmen der geführten Interviews wohl die deutlichste intrinsische Begründung der Bedürftigkeit von Stadtnatur. Der stark verunreinigte Teich erweckte Mitleid und lieferte, nach Aussage der Gesprächspartnerin, den Anstoß, sich gerade für eine Nutzungsveränderung dieser Fläche zu engagieren, was zunächst in Säuberungsaktionen mit Anwohnerkindern mündete. Bemühungen um die Einrichtung eines interkulturellen Gartens folgten. Der Ausspruch lässt sich zum einen an eine pathozentrische Argumentationsweise für den Schutz von Natur (vgl. Nagel u. Eisel 2003, 92ff) koppeln. Auf der Basis von Mitleid mit der Natur wird ein Schutzanspruch formuliert. Obwohl pathozentrische Naturschutzargumente hauptsächlich der Tierschutzethik entstammen (vgl. ebd.), ist auch im Falle des besagten, verwahrlosten Teiches ein Anspruch auf Schutz und Hilfe formuliert, aus dem wiederum eine Verpflichtung für den Menschen abgeleitet werden kann. Kern einer intrinsischen Begründungsweise, wie sie hier vorliegt, ist der Schutz von Natur zum Selbstzweck. Ziel ist es nicht, den Teich zu schützen oder zu säubern, um daraus einen Mehrwert für den Handelnden zu generieren. Zumindest ist aus den Aussagen kein solcher Mehrwert abzuleiten. Der Kontext dieses Zitats zeigt gleichzeitig die Verbindung zwischen Vorstellungen zu einer Schutzbedürftigkeit und Ordnungsvorstellungen auf, wie sie im vorangegangenen Kapitel bereits Thema waren (siehe Kap. IV 2.1). Ein zu schützender Naturraum ist selbstredend von Abfällen zu reinigen, den Personen hinterlassen, die den Schutzstatus ignorieren oder auf eine andere Art und Weise definieren. Der Schutzstatus kann dabei implizit sein und unausgesprochen vorausgesetzt werden oder aber, wie im folgenden Abschnitt Thema, durch formale Regelungen festgelegt werden, die die Grundlage für eine Durchsetzung dieser Auffassung zum Schutz bilden.

Administrative Aspekte eines Schutzes von Natur in der Stadt

Dass Natur und deren Schutzcharakter häufig als eng miteinander verbunden angesehen werden, wie eingangs behauptet, belegt folgende Rückfrage, die im Zusammenhang mit Pflege bereits vorgestellt wurde. Die von mir gestellte Frage zielte auf die Rolle, die Natur für die Nutzung spielen könnte. In diesem Kontext ist die Nachfrage des Mitarbeiters des QMs bemerkenswert:

„Jetzt mit Natur im Sinne eines Naturschutzgebietes, mit natürlich erhaltener?" (IX, 70)

Er assoziierte folglich unwillkürlich einen Schutzaspekt mit dem von mir angeführten Begriff der Natur. Erst im weiteren Verlauf des Gesprächs wurde die Bedeutung von Natur von ihm stärker differenziert. Auch im urbanen Raum wird Natur in bestimmten Kontexten als schützenswert angesehen. Diese Vorstellung ist jedoch häufig lediglich an einen institutionellen Naturschutz gekoppelt. In Städten existieren auf dieser institutionellen Ebene zahlreiche Regelungen und Satzungen, die beispielsweise den Umgang mit öffentlichen Grünflächen, aber auch Freiflächen und Abstandsgrün formell regeln. Die im Zusammenhang mit diesem Fallbeispiel unzulänglich geklärte Situation der Zuständigkeiten von Bezirk und Hausverwaltung kann ebenfalls der Thematik von Natur und Schutzstatus zugeordnet werden. Die folgende Aussage einer Zwischennutzerin untermalt den erwähnten Streitpunkt, wer für den Schutz dieser Grünfläche zuständig ist.

„Und da bin ich auch bei GK [anonymisiert; K.W.] gewesen, hier beim NGA-Chef[27] und habe gesagt: Leute gebt euch einen Ruck. Stellt da doch so eine Schild hin, wie es bei öffentlichen Grünanlagen ist, wo Hunde an der Leine zu führen sind und so. Das heißt doch nicht automatisch, dass ihr es wieder zurückbekommen habt. Die haben ja Angst davor, dass dann [der Eigentümer; anonymisiert; K.W.] sagt: Hier, haha, ich brauche mich nicht mehr zu kümmern." (III, 99)

Die Initiatorin bezieht sich bei ihrer Forderung nach Schutz auf den Status der *geschützten Grünfläche*, der die Nutzung der Fläche bestimmten Regeln unterwirft, deren Übertretung von städtischen Instanzen, wie dem Ordnungsamt, geahndet werden können (vgl. SenStadt 2013; SenStadt 2004b). Die Akzeptanz der Forderung nach einem Schutz der Natur wird somit von einem offiziellen Schutzstatus abhängig gemacht. Dieser Status regelt gewisse Verhaltensweisen und Nutzungen auf besagten Flächen als unangemessen und dem Zustand der Natur abträglich. Wie bereits in der vorangegangenen Beschreibung der Konstellation des Gartens der Poesie deutlich geworden ist, bezieht sich die Forderung nach Schutz hier in erster Linie auf den Schutz vor Fehlnutzung und Vandalismus.

Die öffentliche Zugänglichkeit der Fläche war unter den Interviewpartnern mehrheitlich ein Diskussionspunkt. Der Blockpark ist durch drei Eingangspforten zu betreten, die jede für sich theoretisch versperrt werden könnte. In der Praxis geschieht dies seit langem nicht mehr. Ein generelles Aussperren der Öffentlichkeit ist zwar rechtlich nicht möglich, da es sich um eine städtische Fläche handelt. Die Schließung könnte jedoch dem Schutze der Fläche dienen. Ein beispielsweise nächtliches Schließen der Durchgänge, wie es in den Anfangsjahren des Blockparks stattgefunden haben soll, würde unter Umständen den Vandalismus eindämmen. Beide Varianten sind jedoch augenblicklich nicht zu realisieren. Aus diesem Grund wurde von Seiten der Zwischennutzerinnen über alternative Abgrenzungsmöglichkeiten für den Garten nachgedacht. In den Überlegungen spielt die Tatsache eine Rolle, dass interkulturelle Gärten tendenziell öffentlich angelegt sind. Dies resultiert aus der Intention, Nachbarschaftsgärten zu sein. Daher befinden sich die Zwischennutzerinnen in einem Zwie-

---

27 Der erwähnte Mitarbeiter des Naturschutz- und Grünflächenamtes (NGA), Bezirksamt Neukölln, war ebenfalls einer meiner Interviewpartner (Interview VI).

spalt zwischen angestrebter Öffnung des Gartens und einer Abgrenzung bzw. Schließung zum Schutze.

„Ich träume inzwischen von richtig festen Zäunen. So wie sie um Kinderspielplätze sind, weil ich glaube, die Menschen hier verstehen das nicht, wenn man so eine Totholzhecke da vorne hin... Also die entsprechenden Leute da. Die wollen eine klare Definition haben, dass es jetzt eingezäunt ist. Da darf ich jetzt nicht rauf. So! Ein offenes Tor, wo sie können, [...]. Die [das Bezirksamt; Anm. K.W.] haben da diese Holzzäune und das wäre das Äußerste, was man da machen könnte. Aber auch dieser Holzzaun ist für die etwas anderes, als jetzt so eine begrenzte Fläche, ja. Und wir hatten ja sowieso vor, bei der Totholzhecke wollten wir jetzt Brombeeren drüber ranken lassen. Damit wären wir sicher. Da geht kein Mensch rüber über Brombeeren, richtig so mit Stacheln und so. Und dann hat man da auch Beeren dran. Das ist eine angenehme Variante von Schutz, ja. Aber wir sind ja überhaupt nicht so weit gekommen. [...] Das ist jetzt alles noch durchzusetzen oder irgendwie zu regeln. Dass das begrenzt werden muss, ist klar. Wobei ich eigentlich, wenn ich es recht bedenke, meine, die Wiese müsste eigentlich ohne Zaun möglich sein." (III, 99)

Ablehnung finden die Bestrebungen, die Fläche zumindest zum Teil zu schließen, bei dem bereits vorgestellten Anwohner, der das Areal als Hundehalter häufig besucht hatte. Gleichzeitig schätzt er die Situation so ein, dass selbst ein Zaun nur bedingt vor Fehlnutzung und Vandalismus schützen könnte, da er keine Akzeptanz bei den übrigen Nutzerinnen der Fläche finden würde.

„Die Anwohner würden wahrscheinlich am liebsten den ganz für sich haben, obwohl sie ihn nicht nutzen. Nur, damit sie keinen Ärger haben. Also einen Zaun hin, eine Pforte und zu damit. Die sehen aber nicht die Realität, dass der genutzt wird – von wem, weiß man nicht so genau. Aber ich garantiere, wenn da ein Zaun wäre, den gäbe es da nicht lange." (X, 53)

Die dargestellten Argumente im Kontext des Schutzes von Stadtnatur sind durchdrungen von anthropozentrischen Motiven. Schutz von Natur in der Stadt erfolgt diesen Argumenten entsprechend mit dem Ziel des Erhalts eines Nutzens für die Bevölkerung. Die zu diesem Zweck existierenden Regelungen klären den Umgang mit Stadtnatur und ermöglichen das Durchsetzen bestimmter Schutzmaßnahmen. Anthropozentrische Motive eines

Schutzes von Natur zeigen sich auch im alltäglichen Umgang mit Natur, wie er in den folgenden Zitaten artikuliert wird.

Alltägliche Vorstellungen zum Schutz von Stadtnatur

Unabhängig von einem formalen Schutzstatus treten auch im alltäglichen Umgang mit Flächen, wie der des Gartens der Poesie, Auffassungen einer schutzbedürftigen Natur zu Tage. Hier zeigt sich wiederum die Verschränkung eines Verständnisses von Schutz- mit dem der Ordnungsbedürftigkeit von Natur. Ein Beispiel für diese ist die Forderung nach dem Schutz des Baumbestands. Zum einen wird in diesem Kontext eine ausreichende Pflege gefordert, die den Fortbestand der Bäume sichert. Zum anderen liegt das Augenmerk darauf, eine Schädigung der Bäume zu verhindern. Die praktische Umsetzung in konkrete Schutzmaßnahmen wird in den folgenden beiden Schilderungen einer Zwischennutzerin beschrieben:

„Auf der Fläche haben wir uns überlegt, was machen wir jetzt mit diesem Totholz, was sie überall verstreut hatten auch. [...] Dann kam mir über Nacht die Idee, wir bauen daraus Baumhüllen[28], dass die Bäume geschützt werden. [...] Die werden von den Hunden zerbissen. Und außerdem diese kleinen Kindern, die haben die Angewohnheit, da immer hochzuklettern und mit grünen Äpfeln zu schmeißen. [...] Die [beteiligten Jugendlichen] haben sofort mitgemacht. Die haben das eingesehen und die haben auch gesagt: Ok. Dann geben wir den Bäumen mal eine Chance, dass sie ihre Früchte reif werden lassen. Sie haben sie vor sich selbst geschützt, wenn man so will. Mit dieser Verpackung da." (III, 62-64)

Eine weitere geplante Maßnahme zum Schutz der Bäume sah vor,

„dass die Kinder so eine Baumpatenschaft übernehmen. Jetzt hat da jeder so seinen Baum. Und hat eben die Aufgabe, so ein bisschen zu gucken, wie es geht und dann eben, wenn es heiß werden sollte im Sommer, dass sie auch mal ein bisschen Wasser bekommen und so und das machen sie total gerne. Also, in der Vorstellung. Wie sie es dann praktisch machen, das werden wir dann noch sehen." (III, 64-66)

---

28 Diese aufgestellten Baumhüllen sind auf der Fotografie des Gartens zur Eröffnung zur erkennen (siehe Kap. IV 1).

Zusammenfassend könnte man der gesamten Konzeption des Gartens der Poesie einen Schutzgedanken von Natur unterstellen. Die Argumentation, durch eine angemessenere, wünschenswertere Nutzung würde ein gewisses Maß an sozialer Kontrolle entstehen, zieht sich durch die Mehrzahl der Interviews. Diese Kontrolle könnte dem Schutz der Natur vor Vandalismus und negativen Einflüsse durch Fehlnutzung dienen, so die Meinung der Befürworterinnen des interkulturellen Gartens. Der Schutzstatus einer Fläche ist damit augenscheinlich mit der Frage der erwünschten derzeitigen und zukünftigen Nutzung verwoben.

2.3 Natur und Nutzen

Ein Verständnis von Natur als etwas, das dem Menschen nützlich ist, erscheint in Argumenten zahlreicher Gesprächspartnerinnen nicht nur im Umgang mit diesem Fallbeispiel, sondern auch mit den folgenden Beispielen des Zeltplatzes sowie des Wagendorfes. Dabei impliziert schon die Thematik, Naturverständnisse im Kontext mit Zwischen-*Nutzungen* zu untersuchen, dass es um die Frage des Gebrauchs, des Mehrwerts, positiver Effekte, eben des Nutzens einer zunächst nicht näher spezifizierten Natur für Mensch bzw. Gesellschaft geht. Zwischennutzungen nutzen, wie der Name schon sagt, eine Freifläche. Es wurden für diese Untersuchung Zwischennutzungen ausgewählt, für deren Nutzungsform Natur eine erkennbare Relevanz hat (siehe hierzu auch Kap. III 2.3 zur Auswahl der Fallbeispiele). Zwischen der Argumentation mit Aspekten der Flächennutzung und der Formulierung eines Nutzens von Natur wird häufig nur wenig differenziert. Beide Dimensionen der Nutzung wirken wechselseitig aufeinander. Sowohl die aktuelle, wie auch die zukünftig erwünschte Nutzung des Areals haben große Rückwirkungen auf die natürlichen Gegebenheiten. Ebenso schließt die natürliche Situation bestimmte Nutzungen ein bzw. aus. Hieraus resultieren zwei unterschiedliche Dimensionen des Zusammenhangs von Natur und Nutzen in der Argumentation mit Natur: zum einen erscheinen Argumente, die sich in erster Linie auf die Flächennutzung beziehen, jedoch Dimensionen aufweisen, die auf Natur rekurrieren. Zum anderen werden Argumente angeführt, die sich konkret auf Natur und deren Nützlichkeit beziehen und erst in zweiter Linie auf die damit verbundene Flächennutzung. Zu erster Gruppe gehört beispielsweise das Argument, der *Garten der Poesie* sei wünschenswert. Er bringe ein gewisses Maß an sozi-

aler Kontrolle auf die Fläche, indem – und hier wird indirekt mit einer nützlichen Natur argumentiert – die sichtbaren gärtnerischen Maßnahmen von
einer etablierten Nutzung zeugen würden und damit unerwünschte Nutzungsformen verdrängt würden. Dieser Zusammenhang kann mit *Natur und
Nutzung* umschrieben werden. Zu zweiter Gruppe, die mit *Natur und deren
Nützlichkeit* bezeichnet werden kann, lassen sich beispielsweise Argumente
aus dem Feld der urbanen Landwirtschaft zählen, also Ernte und Nutzung
pflanzlicher Produkte.

Der Zusammenhang von Natur und Nutzen findet sich in verschiedenen
theoretischen Konzepten. Folgt man zunächst der bereits beschriebenen
Unterscheidung von Nagel und Eisel (2003 sowie Kap. II 2.3.1) in biozentrische und anthropozentrische Sichtweisen von Natur, kann Natur als für
den Menschen nützlich und daher von Wert erachtet werden. Dieser Konzeption zufolge liegt hier ein anthropozentrisches Verständnis vor. Der Natur wird kein intrinsischer Wert zugesprochen. Im Zentrum des Verhältnisses von Gesellschaft und Natur steht der Mensch, der der Natur aus einem
gesellschaftlichen Blickwinkel Wert beimisst. Dieser definiert sich darüber,
inwiefern Natur für den Menschen von Bedeutung ist. Auch wenn in diesem Zusammenhang nicht explizit vom Nutzen der Natur für die Gesellschaft gesprochen wird, impliziert dieser Blickwinkel dennoch bereits einen
gewissen utilitaristischen Aspekt, denn wertvolle Natur ist jene Natur, der
der Mensch in irgendeiner Weise einen Wert zuspricht und wovon er sich
folglich irgendeinen Nutzen verspricht.

Auch Stefan Körners (2003 und 2005) Vorschlag einer Typisierung von
Naturverständnissen im Rahmen des Stadtnaturschutzes beinhaltet den
Nutzenaspekt von Natur. Insbesondere ein *individualistisches* Verständnis
von Natur ist durchdrungen von der Frage, inwiefern Natur dem Menschen
zum Nutzen gereicht und demzufolge als schützenswert eingestuft wird.
Hierbei ist jedoch der Nutzen stärker der Nebeneffekt. Natur wird als offen
und dynamische Vielfalt angesehen, deren Elemente sich dann behaupten
bzw. als schützenswert eingestuft werden, wenn davon ein Nutzen ausgeht.
In Körners Typisierung einer *trivialen* Natur, mit der er sich auf die Naturauffassung Hards bezieht, wird direkt an den Nutzenaspekt für die Gesellschaft angeknüpft (vgl. Körner 2003, 356ff, Kap. II 2.3.1 sowie Kap. II 3
für Naturkonzepte Hards im Umgang mit Stadtnatur). Im städtischen Raum
ist die Natur menschlichen Einflüssen und der Frage nach dem praktischen
Nutzen für die Gesellschaft unterworfen. Folgt man dieser Argumentation,

sollen zunächst einmal die gesellschaftlichen Ansprüche an beispielsweise eine Frei- oder Brachfläche befriedigt werden. Dem steht die Natur in ihrer Entwicklung und Entfaltung hinten an.

Ebenfalls Kernelement ist die Nützlichkeit von Natur in jener Naturvorstellung, die Bernhard Gill als das *utilitätsorientierte* Naturverständnis beschreibt (vgl. Gill 2003, 65ff sowie Kap. II 2.3.1). Abgeleitet aus dem klassisch-modernen Naturdiskurs wird auch hier Natur per Se kein Eigenwert zugesprochen. Natur wird durch die Gesellschaft beherrscht, mit dem Ziel der Nutzensteigerung für die Gesellschaft. Auch mit Bezug auf diese theoretische Anbindung gründet die Argumentation mit Natur auf der Frage, inwiefern Natur der Zwischennutzung bzw. den Interessen der jeweiligen Akteure zum Nutzen gereicht, also auf einer anthropozentrischen Einordnung der Naturvorstellung. Dem menschlichen Handeln mit dem Ziel der Beherrschung von Natur zur Nutzensteigerung sind Gill (2003, 53) zufolge keinerlei normative Grenzen gesetzt. Lediglich die Naturgesetze beschränken den menschlichen Einfluss. Die Kenntnis dieser führt wiederum zu einer Nutzensteigerung in der gesellschaftlichen Beherrschung von Natur.

Die drei vorgestellten Naturkonzeptionen, an denen ein utilitaristisches Verständnis anschlussfähig ist, entstammen der Gruppe der politisch-strategischen Naturkonzeptionen. Aufgrund dieses Kontextes ist diesen Konzepten bereits die Bedeutung der Frage nach dem Nutzen von Natur inhärent.

Bricht man das sozialökologische Konzept nach Marina Fischer-Kowalski und Helga Weisz (vgl. Fischer-Kowalski u. Weisz 1998 sowie Kap. II 2.3.2) auf die Nutzenfrage von Natur herunter, kann auch das Konzept der Kolonisierung von Natur in diesem Kontext angeführt werden. Unter Kolonisierung von Natur fassen die Autoren die intendierte Beeinflussung naturaler Prozesse mit dem Ziel einer Zusammenführung von absichtsvollem gesellschaftlichem Handeln auf der einen Seite und der materiell-physischen Komponente auf der anderen Seite, der tatsächlichen Veränderung von materieller Natur (Fischer-Kowalski u. Weisz 1998, 159). Um den Nützlichkeitsaspekt hier zu explizieren, sei hervorgehoben, dass eine intentionale Handlung immer geleitet ist von der Frage, welchen Effekt, welchen Nutzen ein Eingriff, eine Handlung haben kann. Ziel jeglichen Handelns ist das Erzielen eines Nutzens durch Einflussnahme auf die physische Natur.

Nutzenmaximierung von Natur

Dieser wissenschaftlich-paradigmatischen Konzeption folgend, steht das Verhältnis von Natur und Gesellschaft häufig im Kontext einer Maximierung des Nutzens von Natur. Ausgehend von einer anthropozentrischen Auffassung, die den Nutzen von Natur darin sieht, dass durch das Bespielen, Aneignen, eben der Nutzung einer Fläche ein Mehrwert generiert wird, wird der Zusammenhang von Nutzung und Nutzen deutlich. So wurde meine Nachfrage nach den Gründen für eine Förderung des interkulturellen Gartens von Seiten eines Mitarbeiters des ehemals zuständigen QM mit eben dieser Argumentation beantwortet, einen Nutzen für die ansässige Bevölkerung schaffen bzw. maximieren zu wollen.

„Es ist eigentlich keine Nutzung oder keine wirkliche Nutzungsfunktion mehr für die Anwohner dort. Es gibt da eine Aufregung über die Hundehalter und […] auch Geschichten über Drogendealer da vor Ort. […] Ansonsten hat die Fläche ein wesentlich größeres Potenzial und das ist das, was ich vielleicht meine mit ‚Brachfläche‘ oder so. Vor allem die Streuobstwiese sieht grausam aus. Ansonsten, denke ich, kann man wesentlich mehr aus der Wiese herausholen. […] Vor allem ist unser Ansatz ja, auf die Bedürfnisse der Bevölkerung hier vor Ort einzugehen. Und wenn das artikuliert wird, wie in diesem Fall von den Anwohnern, dass auf der Fläche ein Handlungsbedarf besteht, dann nehmen wir das natürlich auf." (IX, 16-18)

Diese Einschätzung wurde in weiteren Interviews ebenso betont. Diese auf einer Nutzenmaximierung gründende Auffassung des Umgangs mit Natur findet sich beispielsweise in Körners *individualistischem* Naturkonzept (Körner 2000, 20 sowie Kap. II 2.3.1), sowie in der sozialökologischen Konzeption einer *Kolonisierung von Natur* (Fischer-Kowalski u. Weisz 1998, 158ff sowie Kap. II 2.3.2).

Zurückgeführt wurde der aktuelle, als unbefriedigend empfundene Zustand, wie bereits ausgeführt, auf fehlende gärtnerische Pflege, aber auch auf Nutzungen, die in Form und Umfang für die Fläche als unangebracht angesehen wurden. Hauptaugenmerk wird von der Mehrheit der Gesprächspartner auf den negativen Effekt gelegt, den die aktuellen Nutzungsformen auf den Zustand der Natur haben. Es wird mit dem Nutzen für den Menschen, für die Nachbarschaft, also die Gesellschaft argumentiert. Die Natur der Nutzenmaximierung für die Anwohnerschaft zu unterwerfen, folgt dabei jener rational-utilitaristischen Denkweise, wie sie beispielsweise in Gills *utilitätsorientiertem* Naturdiskurstypus (Gill 2003, 65ff sowie Kap. II 2.3.1) zu finden ist. Der größtmögliche Nutzen wird eben dann erreicht, wenn die Fläche derart genutzt bzw. umgestaltet wird, dass sie einer größtmöglichen Anzahl an Nutzern zugänglich ist. Dies meint zum einen, die Nutzungsform und Nutzerstruktur derart zu verändern, dass nicht durch die Präsenz einer Minderheit[29] (hier: die Drogendealer und Hundehalter) eine Nutzung durch eine Bevölkerungsmehrheit verhindert wird. Zum anderen betrifft diese Argumentation das Erscheinungsbild der Fläche, das in engem Zusammenhang mit der natürlichen Situation steht. Die als verwahrlost erachtete Gestalt resultiert aus der (Fehl-)Nutzung durch eine Minderheit. Sie einem größeren Teil der Bevölkerung zugänglich zu machen, sodass diese die Fläche mehrheitlich als schön[30] und der Aufenthalt dort als angenehm empfunden wird, würde ebenfalls einer klassisch-modernen nutzenorientierten Argumentation folgen, wie sie Gill beschreibt. Die aktuellen Nutzungsformen werden jedoch als einem intakten, funktionstüchtigen und als schön bewerteten natürlichen Zustand abträglich angesehen.

„Jetzt ist wirklich dieser Hunde-Auslaufplatz da, was sich gar nicht verträgt mit diesem schönen Blockpark, wo man sich an der Natur freut, wo man dann ja auch, unter Aufsicht und mit Leiter und allem, wirklich das Obst ernten kann. Das können sie ja auch gerne haben die Kinder. Das ist ja auch ein schönes Erlebnis, das zu tun. Aber man kann es nicht so tun, dass das Ergebnis dann so aussieht wie hier der Zweig [*deutet auf einen abgebrochenen Zweig an einem der Obstbäume*]." (I, 71)

Diese Haltung einer der Initiatorinnen des Gartens deutet bereits auf das Kernargument hin, dass eine Etablierung der neuen Nutzung zum einen die

---

29 Zu betonen ist hier, dass die Wertungen über Minder- und Mehrheiten, sowie die Dominanz bestimmter Nutzergruppen den subjektiven Wertungen der Gesprächspartner entspringen. Eine Erhebung der tatsächlichen Nutzerstruktur wäre zwar ebenfalls äußerst interessant, spielt aber für die Analyse der Argumentation der Akteure keine Rolle und wurde daher nicht durchgeführt.

30 An dieser Stelle sei erneut darauf verwiesen, dass der konstruktivistische Charakter des Begriffs einer schönen Natur an dieser Stelle im Sinne einer Konzentration auf die dominierenden Auffassungen von Natur nicht weiter vertieft wird (vgl. Kap. IV 2.1).

bisherige, als problematisch bewertete Nutzung eindämmen, zum anderen einen wünschenswerteren Zustand in Bezug auf Natur herstellen könnte. Die Tatsache, dass Nutzung und Nutzen von Natur quasi ‚in einem Atemzug' angesprochen wird, zeigt die enge Verschränkung der beiden Aspekte. Das im folgenden Zitat angesprochene Erfreuen an Natur, also eine ästhetisch-kontemplative Erfahrung von Natur wie auch die bereits angesprochene – im wörtlichen Sinne – Nutzung von Natur durch Ernteerfolge, werden als angemessene und zu befürwortende Nutzungsformen erachtet. Dabei scheint nicht nur in der utilitaristischen Argumentation ein Anthropozentrismus durch. Auch das Argument des Erfreuens an Natur basiert auf einer anthropozentrischen Motivation, die auf einen ästhetischen Mehrwert zielt. Diese Aspekte werden auch in folgendem Zitat artikuliert:

„Eigentlich irgendwie was Schönes, so eine Obstwiese in der Stadt. Also, Obstbäume und Obst zu haben. Aber die Äpfel werden hier zum Teil [...] von den Hundebesitzern zum Abrichten der Hunde benutzt, die schmeißen die dann... Also nicht so, apropos Natur, wie Natur jetzt angemessen genutzt wird und letztlich auch die Menschen erfreut." (I, 21)

Dieses Verständnis einer angemessenen Nutzung von Natur zeigt sich auch in der Umschreibung der Intention des interkulturellen Gartens. Es gilt ein bestimmtes Verhalten zu fördern, um den Nutzen der Natur zu erhalten, in diesem Fall, keine Äste von den Bäumen zu reißen, um weiterhin eine Ernte zu ermöglichen.

„Es gibt noch eine irre Nutzung. Und zwar klettern die kurz hoch und reißen einen Ast ab und gehen mit dem Ast dann los und pflücken den unterwegs und essen es so. Und da hab ich schon einmal zu so einem gesagt: Hör mal, hältst Du das hier eigentlich für einen Supermarkt oder so? Dann nimmt man sich etwas aus dem Regal, muss man dort allerdings bezahlen, hier kannst Du es so mitnehmen. Das wächst doch da dran, das muss leben können. Das kannst Du doch nicht einfach abreißen. Der hatte überhaupt keinen Begriff davon gehabt. Das war eben so. Man reißt was ab, man schmeißt was weg. Das ist so. Und deswegen finde ich das so kostbar, dass diese Kinder jetzt ein anderes Verständnis entwickeln für die Natur. Und die haben auch sofort mitgemacht hier." (III, 64)

Nutzen von Natur im Konzept des interkulturellen Gemeinschaftsgartens

Das Phänomen des Interkulturellen Gartens ist derzeit sehr populär (vgl. Kap. IV 1). Vielerorts wird es als Schlüssel für Beteiligungsprozesse und Entwicklung von Brachflächen angesehen. Die beiden Kernelemente, die Gemeinschaftlichkeit und die Gartennutzung, sind der gemeinsame Nenner der verschiedenen Formen von Gemeinschaftsgärten. Auffällig in den Argumentationen für die Entstehung des Gartens der Poesie ist, dass hauptsächlich in allgemeiner Art und Weise mit dem Konzept des Gemeinschaftsgartens argumentiert wird, ohne sich speziell auf die Kernelemente des Konzepts zu beziehen. Dem Konzept Gemeinschaftgarten wird eine positive, wünschenswerte Konnotation zugeschrieben, ohne sich explizit auf einzelne Bausteine des Gemeinschaftsgartenkonzepts zu berufen.[31] Im Allgemeinen verbindet man das Konzept der Gemeinschaftsgärten mit der Errichtung eines gemeinschaftlich bewirtschafteten Nutzgarten. Schon der Begriff des Nutzgartens macht den Zusammenhang zwischen Natur und deren Nutzung explizit. Beleuchtet man diese Pläne stößt man auf Nutzen in zwei verschiedenen Kontexten. Die Initiatorinnen thematisieren in erster Linie weder den tatsächlichen gärtnerischen Nutzen der Fläche, noch die sozialen Elemente des Unterfangens. Hinterfragt man jedoch das angeführte Konzept des Gemeinschaftsgartens auf die Zusammenhänge zwischen Natur, Nutzen und zu erwartenden gesellschaftlichen Effekten der Zwischennutzung, wird dargelegt, dass das Projekt die Möglichkeit bietet, sich die Fläche anzueignen, soziale Kontrolle zu erhöhen, nachbarschaftliche Gemeinschaft zu erleben und möglicherweise Integration verschiedener Bevölkerungsgruppen zu unterstützen. Dem gemeinsamen Gärtnern wird eine große integrative Bedeutung beigemessen (vgl. z. B. Müller 2012b,

---

31 Es liegt die Vermutung nahe, dass die Bezugnahme auf das Konzept der interkulturellen Gärten aktuell äußerst lohnenswert scheint, da es augenscheinlich als Türöffner dient und sehr positiv angenommen wird. Mein Eindruck nach den geführten Gesprächen mit Vertretern der städtischen Planungsinstanzen war der, dass man derzeit mit dem Bestreben, eine vernachlässigte städtische Grünfläche mit einem interkulturellen Garten bespielen zu wollen, bei Planungsämtern offene Türen einrennt. Aufgrund knapper kommunaler Mittel ist jede Partizipation der Bevölkerung erwünscht, die zu einer Aufwertung dieser Flächen führt und dabei städtische Mittel einspart (vgl. Kap. II 1.1).

32f). Der Gedanke des gemeinsamen Gärtnerns, sei es der Anbau von Gemüse oder das Pflegen eines Ziergartens, fungiert dabei als Katalysator der interkulturellen Kommunikation. Über das Verhandeln des Umgangs mit Natur, etwa in der Diskussion von Anbaumethoden, sowie über gemeinsame gärtnerische Arbeiten wird neben dem materiellen Nutzen der Ernte und des Erzielens eines ästhetischen Mehrwertes durch Natur ein weiterer gesellschaftlicher Nutzen generiert: der des interkulturellen Kontakts. Hierbei wird vordergründig nicht mit Natur, sondern mit Gesellschaft und Nutzen argumentiert. Dennoch spielt Natur als Gegenstand der Kommunikation eine nicht zu vernachlässigende Rolle.

Betrachtet man zum anderen die Rolle des Bausteins der urbanen Landwirtschaft im Rahmen des Gemeinschaftsgartenkonzepts, wird die Relevanz einer nützlichen Natur im Kontext des Entstehungsprozesses des Gartens deutlicher. Hier tritt das Argument eines tatsächlichen persönlichen Nutzens der gärtnerischen Erträge für die Gemeinschaftsgärtner in den Vordergrund. Ein wesentliches Element des geplanten Interkulturellen Gartens soll mit der Errichtung eines Nutzgartens der Anbau von Obst und Gemüse sein, auch wenn dies nur am Rande erwähnt wird. Angesprochen wird dies beispielsweise in folgendem Zitat:

„Die von woanders her oder die Zugewanderten, die haben viel schneller nach dem Nutzen gefragt, viel schneller. Kann ich da dann auch so viel' Mohrrüben anbauen, dann kann ich die irgendwo verkaufen? Und dann habe ich noch ein bisschen was. Die haben viel mehr danach gefragt, welchen Nutzen habe ich ganz real davon. Also sie haben auch viel mehr Interesse, da Gemüse anzubauen, und so ̀ne Geschichten. Sicher auch Blumen dazwischen. Und die anderen, die haben viel mehr davon gesprochen: Hier, ja, einen Blumengarten. Da ist so ein städtischer Garten, so eine Fläche wie hier, gar nicht so eng damit verbunden, dass man hier sein eigenes Gemüse zieht. […] Aber die Deutschen haben uns weniger nach diesem, wie kann ich den auch verwerten, so für mich ganz direkt, ((gefragt))." (I, 101)

Natur ist folglich im Hinblick auf dieses Zwischennutzungsprojekt im doppelten Sinne nützlich. Im konkreten Fall dieses interkulturellen Gartens und aufgrund der speziellen Situation der Fläche stand die Nutzung als Gemüsegarten niemals alleine im Vordergrund. Ziel der Initiatorinnen ist es, einen Garten zur Benutzung durch Anwohnerinnen, sowie generell der Bevölkerung zu etablieren. Die angestrebte Konzeption des Gartens der Poesie verbindet, wie angesprochen, verschiedenen Nutzungsformen: urbane Landwirtschaft, ästhetische Inwertsetzung, sowie die Erholung auf einer Grünfläche.

„Konkret wollten wir hier so einen Gemüse- oder Blumengarten einrichten und daran angebunden eine Wiese, wo die Anwohner, die Neuköllner oder die Passanten, die hier vorbeigehen, einen ruhigen Platz finden können, eine gemütliche Natur oder ein Gebiet finden, wo sie sich hinsetzen können. Es war jetzt nicht der Gartennutzen im Vordergrund, sondern dass man wirklich eine grüne Fläche hat." (IV, 18)

Bereits genannt wurde der theoretische Anschluss des Arguments der Nutzenmaximierung an das Kolonisierungskonzept. Auch die Thematik der urbanen Landwirtschaft lässt sich hier anknüpfen. Die gärtnerische Pflege einer Fläche beinhaltet eine intentionale Transformation der vorhandenen Gegebenheiten. Die Intention ist ein zentrales Element des Kolonisierungskonzeptes (vgl. Fischer-Kowalski u. Weisz 1998, 159f sowie Kap. II 2.3.2). Eine Fläche wird in der Regel dann gepflegt, wenn damit ein realer Nutzen, etwa durch Aufwertung, verbunden wird und positive Effekte erhofft werden. Ebenso deutlich werden die Intentionen stattfindender Veränderungen, wenn ein städtischer Park oder eine Brache zu einer landwirtschaftlichen Nutzfläche umgewandelt werden soll. Angefangen bei der Veränderung des Bodens, wird die Zusammensetzung der Vegetation gezielt auf den Ertrag ausgerichtet, bis hin zu Eingriffen wie Bewässerung, Bearbeitung des Bodens zur Ertragssteigerung und letztlich auch Auswahl und Zucht von Nutzpflanzen (vgl. hierzu Fischer-Kowalski u. Weisz 1998, 159).

Das allgemeine Konzept interkultureller Gärten muss in den Augen des QM auf die Situation des *Gartens der Poesie* angepasst werden. Der Nutzen, den dieser Gemeinschaftsgarten erzeugen könnte, läge aufgrund der durchgeführten Aktionen stärker im Bereich einer generellen Nutzbarkeit der Fläche für eine breitere Allgemeinheit und damit in der Förderung einer Naturerfahrung unabhängig von einer eng gefassten gärtnerischen Tätigkeit.

„Ich glaube, dieser Garten braucht ohnehin ein anderes Konzept als andere etablierte interkulturelle Gärten. Ich glaube, hier geht es eher darum, die Fläche an sich zu bespielen, auch über diesen Poesie-Gedanken, über Veranstaltungen, als jetzt darum, dass da Bohnen und Erdbeeren geerntet werden können. Ich glaube, da ist wirklich der verbindende Charakter über Grillfeste, über Putzaktionen, dass man sich da einfach so ein bisschen zur Fläche zugehörig fühlt. Das ist da viel erfolgreicher oder mit einer besseren Aussicht auf Erfolg, als wenn man jetzt sagt, hier parzellieren wir das jetzt ganz genau für jeden einzelnen Nutzer. Da sehe ich so ein bisschen Schwierigkeiten, was einen langfristigen Erhalt oder eine Nachhaltigkeit der Fläche anbelangt." (IX, 32)

Die Bedeutung dieser weiter gefassten Nutzbarkeit von Natur wird insbesondere für Kinder und Jugendliche betont, die im städtischen Raum geringe Möglichkeiten für Naturerfahrung hätten.

„Das gilt natürlich für den Menschen schlechthin, aber ganz besonders für Kinder die in der Stadt aufwachsen, ist ja Natur eigentlich ein Defizit und wenn sie die so direkt vor der Nase haben und nutzen können, ist das so ein Plus was man also überhaupt nicht verschenken darf." (III, 121)

Insbesondere im urbanen Kontext erwächst daraus die Forderung, verfügbare Freiflächen einer intensiven und optimalen Nutzung zuzuführen. Das empfundene Defizit an Natur dient demzufolge Initiatorinnen wie städtischen Akteuren als Argument, die Fläche der als einseitig angesehenen bisherigen Nutzung zu entheben und einer breiteren Allgemeinheit zugänglich zu machen. Dass an dieser Einschätzung die Meinungen auseinander gehen können, liegt auf der Hand und führt zur Frage, welcher Umgang mit Natur als angemessen erachtet wird.

Vorstellungen angemessener Nutzung von Natur und
deren Konflikthaftigkeit

Ansichten einer angemessenen Nutzung von Natur stellen ein virulentes Problem im Umgang mit derartigen Flächen dar. Dies zeigt sich beispielsweise in folgender Aussage, deren weiterer Kontext im Zusammenhang mit dem Aspekt der Nutzenmaximierung bereits vorgestellt wurde:

„Aber die Äpfel werden hier zum Teil [...] von den Hundebesitzern zum Abrichten der Hunde benutzt. Die schmeißen die dann... Also, also nicht so, apropos Natur, wie Natur jetzt angemessen genutzt wird." (I, 21)

Die Vorstellung, welche Nutzung angemessen ist und damit die richtige, welches Verhalten auf der Fläche erwünscht ist und welches als störend empfunden wird, aber auch, welche Bevölkerungsgruppen sich den Raum aneignen sollten oder sich besser fernzuhalten haben, ist stark kontextabhängig und wird je nach Akteur, je nach Situation, je nach Fläche unterschiedlich ausfallen. Die Konflikthaftigkeit wird immer dann besonders deutlich, wenn argumentiert wird, warum die eine Nutzungsform der anderen überlegen oder wünschenswerter sei. Diese Konfliktträchtigkeit spiegelt sich auch in folgendem Zitat wieder, das zum einen die einstige problemhafte Nutzung als Raum, an dem Bevölkerungsgruppen mit Migrationshintergrund Konflikte austrugen, thematisiert. Zum anderen wird der heutige Hauptkonflikt, die Nutzung als Hundewiese, artikuliert:

„Hier stand auch überall UCK und so weiter. Und da ist viel Aggression hier auch in den Park hereingetragen worden von denen. Aber das ist jetzt nicht mehr. Jetzt ist wirklich dieser Hunde-Auslaufplatz das, was sich gar nicht verträgt mit diesem schönen Blockpark, wo man sich an der Natur freut." (I, 71)

In der Aussage, Natur solle den Menschen erfreuen, findet sich ebenfalls eine Vorstellung einer angemessen genutzten Natur. In diesem Kontext heißt das, dass die Erträge genutzt werden können und sollen, sowie der rücksichtsvolle Umgang mit der Vegetation, um einen Nutzen für die Gesellschaft zu erhalten. Darin klingt auch die Vorstellung einer schützenswerten Natur an, wie sie im vorausgegangenen Kapitel beschrieben wurde. Die Natur ist dergestalt zu nutzen, dass sie den Menschen erfreut, gleichzeitig ist sie jedoch vor Fehlnutzung zu schützen. An dieser Stelle wird wiederum deutlich, dass eine vollständige Abgrenzung einzelner Typen weder möglich noch sinnvoll ist. Das Schutzargument basiert in diesem Fall auf einer Nutzenargumentation.

Gegen die Vorstellung einer ungenutzten bzw. fehlgenutzten Fläche zieht auch bereits erwähnter Anwohner ins Feld. Seine Argumente zielen zunächst darauf ab, dass es durchaus Nutzungen auf der besagten Fläche gibt, die jedoch weniger augenscheinlich und unerwünscht seien und denen daher zugunsten eines interkulturellen Gartens das Existenzrecht abgesprochen würde.

„Der [Blockpark; Anmerkung K.W.] ist auch nicht ungenutzt. Das ist schon eine komische... Wenn die Natur nicht geordnet ist, dann gilt sie sozusagen als ungenutzt. Das ist so eine Kapitalistenargumentation. Es muss überall alles einen Sinn haben." (X, 31)

„Zu behaupten, das ist unbenutzt und leer und wir müssen deswegen Kultur machen, das halte ich auch für verwegen." (X, 29)

Hinsichtlich des Nutzerkreises argumentiert er damit im Wesentlichen gegen ein liberales, modernes Verständnis einer Flächennutzung mit dem Ziel der Nutzenmaximierung (vgl. Gills utilitaristisches Verständnis, Gill 2003, 65ff, wie auch Körners individualistisches Verständnis, Körner 2005, 56; beide Kap. II 2.3.1). Betrachtet man jedoch diese Argumentation im Hinblick auf den Umgang mit Natur auf besagter, umkämpfter Fläche, scheinen dennoch liberale Argumente durch. Interpretiert man seine Aussage vor dem Hintergrund der Naturvorstellung Hards, wie sie Stefan Körner als den Typus der *trivialen* Stadtnatur beschreibt (vgl. Körner 2003, 356ff sowie Kap. II 2.3.1), so kann gefolgert werden, dass auch der Natur einer Hundewiese eine Daseinsberechtigung zugesprochen wird. Die Nutzung wird dieser Konzeption zufolge über den Schutzcharakter von Natur gestellt. Die *triviale* Natur ist eben jene Natur, die trotz einer derart intensiven Nutzung der Fläche bestehen bleiben kann.

„Also der Handlungsbedarf wäre eher gärtnerischer Art, dass mal jemand gucken muss, ob die Bäume kaputt gehen. Weil das ist eigentlich eine schöne Wiese. Ich bin ja kein Gärtner, aber die Möglichkeit, wenn ein paar Leute dahinter stehen würden, die konkret etwas mit der Wiese zu tun haben, dass sie nicht mehr eine Schlammwüste ist, sondern eine Wiese. Ich glaube auch nicht, dass eine Aussaat kaputt gehen würde. Das kann man ja alles machen. Aber dann wird wieder wahrscheinlich gesagt, wenn da Hunde drauf sind, die machen wieder alles kaputt. Kann ich nicht so richtig beurteilen, aber man kann ja mal Büsche hin stellen. Büsche machen Hunde nicht so kaputt." (X, 33)

Damit widerspricht er der Argumentation zahlreicher anderer Gesprächspartner, die Nutzung als Hundewiese stünde einer angemessenen Entwicklung von Natur entgegen. Er vertritt die Einstellung, dass die Erscheinung, die Gestaltung, die Pflege von Natur einer Nutzung, auch als Hundewiese, hintenan zu stehen habe. Er schlägt damit die gleiche argumentative Richtung ein wie Hard, der Pflege von Stadtnatur lediglich als „Gebrauchswertsicherung" (Hard 2001, 262; vgl. Kap. II 3) akzeptiert. Zudem sieht er keinen Grund dafür, die Nutzung als Interkulturellen Garten gegenüber einer Hundewiese vorzuziehen.

Physischer Zustand als Spiegel der Nutzung von Natur

Auf Grundlage der beschriebenen Anschauungen wird der physische Zustand der Natur als Spiegel der Nutzung angesehen und je nach Akteur unterschiedlich interpretiert – in diesem Fall mehrheitlich als fehl- bzw. ungenutzt. Die Argumentation der städtischen Akteure wie der zukünftigen Zwischennutzerinnen zielt in die Richtung, dass der Nutzen der Fläche durch die Errichtung des Gartens der Poesie zu maximieren sei, wie es hier von einem Mitarbeiter eines QM formuliert wird:

„Vor allem die Streuobstwiese sieht grausam aus. Ansonsten, denke ich, kann man wesentlich mehr aus der Wiese herausholen." (IX, 16)

Wohingegen der befragte Anwohner die Auffassung vertritt, dass die bestehenden Nutzungen anzuerkennen seien, sowie die natürliche Situation als deren Spiegel zu sehen sei, da jede künstlich eingebrachte Nutzung in seinen Augen wenig Erfolg haben würde.

„Konkurrieren können ja nur Leute, die etwas nutzen. Und die Leute, die da Kultur pflanzen, die nutzen den Raum nicht. Die sitzen in ihrem Büro und denken sich etwas aus." (X, 43)

Das Zitat belegt, dass die Natur der Nutzenfunktion für den Menschen unterworfen wird, wie es beispielsweise in Körners *liberaler* und *trivialer* Natur konzipiert wird (vgl. Körner 2003, 352ff sowie Kap. II 2.3.1). Eine Existenzberechtigung wird derjenigen Natur zugeschrieben, die trotz intensiver, städtischer Nutzungsweisen überlebt, aber gleichzeitig auch einen Nutzen für die städtische Bevölkerung birgt. Im Fall des Gartens der Poesie wird die derzeitige Nutzung durch Drogendealer und Hundehalter entweder überhaupt nicht als Nutzung wahrgenommen oder, so sie augenscheinlich ist, als Fehlnutzung definiert. Somit wird der jetzigen Natursituation als

Spiegel der Nutzung jeder positive Effekt für die Bevölkerung abgesprochen. Der konflikthaften Situation ist sich der Mitarbeiter des mittlerweile
zuständigen QM Ganghofer Straße durchaus bewusst. Das heißt, von Seiten
dieser Akteure wird zum einen durchaus eine derzeitige Nutzung anerkannt,
zum anderen jedoch auch Handlungsbedarf gesehen in Form gärtnerischer
Pflege und Förderung alternativer Nutzungsmöglichkeiten, wie der Idee des
Interkulturellen Gartens:

„Bei uns ist es halt tatsächlich quasi ein Alleinstellungsmerkmal, das diese Fläche
hat. Also das ist sozusagen die einzige Grünfläche, die gehätschelt werden kann, die
genutzt werden könnte. Und ist ja auch, in meiner Sicht wirklich durch seine ver-
steckte Lage und mit diesem alten Baumbestand wirklich ein Kleinod. Aber genau
aus dem Grund, weil es die einzige Grünfläche im Gebiet ist, ist auch klar, dass da
natürlich dann verschiedene Nutzungsinteressen gerne drauf konfluieren können."
(VIII, 4)

In der Argumentation mit einer Notwendigkeit von Pflege, die etwa in dem
Ausdruck „Grünfläche, die gehätschelt werden kann" (ebd.) anklingt, aber
auch mit der Nutzbarkeit bzw. der Erhöhung des Nutzens für die Anwohner
setzen die Zwischennutzerinnen an, die diesen Raum besetzen bzw. um-
widmen möchten. Diese Argumentationsstrategie lässt wiederum die enge
wechselseitige Verschränkung eines Verständnisses von nützlicher Natur
mit jenem einer pflege- und ordnungsbedürftigen Natur aufscheinen.

3 BEDÜRFTIGE UND NÜTZLICHE NATUR

Die beiden erstgenannten Auffassungen von Natur – die einer ordnungsbedürftigen wie auch die einer schutzbedürftigen Natur – können, aufgrund
der bereits beschriebenen engen Verschränkungen, unter dem Verständnis
einer bedürftigen Natur subsumiert werden. Es handelt sich dabei um eine
Konzeption von Natur, die des menschlichen Handelns bedarf. Natur muss
gepflegt, eben geordnet werden und davor geschützt werden, von diesen
Ordnungsvorstellungen abzuweichen. Die Argumente, die im Umgang mit
dem interkulturellen Garten angeführt werden, zeigen deutlich die zugrundeliegende Konzeption einer bedürftigen Natur – einer Natur, die mit

menschlichen Maßnahmen in die als angemessen empfundenen Bahnen zu lenken ist.

Bereits die Untersuchung von Naturverständnissen im Kontext von Zwischennutzungen lässt die dargestellte enge Verschränkung von Flächennutzung und Natur vermuten. Der Begriff der Flächennutzung beinhaltet immer auch das Ziel eines zu generierenden Nutzens. Die Auffassung einer nützlichen Natur im Umgang mit dem interkulturellen Garten verbindet diese beiden Aspekte. Die Nutzung von Natur soll einen praktischen – hier ästhetischen und (urban-)landwirtschaftlichen – Nutzen für Zwischennutzerinnen und Nachbarschaft erzeugen. Dieser Anspruch wird von den involvierten Akteuren unterschiedlich definiert. Daher müssen die Vorstellungen über die Art der Nutzung selbstredend ausgehandelt werden. Der Diskurs wird dabei dominiert von Auffassungen, die eine Nutzung für eine breitere Mehrheit optimieren wollen. Dieses Bestreben zeigt die enge Verschränkung von Nutzen und Schutz von Natur auf Basis anthropozentrischer Argumente. Der Schutz von Natur zieht Forderungen nach zu schaffender bzw. zu bewahrender Ordnung nach sich. Diese wiederum haben Rückwirkungen auf die Nutzung besagter Fläche.

Rückblickend muss das Vorhaben der Errichtung eines interkulturellen Gartens auf der Streuobstwiese als gescheitert erachtet werden.[32] Die Initiatorinnen sahen ihr Engagement für die Errichtung des Gartens wiederholt durch Vandalismus – über die Urheber kann nur gemutmaßt werden – und persönliche Bedrohung durch andere Nutzer auf der Streuobstwiese torpediert. Sie interpretierten dies als Ablehnung ihres Vorhabens. Das Verhalten anderer Nutzer der Fläche konterkarierte die Ordnungs- und Schutzvorstellungen von Natur jener Akteure, die einer Errichtung des Gartens gegenüber positiv gestimmt waren. Insbesondere diese destruktive und zum Teil aggressive Vorgehensweise führte zu einer allmählichen Abnahme des Engagements der Initiatorinnen und Mitstreiter.

---

32 Der *Garten der Poesie* bezeichnet ab 2011 Literaturveranstaltungen, die in einem privaten Garten stattfinden. Die ursprüngliche Konzeption wurde damit hinsichtlich der Aspekte der urbanen Landwirtschaft und der Öffentlichkeit des Gartens modifiziert.

V Fallstudie Tentstation

Früher war es ein Freibad gewesen und in Zukunft wird hier ein Wellness-bad entstehen. Zwischenzeitlich hatte sich für ein Zeitfenster von fünf Jahren ein innerstädtischer Zeltplatz angesiedelt. Mit der Vorannahme, dass bei einer Zwischennutzung auf einem Freibadgelände Natur von Bedeutung sein könnte und der Frage im Hinterkopf, ob Zelten in der Großstadt etwas mit Naturnähe zu tun hat oder doch nur eine günstige Übernachtungsmög-lichkeit ist, widmete ich mich dem Fallbeispiel der *Tentstation*. Welche Rolle spielt Natur, wenn die zeitliche Befristung unumgänglich, aber auch ebenso bewusst einkalkuliert ist? Was hat der Gedanke eines so eindeutig gebrauchten Ortes mit Natur zu tun und welche Bedeutung hat Natur für die Atmosphäre eines Zeltplatzes? Nach diesen Vorüberlegungen suchte ich den Kontakt zu den Initiatorinnen der *Tentstation*, die den Zusammenhang von Stadtnatur und Zwischennutzungen zunächst für weit hergeholt hielten, diese Meinung jedoch im Verlauf des Gesprächs und angesichts der zahl-reichen diskutierten Ansatzpunkte überrascht revidierten.

Im folgenden Kapitel V 1 werden das Zwischennutzungsprojekt *Tentstation*, ein innerstädtischer Zeltplatz, seine Entwicklung sowie die in-volvierten Akteure vorgestellt. Kapitel V 2 nähert sich der Bedeutung von Stadtnatur für dieses Projekt und deckt die darin verwobenen Naturver-ständnisse der einzelnen Akteure auf. Abschließend wird in Kapitel V 3 dem Zusammenhang von *schöner* Natur und Nachhaltigkeit nachgegangen.

1 EIN ZELTPLATZ AUF ZEIT

Das Freibad Moabit war schon einige Jahre geschlossen und das Schwimmbecken zu einem Lebensraum für ein Entenpärchen geworden, als vier junge Berliner die Idee hatten, hier einen innerstädtischen Zeltplatz zu errichten. Im Jahr 2006 wagten sie, trotz eines lediglich einjährigen Pachtvertrages, die *Tentstation* auf der Fläche des ehemaligen Freibads zu eröffnen. Dass die Fußballweltmeisterschaft in diesem Jahr unter anderem auch in Berlin ausgetragen wurde, minderte das Investitionsrisiko. Günstige Übernachtungsmöglichkeiten waren gefragt. Nach den Jahren ohne jegliche offizielle Nutzung sah die Fläche den Angaben der Zwischennutzerinnen zufolge sehr verwildert aus. Innerhalb weniger Wochen verwandelten sie sie mit viel Eigeninitiative und nur den nötigsten Investitionen in einen Zeltplatz. Die Schwimmbecken wurden geleert, das eine für eine Beachvolleyballanlage mit Sand gefüllt, das andere für Veranstaltungen und Sportarten aller Art zur Verfügung gestellt. Auf der ehemaligen Tribüne entstand eine Bar und im ehemaligen Bademeisterhäuschen wurden zusätzliche Übernachtungsmöglichkeiten geschaffen (vgl. Abb. 7). Die Sanitäreinrichtungen des ehemaligen Freibades konnte für den Campingbetrieb weitergenutzt werden (vgl. Abb. 8).

Die einjährige Befristung des Nutzungsvertrages resultierte anfangs aus dem Bestreben des Liegenschaftsfonds, die städtische Fläche zu veräußern. Im weiteren Verlauf wurde die Fläche tatsächlich verkauft. Der neue Eigentümer, der auf dem Gelände ein Wellnessbad zu errichten plante, gewährte den Zwischennutzern wiederum bis Baubeginn mehrere Jahresverträge. Die lediglich für ein Jahr angelegte Nutzung blieb damit Jahr um Jahr. Am Ende eines Jahres war häufig unklar, ob es eine folgende Saison für die *Tentstation* geben werde. Dies hemmte selbstredend größere Investitionen. Instandgehalten wurde lediglich das, was zwingend für den Betrieb notwendig war. Dies galt auch für den Umgang mit der Natur. Es wurden die Rasenflächen gemäht und die Bäume, soweit es die Sicherheit erforderte, beschnitten. Die jungen Birken, die auf der Tribüne wuchsen, störten jedoch nicht weiter und die Pflege hätte nur unnötige Arbeit bedeutet.

Die *Tentstation* schloss offensichtlich eine Bedarfslücke. Bereits im ersten Jahr schrieb sie schwarze Zahlen und auch in den folgenden Jahren erfreute sie sich großen Zuspruchs (vgl. auch Oßwald 2012, 66). Regelmäßig waren sämtliche Plätze belegt und kein einziger Stellplatz für ein Zelt zu bekommen. Populär war die *Tentstation* nicht nur bei Touristen. Mit einem vielfältigen Kulturprogramm bespielten die Zwischennutzer den geleerten Pool und die Bar. Damit öffneten sie die in den Jahren nach der Schließung des Freibads unzugängliche Freifläche für die Bevölkerung, die dies auch rege nutzte.

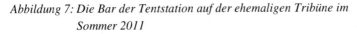

Abbildung 7: Die Bar der Tentstation auf der ehemaligen Tribüne im Sommer 2011

Foto: Vanessa Burmester

Im Jahr 2011 zeichnete sich schließlich der Baubeginn des Wellnessbades im Jahr 2012 ab und besiegelte damit die letzte Saison der *Tentstation* auf dieser Fläche[33]. Die *Tentstation*-Initiatorinnen bemühen sich seitdem um eine neue Fläche im Berliner Innenstadtgebiet. Das Bestreben, die *Tentstation* in der Folge auf einem ehemaligen Neuköllner Friedhof zu errichten, scheiterte an vielfältigen Problemen. Dies wird jedoch hier kein Thema sein.

---

33 Die Interviews wurden in den Jahren 2009 und 2010 geführt. Zu diesem Zeitpunkt hatte die Fläche bereits ihren Besitzer gewechselt. Der Zeitpunkt des Baubeginns war damals jedoch noch völlig unklar.

*Abbildung 8: Blick auf das Sanitärgebäude der Tentstation im
Sommer 2011*

Foto: Vanessa Burmester

Darstellung der Akteurskonstellation und ihrer Besonderheiten

Die Tentstation wurde von zwei Frauen (Interviews XI und XII) und zwei
Männern mit dem Ziel initiiert, eine Erwerbsmöglichkeit zu schaffen und
mit dieser Nutzung zugleich Stadtentwicklung aktiv mitzugestalten. Insbesondere eine der Zwischennutzerinnen, die als Geographin meine erste An-
sprechpartnerin war, engagiert sich über ihr eigenes Projekt hinaus für diese
Form der Stadtentwicklung[34]. Dies könnte der Hintergrund sein, warum die
Zwischennutzerinnen auffällig reflektiert und bewusst mit der Tatsache der
zeitlichen Befristung, aber auch mit Fragen des Ressourcenverbrauchs und
der Nachhaltigkeit in Bezug auf urbane Flächennutzungen umgingen.

---

34 Siehe hierzu die Dokumentationen der beiden von der Bremer ZwischenZeit-
    Zentrale (ZZZ) veranstalteten Kongresse (ZZZ 2010 und 2012) sowie die Pro-
    jektdokumentation der ZwischenZeitZentrale (SWAH 2012) und das Sammel-
    werk „Second Hand Spaces. Über das Recyceln von Orten im städtischen Wan-
    del" (Ziehl et al. 2012).

Der Liegenschaftsfond als ehemaliger Eigentümer zeigte sich der Zwischennutzung gegenüber von vornherein relativ aufgeschlossen (Interview XIV). Generell bedeuten Zwischennutzungen auf brachliegenden Flächen für den Eigentümer ein gewisses Maß an sozialer Kontrolle und kostengünstiger Instandhaltung. Im Idealfall deckt die Zwischennutzung zumindest die Betriebskosten des Eigentümers. Das Fazit des Ansprechpartners beim Liegenschaftsfond fällt eindeutig positiv aus: Die Nutzung war erfolgreich, sie trug sich finanziell und es gab keinerlei Probleme mit den Zwischennutzerinnen, die die Befristung von vornherein akzeptierten und keine Bestrebungen hatten, die Nutzung zu verstetigen, was Eigentümern häufig befürchten. Selbst für den Eigentümerwechsel brachte die Zwischennutzung keine Nachteile, da der neue Eigentümer sich der Nutzung gegenüber ebenfalls sehr aufgeschlossen zeigte. Die Zwischennutzerinnen hatten in der Antrags- und Genehmigungsphase für die Überlassung dieser Fläche dahingegen das Gefühl, in Sachen finanzieller Basis sowie Verstetigungsproblematik vom Liegenschaftsfond genauestens geprüft worden zu sein.

Als weiterer, einflussreicher Akteur tritt der Investor und spätere Eigentümer der Fläche auf (Interview XV). Er führte die einjährigen Pachtverträge der Zwischennutzerinnen fort, bis zu dem Zeitpunkt, an dem tatsächlich der Baubeginn des Wellnessbades erfolgen sollte. Das Verhältnis von Eigentümer und Mieterinnen war nach Auskunft beider Seiten unproblematisch und von einem respektvollen Umgang gekennzeichnet. Beide Parteien waren sich des Nutzens bewusst, den sie aus der Situation zogen. Der Eigentümer profitierte davon, dass er einen Teil der Betriebskosten erwirtschaftete und gleichzeitig der Verwahrlosung des Areals durch die sichtbare Anwesenheit der Nutzerinnen entgegenwirkte. Die Zwischennutzerinnen bezeichneten die ihnen gestellten Nutzungsbedingungen als fair. Beide Seiten waren sich über die zeitliche Befristung einig, was üblicherweise ein Streitpunkt bei Zwischennutzungen ist. Sie durften die Fläche bis zum tatsächlichen Baubeginn letztendlich jedoch länger als geplant nutzen.

Als planerische Instanz war die Abteilung für Stadtplanung des Bezirksamtes Mitte über einen Ansprechpartner involviert (Interview XIII). Anfangs konzentrierten sich die Bemühungen darauf, in Zusammenarbeit mit dem Liegenschaftsfond einen potentiellen Investor zu finden. Da sich dieses Vorhaben als schwierig erwies und sich brachliegende Flächen deutlich schlechter vermarkten lassen als solche, die sich in Nutzung befinden, wurde eine Zwischennutzung der Fläche zur Imagebildung und Verhinde-

rung weiteren Vandalismus' in Erwägung gezogen. Da die Fläche als Teil
des Poststadionareals umgebaut wird, lag der Fokus darauf, den Charakter
der Fläche, die Nutzungsausrichtung auf Sport und Grünfläche sowie den
Grünanteil weder durch die Zwischennutzung, noch im Idealfall durch die
Folgenutzung zu verändern. Daher wurde bei der Auswahl der Tentstation
als Zwischennutzung darauf geachtet, dass keinerlei bauliche Maßnahmen
ergriffen werden, die zu einer weiteren Versiegelung führen. Gleichzeitig
war von vornherein klar, dass das ehemalige Freibad in dieser Form nicht
wiedereröffnet werden wird und die Zwischennutzerinnen sich innerhalb
der bestehenden Bausubstanz frei betätigen konnten. So nahmen sie sich
beispielsweise die Freiheit, aus den alten Schließfachschränken die Bar auf
der Tribüne zu bauen oder ein Schwimmbecken mit Sand für eine Beachvolleyballanlage zu füllen.

Aufschlussreich stellten sich auch die Einschätzungen der Ansprech-
partnerin des Nachbarschaftsladens in unmittelbarer Nähe zum Areal des
Poststadions dar (Interview XVI). Das Engagement der Anwohnervertretung gilt vor allem der Abwendung einer befürchteten Gentrifizierung, also
einer Verdrängung der ansässigen einkommensschwächeren Bevölkerung
durch die geplanten Stadtumbaumaßnahmen in diesem Gebiet. Die Schließung des kommunalen Freibades und der geplante Neubau eines Wellnessbades werden in diesem Kontext als äußerst problematisch eingeschätzt[35].
Die Etablierung einer Zwischennutzung wie die der Tentstation dagegen
wird als positiv angesehen, da damit immerhin eine Einrichtung geschaffen
wurde, die generell auch den Anwohnern zur Verfügung steht. Die Bar sowie die Veranstaltungen am ehemaligen Pool stehen explizit auch der Bevölkerung offen und machen die Fläche damit zugänglich. Der Errichtung
eines Wellnessbades steht die Anwohnervertreterin skeptisch gegenüber, da

---

35 Die Entwicklung des ehemaligen Freibadareals ist insofern idealtypisch, als kreativen Nutzungen häufig ein Einfluss auf Gentrifizierungsprozesse zugeschrieben wird. Als ‚Pioniere' schaffen derartige Nutzer neue Angebote in oft sanie-
rungsbedürftigen, zentrumsnahen Lagen. Nachfolgende einkommensstarke
‚Gentrifier' schaffen Aufmerksamkeit für den Immobilienmarkt und ziehen Sa-
nierungsmaßnahmen und Preissteigerungen nach sich. Dadurch setzt letztlich
ein Verdrängungsprozess der ansässigen Bevölkerung wie auch der ‚Pioniere'
ein (vgl. beispielsweise Senatsverwaltung für Wirtschaft 2008, 127).

dies am Bedarf des Viertels vorbei gehe und lediglich kaufkräftige Kundschaft aus anderen Stadtgebieten anziehe.

Tabelle 6: Geführte Interviews mit Bezug auf die Tentstation

Interview	Zuordnung und Funktion der Gesprächspartnerinnen und -partner
XI	Zwischennutzerin und Unternehmerin
XII	Zwischennutzerin und Unternehmerin
XIII	Mitarbeiter des Bezirksamtes Mitte, Abteilung für Stadtplanung als ehemaliger Eigentümer der Fläche
XIV	Mitarbeiter des Liegenschaftsfonds als ehemaliger Eigentümer
XV	Neuer privatwirtschaftlicher Eigentümer
XVI	Mitarbeiterin des Nachbarschaftsladens
XVII	Initiatorin für die Errichtung eines Naturbades als ehemaliger alternativer Nutzung

Quelle: eigene Aufstellung

Erwähnt sei an dieser Stelle die Überlegung, an Stelle des kommunalen Freibades ein Naturbad[36] zu errichten, das durch einen Verein betrieben werden sollte (Interview XVII). Zum Zeitpunkt meines Interviews war die Idee der Errichtung eines Naturbades bereits verworfen, in der Anfangsphase der *Tentstation* jedoch durchaus noch aktuell. Eine Konkurrenz habe jedoch niemals bestanden, da die Zwischennutzerinnen zum einen durchaus an einer Kooperation interessiert gewesen wären, zum anderen auch in die-

---

36 Kennzeichnend für ein Naturbad ist der Verzicht auf Chlor und chemische Zusätze zur Reinigung des Badewassers. Stattdessen wird das Wasser biologisch durch Mikroorganismen und mechanisch durch die Einleitung in verschiedene Regenerations- und Filterbereiche gereinigt (vgl. etwa Stadtwerke München GmbH 2013).

sem Zusammenhang die Ausrichtung auf eine zeitlich befristete Nutzung stets kommuniziert haben. Bestätigt wurde von dieser Seite nochmals die Auffassung, dass für die Stadt die Verwertung der Fläche höchste Priorität hatte. Ein Naturbad wäre durch einen Verein kaum zu tragen gewesen, ebenso wie ein auf Dauer angelegter Betrieb einer Nutzung wie der *Tentstation* finanziell völlig anders gestaltet werden müsse, so die Einschätzung der damaligen Vertreterin der Naturbadidee. Tabelle 6 gibt eine Übersicht über die geführten Interviews sowie die Zuordnung der Gesprächspartnerinnen zu den jeweiligen Akteursgruppen.

2 DIE GEBRAUCHTE NATUR EINES GEBRAUCHTEN ORTES

Im Rahmen der Interviews kristallisierten sich zwei besonders dominante Argumentationsmuster mit Natur heraus. Natur in Verbindung gebracht mit nachhaltiger Entwicklung und der Nutzung von Ressourcen lag bereits den ersten Konzepten der Zwischennutzung zugrunde (vgl. Kap. V 2.1 *Natur, Schutz und Nachhaltigkeit*). Aber auch im weiteren Verlauf der Nutzung verlor das Nachhaltigkeitsargument insbesondere auf Seiten der Zwischennnutzenden nicht an Bedeutung. Des Weiteren spielten in sämtlichen Interviews ästhetische Naturauffassungen eine entscheidende Rolle. Diese unterschiedlichen Verständnisse sollen ebenfalls im Folgenden vorgestellt werden (vgl. Kap. V 2.2 *Natur, Schönheit und die Atmosphäre eines gebrauchten Ortes*). Eine dritte Naturauffassung war weniger augenscheinlich, ist jedoch nicht zu vernachlässigen: Das Verständnis einer selbsttätigen Natur (vgl. Kap. V 2.3 *Natur, Selbsttätigkeit und Nutzen*) ist speziell im Umgang mit Zwischennutzungen von Relevanz, da es häufig mit der Tatsache der Temporalität der Nutzung korrespondiert.

Im Folgenden werden Argumentationen vorgestellt, die als den drei Naturauffassungen – *Natur als nachhaltige Entwicklung, schöne Natur* sowie *selbsttätige Natur* – zugehörig interpretiert werden können.

2.1 Natur, Schutz und Nachhaltigkeit

Ausgehend von Nagel und Eisels Konzeption (Nagel u. Eisel 2003; vgl. Kap. IV 2.2 sowie Kap. II 2.3.1), die Schutzmotive von Natur in anthropozentrisch sowie biozentrisch begründet unterscheidet, treten im Umgang mit der *Tentstation* sowohl biozentrische wie auch anthropozentrische Argumentationen zu Tage.

Biozentrische Schutzargumente

Eine zwar pragmatisch anmutende, aber dennoch implizit biozentrisch fundierte Aussage entstammt einer Gesprächspassage über die Anwesenheit eines Fuchses auf dem Gelände der *Tentstation* und die daraus resultierenden Probleme.

„Wir haben noch nicht mal den Fuchs […] verdrängt, obwohl er uns schwer auf die Nerven geht. Das sind sogar mehre Füchse. Der klaut halt gern mal das Essen aus dem Zelt und er steht auf Leder. Es haben auch schon Leute ihre Schuhe verloren oder so. Aber wir würden nie gegen den Fuchs hier vorgehen." (XI, 35)

„Und dass man den Fuchs hier lässt, das ist so, das ist irgendwie logisch. Weil der vor uns da war und was soll man den wegscheuen." (XI, 72)

„Ich bin gespannt, was der Wellnessbadinvestor mit diesem Fuchs macht." (XI, 74)

Augenscheinlich bereitet er Gästen wie Zwischennutzerinnen immer wieder Unannehmlichkeiten. Dennoch sehen die Zwischennutzerinnen davon ab, Maßnahmen gegen ihn zu ergreifen. Im Zusammenhang mit dem interkulturellen Garten wurde bereits eine pathozentrische Grundlegung von Naturschutzargumenten vorgestellt (vgl. Kap. IV 2.2). Diese beziehen sich auf die von Nagel und Eisel (vgl. Nagel u. Eisel 2003, 92ff sowie Kap. II 2.3.1) angeführte Tierschutzethik als Motiv des Naturschutzes. Diese pathozentrische Argumentation gründet auch hier auf Mitleid mit der belebten Natur – hier: dem Fuchs. Dieser Natur werden Rechte zugesprochen. Dem Fuchs wird das ‚Recht des Ersten' zugesprochen, dem sich die Zwischennutzerinnen verpflichtet fühlen. Gleichzeitig halten sie es für möglich, dass im Rahmen einer Folgenutzung die Wertung auf eine andere Weise vollzogen wird. Zugunsten menschlicher Nutzungsansprüche entschieden die Zwischennutzerinnen jedoch in dem Augenblick, als es hieß, das ehemalige Schwimmbecken, das mit der Zeit zu einem „Tümpel" (XI, 43) geworden war, zu leeren, wodurch sie ein Entenpärchen aus seinem aktuellem Lebensraum verdrängten.

„Drei Jahre, also drei Sommer war hier nichts. Und ja, ich glaub‘, das war hier für die Natur die beste Zeit. [...] Das Becken war voller Wasser. Und hier war auch so ein Entenpärchen und so. [...] Das war halt so ein Tümpel schon richtig.“ (XI, 41-43)

Obwohl anerkannt wurde, dass die Zeit ohne Nutzung die beste für die Natur gewesen sei, fiel im Zuge der Einrichtung des Zeltplatzes die Entscheidung gegen „Tümpel“ (ebd.) wie Enten und für eine Freizeit- und Erholungsnutzung des ehemaligen Schwimmbeckens aus. In diesem Fall trat bei denselben Personen, die die Anwesenheit des Fuchses auf der Fläche toleriert hatten, der Schutzaspekt von Natur hinter der Maxime des Nutzens zurück. Die Gegenüberstellung dieser beiden Argumentationsweisen zeigt, dass die Auffassungen über den Umgang mit Natur nicht nur in Bezug auf Flächen, Nutzungen und argumentierende Personen differieren können, sondern auch in unterschiedlichen Kontexten ein und derselben Nutzung und von ein und derselben Person. Die Entscheidung wird kontextabhängig gefällt und führt dazu, dass der „Tümpel“ (ebd.) samt Enten weichen muss, während die Existenz des Fuchses toleriert wird. Diese Ambivalenz des Umgangs mit Natur resultiert, folgt man beispielsweise dem Konzept der Autoren Macnaghten und Urry (vgl. Macnaghten u. Urry 1999 sowie Kap. II 2.3.2), aus einer Koppelung der Naturauffassung an soziale Praktiken. Naturbilder sind dieser sozialkonstruktivistischen Sichtweise folgend nicht subjekt-, sondern kontextabhängig (Brand u. Kropp 2004, 125).

Um das Bewahren und damit den Schutz von Natur geht es auch dem zuständigen städtischen Planer. Vordergründig lässt sich das folgende Zitat ebenfalls einer nach Nagel und Eisel biozentrischen Argumentation zuordnen (vgl. Nagel u. Eisel 2003, 54ff sowie Kap. II 2.3.1):

„Mir ging es darum, dass der Charakter, der naturräumliche Charakter, weitestgehend erhalten wird. [...] Natürlich wollten wir nicht, dass hier in den Baumbestand eingegriffen wird oder dass die sagen: die Bäume müssen weg, damit unsere Zwischennutzung da mehr Platz hat oder so, weil unser großes Zelt hierhin muss. [...] Einen Zirkus hätte man sich ja auch vorstellen können. Natürlich wollten wir das nicht. Und genau das ist es ja: wir haben ja einen Nutzer gefunden, der genau sozu-

sagen auf dem Grundriss der vorherigen versiegelten Flächen geblieben ist, weitestgehend, ziemlich weitestgehend. Das waren ganz geringe Eingriffe und der Charakter ist so erhalten worden. Das ist schon ein Ding, auf das man natürlich bei Zwischennutzern ein bisschen achtet." (XIII, 99)

Das Streben nach Erhalt des naturräumlichen Charakters lässt lediglich auf
einen zunächst nicht weiter spezifizierten Schutz von Natur schließen. Hinterfragt man, aus welchem Grund ein Erhalt dieses naturräumlichen Charakters angestrebt wird, kommen Zweifel daran auf, dass sich hier tatsächlich auf intrinsische Werte bezogen wird. Dieses Zitat kann des Weiteren
dafür angeführt werden, dass einem Bestreben um Schutz der Gestalt einer
Fläche eine ästhetische Motivation zugrunde liegen kann. Hierbei kann man
Nagel und Eisels Konzeption folgen, die eine ästhetisch fundierte Motivation einer anthropozentrischen Schutzmotivation zuordnet (vgl. Nagel u.
Eisel 2003, 82ff sowie Kap. II 2.3.1), wie im Folgenden dargestellt wird.

Anthropozentrische Schutzargumente

Anthropozentrische Argumente gründen den Schutz von Natur auf einem
Nutzen für den Menschen. Der Eigenwert, den Natur auch diesem Verständnis zufolge besitzt, wird dabei aus dem Blickwinkel des Wertes für die
Gesellschaft betrachtet (vgl. Nagel u. Eisel 2003, 53f sowie Kap. II 2.3.1).
So wurde bereits auf das Bemühen um Erhalt des naturräumlichen Charakters der Fläche und auf die Frage nach der zugrundeliegenden Motivation
hingewiesen. Mit dem Erhalt der naturräumlichen Gestalt argumentiert
auch der neue Eigentümer der Fläche.

„In dem Bereich haben wir die Planung an die Bäume angepasst, weil wir natürlich
auch von Natur leben und bei den anderen Bäumen, die jetzt so im Hintergrund sind,
die bleiben sowieso stehen." (XV, 30)

Als Argument für den Erhalt oder gar Schutz der bestehenden Vegetation
gibt er an, dass sie von der Natur profitieren würden. Im weiteren Gesprächsverlauf wird deutlich, dass die Rücksichtnahme auf Natur – hier als
Integration bestehender Vegetation in die Bebauung – mit dem Ziel erfolgen, einen ästhetischen Mehrwert zu erzeugen. Die vordergründig biozentrisch anmutende Argumentationsweise erweist sich demzufolge als anthro-

pozentrisch, indem sie auf einen konkreten ästhetischen Mehrwert[37] für die Nutzung durch den Schutz von Natur zielt. Das geplante Wellnessbad soll von der umgebenden oder in Teilen sogar in die Bebauung integrierten Natur profitieren, wie auch die folgende Antwort auf meine Frage nach der Bedeutung des umgebenden Parks zeigt:

„Ein schönes Außengelände. Der kreist das gesamte Außengelände ein und bringt Ruhe irgendwie in die gesamte Anlage hinein. Das ist halt eine parkähnliche Situation dadurch." (XV, 32)

Auf der anderen Seite ist der neue Eigentümer gezwungen, städtische Auflagen in Bezug auf Versiegelung und Erhalt des Baumbestandes zu erfüllen. Der Schutz der bestehenden Vegetation wird also zusätzlich durch gesetzliche Regelungen durchgesetzt (vgl. hierzu auch die Ausführungen unter Kap. IV 2.2). Besonders bemerkenswert war in diesem Zusammenhang die Einschätzung des Investors, dass diese Regelungen, die dem Schutz von Natur dienen sollten, häufig dazu führten, dass Vegetation auf Brachflächen prophylaktisch bekämpft wird, um zu verhindern, dass Ausgleichsmaßnahmen bei einer Bebauung fällig werden. Die zum Schutz von Natur angelegten Regelungen kehren sich damit ins Gegenteil bzw. machen den Unterschied zwischen einer schützenswerten und einer weniger wertvollen Natur deutlich.

Nachhaltigkeit und Anthropozentrismus

Nicht nur *Natur* ist ein Begriff, der in aller Munde ist, ohne dass explizit gemacht werden würde, was der Einzelne darunter versteht. Auch der Begriff der *Nachhaltigkeit* hat Hochkonjunktur. So verwundert es wenig, dass er auch im Kontext mit der Entwicklung des Zwischennutzungsprojekts des Öfteren fällt. Die Vereinten Nationen definieren im Brundtland-Report von 1987 Nachhaltige Entwicklung wie folgt:

---

37 Der Zusammenhang von ästhetischen Vorstellungen und Natur wird im folgenden Kapitel V 2.2 vertieft.

„Development that meets the needs of the present without compromising the ability of future generations to meet their own needs." (World Commission on Environment and Development 1987, o. S.).

Dieser Definition folgend kann das Argument der Nachhaltigkeit durchaus einer anthropozentrischen Auffassung zugeordnet werden. Von der heutigen Gesellschaft wird gefordert, ihre Bedürfnisse in der Art und Weise zu befriedigen, dass nachfolgende Generationen in ihren Chancen der Bedürfnisbefriedigung nicht beeinträchtigt werden. Bezieht man diese Forderung auf den Verbrauch von Ressourcen, ist die Natur für zukünftige Generationen zu schützen. Dies erachten auch Nagel und Eisel als eine anthropozentrische Schutzmotivation (vgl. Nagel u. Eisel 2003, 77ff sowie Kap. II 2.3.1). Die Verbindung zwischen Natur und Nachhaltigkeit entstand in den meisten Gesprächen nicht nur über die Begrifflichkeit der Natur, sondern über den ebenso bedeutungsvollen Begriff der Ökologie. Diese Beobachtung deckt sich mit der Einschätzung von (Rink et al. 2004), die dem Brundtland-Report ein ökosystemares Verständnis von Natur attestieren (ebd., 18). Dabei muss man sich vor Augen führen, dass man den beiden interviewten Zwischennutzerinnen, eine Geographin sowie ein Politologin, einen professionellen Zugang zur Thematik einer nachhaltigen Stadtentwicklung unterstellen kann. Die Argumentation mit Nachhaltigkeit zeigt sich bereits in der Ausarbeitung des ersten Konzepts des Zwischennutzungsprojektes:

„Ich glaube auch, weil ich Geographie studiert hab', [...] weil es einfach so ein Thema ist und weil es so einleuchtend war. Ich fand, das hat einfach auch hier her gepasst, dieses Thema Nachhaltigkeit. Also auch mit diesen vier Elementen sogar, noch mit dieser Kultur[38]. Vielleicht geb' ich dir sogar noch mal das erste Konzept, [...] weil das zieht sich so durch. Also ich hab' dieses ganze Konzept unter dem Aspekt Nachhaltigkeit aufgezogen, [...] damit auch jede Partei sich ihren Teil raus le-

---

38 Mit Bezug auf das Nachhaltigkeitsverständnis des Brundtland-Reports wird im Allgemeinen von drei Dimensionen der Nachhaltigkeit ausgegangen: ökologische, ökonomische sowie soziokulturelle Nachhaltigkeit (vgl. beispielsweise Aachener Stiftung Kathy Beys 2013). Dabei werden in der dritten Dimension üblicherweise der soziale und der kulturelle Aspekt der Nachhaltigkeit verknüpft.

sen konnte. Das war ja auch immer schwer. Man hatte so viele Interessenten oder Adressaten eher. Dann für jeden das Richtige noch rein zu schreiben. Das hab ich dann irgendwie so als roten Faden über diesen Nachhaltigkeitsaspekt gemacht. Da war natürlich die Ökologie auch dabei. Und einfach auch, dass wir das Gelände so lassen, wie es ist, irgendwie. Dass wir hier nicht viel rum bauen, nichts zubauen. Das war so der ökologische ((Aspekt)). [...] Ich hab schon sehr strategisch gedacht oder taktisch. [...] Ich habe dann schon gedacht: Politik und Nachhaltigkeit. Aber es war nicht an den Haaren herbeigezogen das Thema. Es hat einfach gepasst und ich dachte auch, dass wollen sie vielleicht auch hören." (XI, 53-57)

In diesem Zitat spiegelt sich der angesprochene professionelle Zugang zum Argument der Nachhaltigkeit wider. Um verschiedene Entscheidungsträger, hier explizit die Politik, für das Projekt zu gewinnen, muss es nachhaltig angelegt sein. Die Argumentation, dass Nachhaltigkeit gerade zu diesem Ort und dieser Nutzung passe, wird an anderer Stelle nochmals explizit gemacht. Zum einen sei „Camping halt so an sich sowieso auch ökologisch" (XI, 55), da es kaum Spuren hinterlasse und keine baulichen Maßnahmen notwendig mache. Hier zeigt sich wieder die enge Verbindung zwischen der Argumentation mit Ökologie und Nachhaltigkeit. Nachhaltigkeit wird hier mit möglichst geringen Eingriffen in ökologische Zusammenhänge verstanden, wie es auch das Verständnis ist, das dem Brundtland-Report zugrunde liegt (vgl. Rink et al. 2004, 18). Zum anderen ist wiederholt die Rede davon, dass ein bewusster Umgang mit Ressourcen zu einem „gebrauchten Ort" (XI, 33), wie es die Fläche des ehemaligen Freibads ist, passe.

„Weil wir hier einen gebrauchten Ort haben, passt das halt auch gut, mit Sachen hier zu arbeiten, die schon eine Geschichte haben. Also, die Scheiben zum Beispiel, die sind von der Ulmer Sparkasse. Oder also auch die ganzen Bretter, die haben wir irgendwo her. Und da unten die Bretter im Pool, die sind hier von der Tribüne. Das war die alte Bank. Natürlich ist es uns auch recht, Ressourcen zu sparen, also für die Umwelt, aber natürlich auch Geldressourcen. Und dann passt es aber natürlich auch vom Stil." (XI, 33)

An dieser Stelle werden explizit zwei Aspekte nachhaltiger Entwicklung angesprochen: der sparsame Umgang mit Ressourcen vor einem ökologischen wie auch einem ökonomischen Hintergrund. Mit der Betonung der ökonomischen Dimension des Ressourcenschutzes wird deutlich, dass es hier nicht um eine bedürftige, um ihrer selbst willen schützenswerte Natur geht, sondern anthropozentrische Gesichtspunkte im Vordergrund stehen, wie die Wahrung zukünftiger Handlungsfähigkeit. Der bewusste Umgang mit vorhandenen Ressourcen wird häufig als ein charakteristisches Element von Zwischennutzungen beschrieben. Auch in anderen Kontexten ist häufig die Rede davon, bestehende Strukturen kreativ zu nutzen, wie es hier von einer Zwischennutzerin zur Sprache gebracht wird:

„Das finde ich schon auch das Schöne an einer Zwischennutzung, dass sie eben etwas machen, was schon da ist, aber es eben irgendwie verwandeln und dann irgendwie etwas Eigenes daraus machen, was man eben vorher so nicht gedacht hätte." (XII, 45)

Als weiterer Aspekt der Nachhaltigkeit von Zwischennutzungen im Allgemeinen, beschrieben von Seiten der Stadtplanung, kann die zeitliche Befristung angesehen werden. Der für die *Tentstation* zuständige Mitarbeiter der Abteilung für Stadtentwicklung beim Bezirksamt Mitte beschreibt Zwischennutzungen als ein generell nachhaltiges Entwicklungsinstrument, jedoch nur in dem Maße, in dem es eine Randerscheinung städtischer Nutzung bleibt.

„Das [Phänomen der Zwischennutzung; Anmerkung K.W.] muss man in Akkumulation dann wieder kritisch sehen. Wenn Flächen da sind – in Ordnung. Aber der Flächenverbrauch, den muss man einmal gegenüberstellen. […] Diese Lebensphilosophie in die Breite, heißt Fläche. Das ist keine nachhaltige Nutzung. Wenn wir aber Zwischennutzer für diese Brachflächen haben, wo sozusagen die nomadisierenden Nutzer wandern können, dann ist dem natürlich nichts entgegenzusetzen. Dann soll man es auch als eine Bereicherung für eine Stadt auch dulden." (XIII, 127)

Eine nachhaltige Stadtentwicklung verfolgt in seinen Augen die Maxime der Dichte. Das Phänomen der Zwischennutzung konterkariere dies, wenn es zu einer Massenerscheinung würde. Solange eine Zwischennutzung tatsächlich eine zeitlich befristete Lösung für eine aktuell anderweitig nicht nutzbare Fläche ist, trägt sie jedoch ihren Teil zu einer nachhaltigen Stadtentwicklung bei. Auch die Zwischennutzerinnen formulieren Bedenken in puncto Nachhaltigkeit, die jedoch genau die gegenteilige Argumentation verfolgt, wie jene des Stadtplaners. Die zeitliche Befristung sei zwar eine Chance für bewusstes nachhaltiges Handeln, gleichzeitig führe sie aber oft auch zum Gegenteil, da eine langfristige Planungssicherheit Grundlage wäre, um notwendige Investitionen in nachhaltiger Form zu tätigen. Die zeitliche Befristung sei

„einmal Chance, weil, wenn man Geld sparen muss, greift man halt oft auf recycelte Sachen oder gebrauchte Sachen zurück. Was dann wieder positiv ist. Aber der Zeitfaktor: also, gebrauchte Materialien sind immer zeitaufwendiger zu besorgen, hierher zu karren als halt neue Sachen. Das hatten wir hier oft so, diesen Konflikt. Oder wir haben oft auch dann billige – was weiß ich, billige Zelte – gekauft, die man dann gleich wegschmeißen konnte, weil man halt hohe Investition gescheut hat. Das hatten wir ganz oft, haben wir irgendwie einen Quatsch gekauft, was man, glaub' ich, mit einem anderen Pachtvertrag nicht gemacht hätte, solche Fehler, dann irgendeinen Ökodreck gekauft." (XI, 62)

Sie schätzen gerade die von Seiten der Stadtplaner als Chance für Nachhaltigkeit erachtete Temporalität als Hemmschuh für einen nachhaltigen Umgang mit Ressourcen ein.

„Manchen Sachen, denen tut so eine Improvisiertheit auch nicht gut. Ich glaube zum Beispiel den Sanitärtrakt, den hätte ich jetzt auch nicht neu gebaut. Aber da hätte man einfach ein bisschen mehr Geld investiert, wenn man gewusst hätte, das muss jetzt fünf Jahre halten. Und nicht: dann nehme ich eben, was ich jetzt finde, was dann ein Jahr hält und im nächsten Jahr macht man das wieder neu." (XII, 41)

Wie dargestellt formulieren zwei verschiedene Akteursgruppen Vorstellungen einer nachhaltigen Entwicklung durch das Instrument der Zwischennutzung, greifen dabei jedoch Aspekte des Phänomens als Basis ihrer Argumentation auf, die sich komplett entgegen stehen. Die Befristung ist für den Planer die Chance, über befristete Nutzungen einen Beitrag zu einer nachhaltigen Stadtentwicklung zu leisten. Die Zwischennutzerinnen schränkt die nicht vorhandene Planungssicherheit in ihren Möglichkeiten ein, nachhaltig zu handeln.

2.2 Natur, Schönheit und die Atmosphäre eines gebrauchten Ortes

Für Zwischennutzer ist nicht nur der Zugriff auf erschwingliche Flächen von Bedeutung. Ebenso wichtig ist für zahlreiche Nutzungen der besondere Charakter einer Fläche. Dabei spielt die bereits angesprochene Tatsache, dass es sich bei den Orten der Zwischennutzung um gebrauchte Orte (vgl. vorangegangenes Kapitel V 2.1) handelt, für die spezielle Atmosphäre eine große Rolle. Die Empfindung einer gewissen Atmosphäre ist eng verbunden mit einem Verständnis von Schönheit (vgl. Hauskeller 1998 und Böhme 1985). Eine als ästhetisch geschätzte Natur prägt die Atmosphäre der Zwischennutzung, wie im Fall der *Tentstation* wiederholt betont wird. Befragt man Menschen mit dem Ziel, Einstellung zu und Bewertungen von Natur zu erfahren, hört man häufig das Adjektiv *schön*. Schön ist dies, weniger schön oder gar hässlich ist jenes. Diskussionen um angemessene Nutzungsformen von Freiflächen führen schnell zu Aussagen, welcher Akteur welche Nutzung oder Gestalt als schön empfindet. Dabei bleibt zunächst wiederum ungeklärt, welche Bedeutungen der Begriff der *Schönheit* in welchen Kontexten abdecken kann.

Was ist schön?

Um sich Aussagen zur Schönheit von Natur nähern zu können, bleibt zunächst zu klären, welche Bedeutungen der Begriff *schön* generell haben kann und in welchen Kontexten er verwendet wird. Martin Seel (1997) definiert die Bedeutung von *schön* als Adjektiv für

„alles, was um seiner selbst willen gefällt – ein schönes Kunstwerk, ein schöner Baum, schönes Wetter […]. Dass etwas ‚um seiner selbst willen gefällt‘, bedeutet hierbei zugleich, dass sich die Wahrnehmung der betreffenden Sache bzw. der Aufenthalt in der betreffenden Situation ohne weiteres lohnt. ‚Schön‘ ist demnach ein Wort für alles, womit wir so Umgang haben, dass es uns dabei um diesen Umgang geht." (ebd., 313)

Seel legt den Fokus auf eine sinngeleitete Wahrnehmung von Objekten oder Situationen, die dieser Aufmerksamkeit lohnen. Ist von der Schönheit von Natur die Rede, handelt es sich also um Situationen der Wahrnehmung von Natur durch den Menschen (ebd.). Die Schönheit von Natur ist nur für den Wahrnehmenden existent und kann nicht unabhängig von einer ästhetischen Bewertung des Menschen bestehen.

Wulf Tessin konkretisiert die Bedeutung von *schön* für den Umgang mit städtischen Freiräumen. Demnach kann unterschieden werden zwischen einer Auffassung von Schönheit im Sinne einer ästhetischen Empfindung und einer Auffassung von Schönheit im Sinne von angenehm, gelungen oder gut, einer *demzufolge* positiven Empfindung (vgl. Tessin 2008, 37ff). Explizit städtische Freiräume vor diesem Hintergrund von Schönheit zu beurteilen, bringt Tessin zu dem Konzept des *locus amoenus*, dessen übliche Übertragung in einen *idyllischen* und *lieblichen* Ort er für zu kurz gefasst erachtet (ebd., 38). Seine gängige Definition als Ort der Erholung (im Gegensatz zur Arbeit), der zum Verweilen einlädt, führt er weiter zu einer Interpretation von *locus amoenus* als *angenehmer* Ort, der zunächst über seine Funktion und erst dann über eine ästhetische Empfindung konstituiert wird (ebd.). Dieses Verständnis einer als angenehm verstandenen, schönen Natur würde jedoch zu anderen, wiederum quer zueinander liegenden Auffassungen von Natur führen und greift daher meines Erachtens zu kurz. Die Unterscheidung sensibilisiert jedoch für die Tatsache, dass ästhetische Bewertungen von Natur immer auch Auffassungen einer beispielsweise guten Natur, einer nützlichen Natur oder auch einer schützenswerten Natur beinhalten und daher davon nur schwerlich trennscharf abzugrenzen sind. Die vorgestellten ästhetischen Argumentationen können einer utilitaristischen Interpretation oder auch Schutzargumenten entspringen oder wiederum zu diesen weitergeführt werden. Dies soll jedoch im Hinblick auf den Fokus der Ästhetik hier unerheblich sein. An dieser Stelle sollen explizit ästhetische Auffassungen von Natur im Umgang mit den zwischengenutzten Flächen herausgearbeitet und interpretiert werden. Dabei gilt es, wie dargelegt, ästhetische Vorstellungen in ihrer eng gefassten Bedeutung von Vorstellungen einer angenehmen, positiv belegten Natur zu unterscheiden, die nicht originär einer ästhetischen Bewertung entspringen.

Der Begriff *Atmosphäre* wurde von den Zwischennutzerinnen im Kontext mit Natur in das Gespräch eingebracht. Er wird im Zusammenhang mit der Wahrnehmung von Schönheit artikuliert, wie im Folgenden noch gezeigt werden wird. Rainer Kazig identifiziert drei wesentliche Kennzeichen eines Atmosphärenbegriffs, den er auf eine humangeographische Erforschung des Landschaftserlebens anwendet (Kazig 2013, 223f): erstens die sinnliche Begabtheit des Menschen zur sinnlichen Erfahrung seiner Umwelt, die zweitens über eine rein visuelle Wahrnehmung hinaus geht und drittens ein sogenanntes „ästhetisches Engagement", welches „einen aktiven Beitrag des Subjekts [...] zum ästhetische[n] oder sinnliche[n] Vernehmen" voraussetzt, der „aus einer spezifischen Situation heraus bzw. im Zusammenhang mit spezifischen Aktivitäten hervorgeht" (ebd., 224). Wie eingangs bereits angedeutet wird die Verknüpfung Schönheit und Atmosphäre von verschiedenen Autoren theoretisch aufgearbeitet (vgl. etwa Hauskeller 1998 und Böhme 1985). So kommt Michael Hauskeller in seinem Beitrag „Ist Schönheit eine Atmosphäre?" (Hauskeller 1998) zu dem Schluss, dass es zwischen Schönheit – er bezieht sich auf das landschaftlich Schöne – und Atmosphäre eine Verbindung gibt, wenngleich Schönheit und Atmosphäre nicht identisch sind.

„Schönheit ist die Ursache, nicht die Wirkung. Oder anders gesagt: sie bezeichnet nicht wie die atmosphärischen Charaktere Heiterkeit oder Melancholie das *Wie* oder die affektive Form der Wahrnehmung, sondern [...] das *Was*: die Entdeckung eines absoluten Wertes." (ebd., 175)

Auch Böhme sieht die Betrachtung von Atmosphäre und Schönheit als eng miteinander verbunden an. Schönheit sei eine Atmosphäre, wobei Schönheit in der Regel als Prädikat behandelt werde, als sei es eine Eigenschaft (Böhme 1985, 193). Vielmehr handele es sich bei Schönheit jedoch um die Wirkung auf das Subjekt, was Böhme zu der Annahme bringt, dass „der Satz ‚diese Frau, dieses Bild, diese Landschaft ist schön' [...] dann genauer heißen [würde]: Ich finde sie schön" (ebd.). Schönheit sei eine Atmosphäre, wobei Böhme Atmosphären als „ergreifende Gefühlsmächte" versteht (ebd., 192).

„Das Schöne ist nicht irgendeine Eigenschaft an dem schönen Gegenstand, sondern eine Atmosphäre, und zwar die Atmosphäre deutlicher Präsenz, die uns anzieht und das eigene Lebensgefühl steigert." (ebd., 197)

Diese dargelegte Verbindung von Schönheit und Atmosphäre rechtfertigt damit auch theoretisch die gemeinsame Behandlung der beiden Aspekte in der Argumentation mit Natur in den folgenden Abschnitten.

Konzepte ästhetischer Natur

Nach der begrifflichen Klärung wird im Folgenden vorgestellt, welche theoretischen Konzepte ästhetische Naturverständnisse fassen und somit als Anknüpfungspunkte für Argumentationen mit einer ästhetischen Natur dienen können.

Betrachtet man zunächst die Konzeption von Nagel und Eisel, rechnen sie in ihrer Darstellung der Motive für Naturschutz eine ästhetische Argumentation zur Gruppe der Lebensqualität-Argumente (vgl. Nagel u. Eisel 2003, 82ff sowie Kap. II 2.3.1). Sie unterscheiden dabei ästhetisch fundierte Motivationen zum Naturschutz in Ansätze moralischer sowie amoralischer Art. Als moralischer Art gilt jene ästhetische Naturerkenntnis, die davon ausgeht, dass die ästhetische Erfahrung dem Erkennen der Natur selbst dient, demzufolge auf intrinsische Werte gerichtet ist und das „Naturschöne [...] [als] Ausdruck des vollkommenen und harmonischen Ganzen der Natur gelesen werden kann" (Nagel u. Eisel 2003, 82f). Eine anthropozentrische Grundlegung ästhetischer Erfahrung ist hingegen geprägt von einem besonderen Wert, der der Schönheit von Natur für den Menschen zugesprochen wird. Der amoralische Charakter ästhetischer Naturwahrnehmung ist durchzogen von anthropozentrischen Naturschutzargumenten.

Während Nagel und Eisel (2003, 82ff) bzw. auch Seel (1997) den *Natur*begriff unter dem Aspekt der Ästhetik beleuchten, fokussiert die Konzeption von Kirchhoff und Trepl auf den *Landschafts*begriff als eine ästhetische Vorstellung von Natur (vgl. Kirchhoff u. Trepl 2009a, 19ff sowie Kap. II 2.3.2). Eine ästhetische Natur als Landschaft zu verstehen, gründen die Autoren unter anderem auf die Existenz eines empfindenden Betrachters. Landschaft kann nur bestehen, wenn es einen ästhetisch wertenden Betrachter gibt. Weitere Kernelemente dieses Verständnisses sind die Möglichkeit der Wahrnehmung von Harmonie und individueller wie konkreter Ganzheit von Natur (Kirchhoff u. Trepl 2009a, 21).

Auf dieses landschaftliche Verständnis von Natur bezieht sich auch Stefan Körners Konzeption eines traditionellen Naturverständnisses (vgl. Körner 2003, 350ff sowie Kap. II 2.3.1). Stärker als die Autoren Kirchhoff und Trepl argumentiert Körner hier allerdings mit dem organischen Charakter von Natur als konstituierendem Kriterium für Landschaft. Auch er sieht „Landschaft als ästhetisches Konstrukt" (Körner 2000, 31). Denn

„was eine Landschaft auszeichnet, ist ihr sog. Charakter, d. h. das, was sie als individuelle Ganzheit ausmacht. [...] Aber dieser Charakter ist kein ‚Naturgesetz der Landschaft', sondern ergibt sich aus einer kulturellen Vorliebe für bestimmte ästhetische Merkmale eines Raumes und deren Symbolwert. Er ist somit ganz sicher kein ökologisch beschreibbarer Sachverhalt." (ebd., 44f)

Körner bezieht sich dabei auf den Landschaftsbegriff. Das Verständnis von Natur als landschaftlich-harmonisch entspringt wiederum dem von ihm als traditionell konzipierten Verständnis von Natur.

Auch im Landschaftsbegriff Gerhard Hards finden sich an verschiedenen Stellen Aspekte einer ästhetischen Naturvorstellung (vgl. Hard 1983, 139ff sowie Kap. II 2.3.2). Zum einen kann man in einer ersten Kategorie von Landschaft, die Landschaft in ihrer Gestalt und als Gegenstand menschlicher Wahrnehmung versteht (ebd., 141), ästhetische Empfindung von Natur festmachen. Deutlich stärker tritt jedoch das ästhetische Naturverständnis in der Beschreibung der utopischen Vorstellungen hervor, konkret in der Gruppe der ästhetischen Utopien (ebd., 152f), die das Landschaftskonzept evoziert. Das Konzept fokussiert zum einen auf der Befriedigung durch Empfinden von landschaftlicher Schönheit. Zum anderen beeinflusst die ästhetische Gestalt von Landschaft die Art der Beziehung zwischen Individuum und dinglicher Umwelt, indem sie das „landschaftliche Auge befriedigt" (ebd., 152). Diese Vorstellungen rekurrieren auf dem Motiv Arkadiens folgende Naturvorstellungen.

Natur und Atmosphäre der Zwischennutzung

Zwischennutzungen spielen häufig mit der Atmosphäre eines gebrauchten Ortes, der zeitlich befristet mit einer neuen Nutzung bespielt wird. Auch im Fall der *Tentstation* trifft dies zu. Geprägt wird dieses Flair von einem spezifischen Umgang mit Hinterlassenschaften vormaliger Nutzungen, einer gewissen improvisierten Behelfsmäßigkeit und dem morbiden Charme des Nicht-Perfekten. Eben diese Stimmung wird ästhetisch wertgeschätzt und unterstrichen von einem speziellen Umgang mit Natur. Zum einen wird schon aus ökonomischen Gründen weitestgehend auf gärtnerische Maßnahmen verzichtet bzw. versucht, einen größtmöglichen Nutzen bei geringem Aufwand zu generieren – auch aus der Natur. Zum anderen scheinen gerade in der Gruppe der Zwischennutzerinnen ästhetische Vorstellungen vorhanden zu sein, die einen ordnenden Umgang mit Natur als nicht notwendig, wenn nicht sogar für die Atmosphäre kontraproduktiv erachten.

„Wir als Zwischennutzer, wir pflegen das Gelände jetzt nicht übermäßig. Weil wir denken: Nach uns der Abriss. [...] Weil man hier ja auch mit viel kaputten Sachen arbeitet oder wenig gestrichenen oder so und dann macht's Natur irgendwie auch schön. Aber es war nie so eine bewusste Entscheidung so. Es war irgendwie auch eine bequeme Entscheidung, sich für die Natur auszusprechen." (XI, 7)

Die Tatsache, dass Zwischennutzungen mit Hinterlassenschaften vormaliger Nutzungen spielen, birgt für den Eigentümer ökonomische Vorteile. Er muss, wenn überhaupt, nur geringe Investitionen für den Unterhalt seines Eigentums tätigen, um es auf die aktuelle Nutzung anzupassen und erzielt zusätzlich Einnahmen mit der temporären Lösung. Für die Zwischennutzerinnen besteht der Nutzen darin, dass mit geringem Aufwand die spezielle Atmosphäre unterstützt wird. Die Argumentation beider Seiten entspringt damit einer anthropozentrischen Motivation oder – wie Nagel und Eisel (2003, 82ff) es bezeichnen – einer amoralischen ästhetischen Empfindung. Diese ästhetische Wertschätzung erfolgt nicht um der Natur selbst willen, sondern hat einen konkreten positiven Effekt für Eigentümer wie Nutzer. Die Argumentationen weisen ästhetische Verständnisse auf, wenngleich deren Bedeutung relativiert wird:

„Ich glaube, der [Investor] [anonymisiert, K.W.] hat das Gelände gewählt, weil es eben einfach zentral ist und weil in der Ecke viel passiert und nicht, weil das so schön ist. [...] Er empfindet das jetzt ja auch als schön. Deswegen sage ich ja, der ist irgendwie gar nicht so verkehrt. Aber natürlich würde der trotzdem nicht sagen: Gut, ich lasse es, ich schenke es euch. Ich glaube, der findet das auch ganz gut, was wir so machen." (XII, 126-128)

Im Fall der *Tentstation* wird gerade die für brach liegende Flächen charakteristische Natur – man könnte sie auch als urbane oder industrielle Natur bezeichnen (vgl. beispielsweise Kowarik 1992, 41f) – als besonders schön geschätzt. Den Begriff der *urbanen* Natur verwendet auch eine der Zwischennutzerinnen in ihrer Beschreibung, welche Rolle Natur für ihre Nutzung spielt:

„Ich denke schon, dass die Weite des Ortes und auch die Abgeschiedenheit, und wenn man dann erst einmal hier ist und irgendwie ankommt, dass dann die Atmosphäre oder so, man kann es auch die urbane Natur nennen, irgendetwas mit den Leuten macht." (XII, 27)

Dabei setzt sie die Atmosphäre mit „urbaner Natur" (XII, 27) gleich. Folgt man theoretisch der Einordnung des Zusammenhangs von Atmosphäre und Ästhetik, wie sie von Hauskeller vorgenommen wurde (Hauskeller 1998, 175), wird damit der urbanen Natur ein ästhetischer Wert zugesprochen. Dieser ist die Ursache für die Wahrnehmung dieser Atmosphäre, die, wie dem Gesprächsverlauf zu entnehmen ist, positiv „irgendetwas mit den Leuten macht" (XII, 27). Die verwendeten Begriffe der „Weite" (ebd.) oder auch der „Abgeschiedenheit" (ebd.) deuten dabei auf eine landschaftliche Interpretation von Natur hin (vgl. Körner 2003, 350ff und Hard 1983, 139ff). Die Argumentation mit Natur deutet damit eine Denkrichtung an, die im Zusammenhang mit urbanen Zwischennutzungen häufig zu erkennen ist: landschaftliche bzw. naturästhetische Charakteristika einer städtischen Fläche werden als Besonderheit dargestellt. Desweiteren scheint der Mangel an gärtnerischen Eingriffen im urbanen Kontext unerwartet und daher von Bedeutung für die Atmosphäre zu sein. Diese für den städtischen Raum unerwartete Stimmung wird auch von Anwohnerseite ästhetisch geschätzt.

„Es sind natürlich auch solche [Anwohnerinnen; Anmerkung K.W.], die das da auch schön finden, so ein bisschen ungewöhnliches Flair und wie das da ist." (XVI, 32)

Wenngleich die Anwohnerinnen nur einen kleinen Teil der Nutzerinnen des Angebots der *Tentstation* ausmachen, stehen sie der Zwischennutzung als solches doch verhältnismäßig offen gegenüber. Ihre Vorbehalte richten sich in erster Linie auf die Ablehnung der Entwicklung der Fläche zu einem Wellnessbad.

Natur, Brache und Schönheit

Eine ästhetische Bewertung liegt auch der Beschreibung des ersten Eindrucks zugrunde, den die damals schon mehrere Jahre brach liegende Fläche auf die Zwischennutzerin machte.

„Als ich das erste Mal auf dem Gelände war, war es so was wie Liebe auf den ersten Blick. Und da hat die Natur eine riesen Rolle natürlich gespielt. Also gerade dieses verwunschene, dass man sich vorkommt wie bei Dornröschen irgendwie, was wie im hundertjährigen Schlaf ist. Und das ist halt schon so, dass man halt ein Gelände schön findet. Das hat total viel hier. Dass das so grün ist hier." (XI, 5)

Die Verwendung von Metaphern für Natur, wie die Umschreibung „wie bei Dornröschen" (ebd.), „verwunschen" (ebd.), die Metapher des „hundertjährigen Schlafs" (ebd.) für eine längere Zeit des Brachliegens, zeugen von einem romantischen Naturbild wie es Gills *alteritätsorientierter* Naturvorstellung zugrunde liegt (vgl. Gill 2003, 54). Es wird deutlich, dass eine ungeordnete Natur ästhetisch geschätzt wird. Diese Wertschätzung wird von der Zwischennutzerin als abhängig von der weltanschaulichen Grundhaltung interpretiert.

„Wenn man halt irgendwie aus dem alternativen Bereich kommt, empfindet man natürlich Natur als sehr schön. Und will das ja auch so lassen." (XI, 5)

Dabei wird jene angesprochene ungeordnete, belassene Natur als die *eigentliche* Natur interpretiert und als schön empfunden. Jegliche Maßnahmen in Bezug auf die Natur wären dem abträglich.

Der Argumentation mit einer ästhetischen Natur im Umgang mit der *Tentstation* liegt das besondere Erscheinungsbild einer speziellen Natur von Brachflächen zugrunde. Inwieweit die Schönheit dieser auf der tatsächlichen Wertschätzung einer sich selbst überlassenen Natur gründet oder aber auf der Tatsache, dass aus rationalen ökonomischen Erwägungen und der Temporalität auf ordnende Maßnahmen verzichtet wird, bleibt dabei offen. Zu erahnen ist ein Unterschied zwischen dem, was aus der Not geboren und daher akzeptiert ist und der tatsächlichen ästhetischen Wertschätzung allerdings, wenn man die Zwischennutzerinnen befragt, inwiefern es ihren Umgang mit der Fläche beeinflussen würde, sollte sich der Zeithorizont ihrer Nutzung ändern.

„Wir haben es immer so ein bisschen der Natur komplett überlassen, aber man könnte jetzt hier auch ein paar hässliche Mauern noch begrünen. Also, die werden ja auch eher so immer mit Graffitis vollgeschmiert. Da könnte man einfach was hoch wachsen lassen. Also eher die Natur ein bisschen in die Wege leiten so." (XI, 66)

Was zunächst so klingt, als würden nur geringe Aufwendungen einen Zustand der Fläche herstellen, den die Zwischennutzerinnen auch ästhetisch schätzen würden, wird im Folgenden noch konkretisiert.

„Wir müssten halt hier mehr pflegen und das heißt dann schon, dass wir diese Birken hier am Beckenrand [...] – da müssten wir uns was Neues einfallen lassen. Oder vielleicht doch eine bessere Wegstruktur. Also, wenn wir jetzt hier in zehn Jahren noch sind, dann würden wir hier – wir haben hier keine Wege, sondern ja nur so Trampelpfade. [...] Ich würde jetzt keine Steine hier legen, also das finde ich auch wieder atmosphärisch hier nicht so schön. Aber vielleicht irgendwelche Holzstege oder so würden wir dann schon bauen. Und vielleicht auch ein bisschen die Bäume ausdünnen. Die werden halt doch ganz schön groß. Wir sind ja hierhergekommen, da gingen die mir zur Brust und jetzt sind die drei Meter lang. [...] Ja, aber sonst? So viel würde ich jetzt gar nicht machen. Also, dass ist so: ich finde das irgendwie schön, wie es ist [lacht].“ (XI, 66)

Auch für den neuen Eigentümer spielen ästhetische Gründe sowohl bei der Wahl der Fläche, als auch bei der Gestaltung des Neubaus eine Rolle. Die Natur wird dabei von ihm auf bestimmte Einzelelemente reduziert, die von ästhetischem Wert sind, beispielsweise größere Bäume. Andere Naturelemente spielen nur eine untergeordnete Rolle, so beispielsweise die Sukzessionsvegetation aus der Zeit des Brachliegens. Wie oben bereits angeklungen, zeigt sich hier ganz deutlich eine Nagel und Eisel (2003, 82ff) zufolge amoralische ästhetische Naturauffassung. Von einer ästhetischen Natur erhofft der Eigentümer sich konkrete Vorteile für die Atmosphäre seines Wellnessbades.

„Die Natur hat natürlich eine Rolle gespielt, also einmal die umliegende Natur, der Park sozusagen, der das ganze Objekt einschließt. Das war mit ein Grund, warum wir das Objekt überhaupt ausgewählt haben. Und die größeren Solitärbäume zum Beispiel auf dem Grundstück, die haben wir auch in der Planung mit drin gehabt. Also da wird teilweise drum herum gebaut. Wir haben einen sehr schönen Baum mitten im Ruheraum stehen. Da bauen wir Glas drum rum. Den zweiten Baum, da sind wir mit der Fassade zurückgesprungen. Ich spreche jetzt von den Bäumen, die sonst im Gebäude gestanden hätten, also gefallen wären. In dem Bereich haben wir die Planung an die Bäume angepasst, weil wir natürlich auch von Natur leben und bei den anderen Bäumen, die jetzt so im Hintergrund sind, die bleiben sowieso stehen. Also was jetzt die größeren Solitärgehölze, die schöneren, angeht. Bei den Büschen, die ja sozusagen als Ruinenbüsche und Zwischennutzung sozusagen gewachsen ist, da nicht." (XV, 30)

Auch das umgebende Areal war für die Wahl des Investors von ästhetischer Bedeutung. Die ehemalige Freibadfläche und zukünftige Wellnessbadfläche gehört als Teil des sogenannten Poststadion-Gebietes zu einem größeren Areal, welches sich durch einen hohen Grünanteil auszeichnet. Der neue Eigentümer differenziert in seiner ästhetischen Wertschätzung sichtbar in eine besonders schöne Natur und eine Natur, die sich aufgrund Liegenlassens uneingeschränkt entwickeln kann, die allerdings von ihm nicht ästhetisch wertgeschätzt wird, wie der anschauliche Begriff der „Ruinenbüsche" (ebd.) verdeutlicht. Diese Argumentation teilen die Zwischennutzerinnen der *Tentstation* nicht. Deren Wertschätzung erscheint jedoch, folgt man der Betonung der Zwischennutzerin, als außergewöhnlich und unerwartet, wie der Ausspruch „wir finden die ja auch noch schön" (XI, 5) in folgender Sequenz zeigt.

„Gleichzeitig ist ja Natur auch total praktisch irgendwie. Es kommt alleine. Und es würde mehr Arbeit machen, jetzt hier irgendwie die Büsche wegzumachen. Aber wir finden die ja auch noch schön. Also gerade diese Büsche hier zwischen den Stufen. Die uns dann leider auch die Platten wegsprengen und wir dann ständig irgendwie die Stufen neu anzementieren müssen. Oder auch gerade hier am Beckenrand oder so haben wir auch immer die Pflanzen gelassen." (XI, 5)

Die Verwendung des Ausdrucks *etwas schön finden* zeigt ein Verständnis von Schönheit nicht als *objektive* Eigenschaft eines Gegenstands, sondern als *subjektive* Empfindung, wie Gernot Böhme (1985, 193) es für den Begriff der Atmosphäre definiert hat. In den Zitaten beider Seiten klingt eine amoralische Auffassung einer ästhetischen Natur durch. Auf Seiten des Eigentümers wird der Nutzen für die Atmosphäre betont, auf Seiten der Zwischennutzerinnen der nötige gärtnerische Aufwand, um Veränderungen umzusetzen. In diesem Zitat findet sich des Weiteren eine Auffassung von Natur als selbsttätig – sie kommt von allein – der im Folgenden nachgegangen werden soll.

2.3 Natur, Selbsttätigkeit und Nutzen

Neben angesprochener differierender ästhetischer Wertschätzung finden sich in zahlreichen Gesprächen Anhaltspunkte für ein Verständnis einer selbsttätigen Natur. So lässt sich auch in oben bereits im Zusammenhang mit schöner Natur zitierter Aussage „Gleichzeitig ist ja Natur auch total praktisch irgendwie. Es kommt alleine." (XI, 5) ein Verständnis einer selbsttätigen Natur erkennen. Das Verständnis gründet auf einer Auffassung einer regelhaften Natur, die sich unabhängig von menschlichen Einflüssen entwickelt und lediglich ihren eigenen Gesetzen, in diesem Fall unter anderem den Regeln der Sukzession, folgt. Es betont die Auffassung, dass Natur keinen Menschen braucht, der pflanzt, anlegt und pflegt, sondern sich *von alleine* entwickelt, ohne menschliches Zutun, soweit es der Mensch zulässt.

Selbsttätige Natur und deren Nutzen

Das Verständnis einer selbsttätigen Natur und der daraus resultierende Umgang mit Natur sind eng an einen gewissen Pragmatismus bzw. eine Auffassung von Nützlichkeit von Natur gekoppelt, welche sich wiederum aus der Tatsache der Temporalität erklären lassen.

„Wir als Zwischennutzer, wir pflegen das Gelände jetzt nicht übermäßig. Weil wir denken: Nach uns der Abriss. [...] und dann macht's Natur irgendwie auch schön. Aber es war nie so eine bewusste Entscheidung so. Es war irgendwie auch eine bequeme Entscheidung, sich für die Natur auszusprechen." (XI, 7)

In beiden Zitaten findet sich der Aspekt der Selbsttätigkeit in Verbindung mit einem Verständnis der Nützlichkeit von Natur an der Schnittstelle zwischen einer *liberalen* und einer, wie es Körner in Anlehnung an Hard nennt, *trivialen* oder *Alltags*-Natur (Körner 2003, 352ff; Hard 1993, 188ff). Eine selbsttätige Natur wird als praktisch, weil nützlich erachtet. Die Büsche am Beckenrand wachsen ohne menschliches Zutun. Sie werden als ästhetische Bereicherung und somit der Nutzung dienlich angesehen. Folgt man Nagel und Eisels Naturkonzept handelt, es sich hierbei um ein amoralisches bzw. anthropozentrisches ästhetisches Verständnis von Natur (Nagel u. Eisel 2003, 53f). Der, um bei Körner (2003, 352ff) sowie Gill (2003, 65ff) theoretisch anzuknüpfen, liberale Gedanke dieser Argumentation findet sich in der Bewertung von bestimmten Naturelementen als nützlich. Auf dieser Basis fällen die Zwischennutzerinnen die Entscheidung über den Umgang mit Natur. Bestehen bleiben jene Naturelemente, die auch nützen, beispielsweise indem mit einer ästhetischen Aufwertung die Atmosphäre der am ehemaligen Schwimmbecken eingerichteten Bar unterstützt wird. Das oben bereits angesprochene *triviale* Verständnis von Natur blickt insofern durch, als dass es bei allen Formen von Natur, über deren Bestehen die Zwischennutzerinnen befinden, um eine Natur geht, die von alleine und trotz intensiver Nutzung durch Camping- und Barbesucher existiert, also einem starken Einfluss menschlicher Nutzung unterworfen ist. Auch der Gedanke des Umgangs mit Natur im Sinne einer Maximierung des Nutzens für die Zwischennutzung wird ersichtlich. Eine ökonomisch begründete Aufwand-Nutzen-Abwägung führt dazu, dass zum einen eine sich selbsttätig entwickelnde Natur hoch willkommen ist, zum anderen alle gärtnerischen Maßnahmen eingespart werden, die nicht zwingend notwendig sind. Gleichzeitig unterstützt dies den Erhalt des Flairs eines *gebrauchten Ortes* (vgl. Kap. V 2.1).

Das Verständnis einer selbsttätigen Natur, welches ebenfalls sehr stark mit einem utilitaristischen Hintergrund sowie mit Ordnungsvorstellungen von Natur verwoben ist, ist ebenfalls in folgender Gesprächspassage zu erkennen:

„Das war halt noch zugewachsen. Ja, ich meine, unsere Wiese sieht ja nun auch irgendwie wild aus. [...] Also, wenn wir nicht hierhergekommen wären, wäre das jetzt total zugewachsen, alles. Aber ich meine so viel haben wir jetzt auch nicht verändert." (XI, 43)

Eingeordnet werden kann diese Gesprächspassage in den Fragenkomplex zum Zustand der Fläche vor der Nutzung und zu den Veränderungen für die Natur auf der Fläche mit Beginn der Zwischennutzung. Den ersten Aspekt dieses Zitats liefert eine Aussage, die darauf zielt, dass die Abwesenheit jeglicher Nutzung, also das Brachliegen der Fläche, zunächst zu einer oft als urban oder industriell bezeichneten Natur geführt hat (vgl. Kapitel II 3 sowie V 2.2). In diesem Kontext wäre auch die bereits diskutierte Ansiedlung des Fuchses oder das Entenpaar, das in dem aufgelassenen Schwimmbecken lebte, zu nennen. Der zweite Aspekt des Zitats zielt auf eine Vor-

stellung von Selbsttätigkeit als zu zähmendem Wildwuchs und damit ebenfalls auf ein Verständnis von Natur, die der Ordnung bedarf (vgl. Kap.
IV 2.1). Wild habe es ausgesehen und total zugewachsen wäre es, wenn
keine ordnenden Maßnahmen ergriffen worden wären. Dabei wird dem Attribut *wild* die Bedeutung der unkontrollierten, selbsttätigen Entwicklung
von Natur zugeschrieben, wie es sich in Kirchhoff und Trepls Konzeption
von Natur als Wildnis (vgl. Kirchhoff u. Trepl 2009a, 22 sowie Kap.
II 2.3.2) findet. Betrachtet man diese Aussage für sich, kann nicht geklärt
werden, inwieweit eine Vorstellung von wilder Natur hier positiv oder negativ konnotiert ist. Zu erkennen ist lediglich die Einstellung, dass die Natur auf der Fläche zu ordnen ist, um sie einer Nutzung als Zeltplatz zufüh-
ren zu können.

Ambivalenzen der Naturverständnisse

An dieser Stelle sei diesem Verständnis einer selbsttätigen zu ordnenden
Natur eine weitere Auffassung hinzugefügt, die im selben Interview geäußert wird. Diese Äußerung lässt auf eine positive Bewertung der beschriebenen Entwicklung von Natur im ungenutzten Zeitraum der Brache schließen und wurde bereits unter dem Aspekt der biozentrischen Argumentation
für einen Schutz von Natur diskutiert (vgl. Kap. V 2.1):

„Drei Jahre, also drei Sommer war hier nichts. Und ja, ich glaub', das war hier für
die Natur die beste Zeit." (XI, 41)

Angeführt sei das Zitat an dieser Stelle, da es eine Ambivalenz in der Einstellung der Zwischennutzerin verdeutlicht, die ein im Umgang mit städtischen Brachflächen häufig anzutreffendes Phänomen darstellt. Die Nutzung
auf der Fläche wird selbstredend befürwortet. Auf der anderen Seite wird
jedoch die Einschätzung geäußert, dass die notwendigen Eingriffe und die
Nutzung der selbsttätigen Entwicklung von Natur hier abträglich sind. Neben diesen ambivalenten Naturauffassungen treffen des Weiteren im Umgang mit Brachflächen häufig Personen aufeinander, die auf der einen Seite
die brachgefallenen Flächen ordnen, entwickeln, bespielen oder mit unterschiedlichen Zeithorizonten nutzen wollen. Auf der anderen Seite stehen
Personen, die den schützenswerten Charakter von Natur im städtischen
Raum im Blick haben (vgl. den Abschnitt „Hände weg – liegen lassen!" in

Kap. IV 2.1). In der Schnittmenge zwischen diesen beiden Haltungen, quasi als Hybridtypen, finden sich Personen mit einer Einstellung, wie diejenige der zitierten Zwischennutzerin: auf der einen Seite bewerten sie den speziellen Charme dieser selbsttätigen städtischen Brachflächennatur als attraktiv. Auf der anderen Seite sprechen sie der Natur jedoch aufgrund dessen noch keinen Schutzstatus zu oder sehen zum Schutz der Natur von einer Nutzung der Fläche ab. Es wird folglich in diesem Kontext der Nutzenaspekt höher bewertet als der Schutzstatus von Natur.

Ebenfalls eine ambivalente Einstellung, in diesem Fall zwischen individuell-privatem und professionellem Verständnis, äußerte der neue Eigentümer der Fläche:

„Aber für mich hat das echt immer wieder, wenn es um Stadtnatur geht und um Zwischennutzung – da haben wir schon öfter mit zu tun gehabt – ein echtes Problem... Derjenige, der da sagt: okay, ich lass' das mal wachsen, ich lass' der Natur das, so lange es geht, der wird wirklich hart bestraft dafür. Und wenn dann noch eine Fledermaus sich darin einnistet, dann hat er total Pech gehabt. Und derjenige, der jedes Jahr mit DDT über sein Grundstück geht, der wird belohnt. Da kommt dann die Bewertung und sagt: ja, da auf dem Grundstück ist nichts." (XV, 54)

Die Diskrepanz zwischen seiner privaten und seiner beruflichen Auffassung von Natur, die von ihm auch reflektiert wurde, verdeutlicht noch einmal die Tatsache, dass nicht nur innerhalb einer Gesellschaft, einer Kultur, eines Zeitraums verschiedene Naturverständnisse existieren, sondern, dass auch ein und dasselbe Individuum in unterschiedlichen Kontexten unterschiedliche Auffassungen von Natur zeigt und nach diesen handelt (vgl. Kap. II 2.1 sowie die Konzeption von Macnaghten und Urry in Kap II 2.3.2). Daher lassen sich die hier geäußerten Naturauffassungen ein und derselben Person sowohl Naturverständnissen zuordnen, die jegliche ordnende Maßnahmen ablehnen, wie auch einem technokratischen Verständnis, das den Umgang mit Natur planerisch-politischen Maximen unterwirft. Wie unter dem Titel „Hände weg – liegen lassen!" bereits angesprochen (vgl. Kap. IV 2.1), gründet die Auffassung, der Natur für einen begrenzten Zeitraum ihren Lauf zu lassen, auch auf einem Naturverständnis, das Natur in ihrer Gegensätzlichkeit zu Gesellschaft oder auch urbanem Raum konzeptioniert. Diese Gegensätzlichkeit findet sich beispielsweise in der politisch-strategischen Naturkonzeption Bernhard Gills, der einen *alteritätsorientierten* Naturdiskurstypus beschriebenen hat (vgl. Gill 2003, 75ff sowie Kap. II 2.3.1). Natur wird als das Fremde und dem Menschen gegensätzlich verstanden. Dabei wird ein romantisches Bild von Natur als unbeherrschbares Gegenteil zu Gesellschaft erzeugt. Auch utopische Naturbilder und Auffassungen von Natur als Ort der Kontemplation und des Naturerlebens führt Gill auf dieses grundlegende Verständnis zurück. Aus der Tatsache heraus, dass Gill die Naturbilder anhand von Umwelt- und Technikdiskursen analysiert hat, wird auch das herausgearbeitete Grundmotiv der Diskurse verständlich: die Befreiung von Natur. Der Ansatz Kirchhoff und Trepls, Natur als Wildnis aufzufassen, beruft sich ebenfalls auf Gills oben genannten *alteritätsorientierten* Typ (vgl. Kirchhoff u. Trepl 2009a, 22 sowie Kap. II 2.3.2). Auch dieser konzipiert Natur auf gegenbegriffliche Art und Weise. Natur wird auf Grundlage von Vernunft, aber auch aus politischen Erwägungen als Gegenwelt zur menschlichen Ordnung gedacht. Die Natur als Wildnis kann dabei in Abhängigkeit von der kulturellen Ordnung sowohl negativ wie auch positiv konnotiert sein. Die theoretische Gegensätzlichkeit von Natur und Stadt wird in der vorgestellten Argumentation dadurch deutlich, dass eine urbane Entwicklung auf besagten Flächen angedacht ist, die Phase uneingeschränkter Entwicklung von Natur daher zeitlich befristet ist. Der Beginn einer Phase neuer Nutzung wird als bedeutender Eingriff in die Natur, wenn nicht sogar als deren Ende angesehen. Dabei wird in unterschiedlichem Maße mit der Notwendigkeit argumentiert, Natur in gewissen Grenzen zu halten. Natur und urbane Nutzung schließen sich diesen Aussagen zufolge aus.

Regelhaftigkeit von Natur

Argumentationen, die auf dem Zusammenhang von Natur und Wetter bzw. der Saisonalität gründen, entspringen einem Verständnis einer Regelhaftigkeit von Natur. Kate Soper konzipiert diese Regelhaftigkeit beispielsweise als *realistisches* Naturkonzept, welches die Natur in ihren Gesetzmäßigkeiten und Strukturen begreift (Soper 2000, 155f). Das menschliche Leben wird als von diesen Prozessen abhängig verstanden. Dieses Verständnis einer Abhängigkeit von natürlichen Abläufen äußern sowohl die Zwischennutzerinnen der *Tentstation* wie auch der *Lohmühle*. Deutlicher tritt diese Argumentation im Umgang mit dem folgenden Fallbeispiel des *Wagendorfs Lohmühle* zu Tage (vgl. Kap. VI 2.2). Dennoch lassen sich auch im Um-

gang mit der *Tentstation* Muster erkennen, die auf dem Verständnis beruhen, dass Wetterphänomene zum einen eine Kategorie von Natur sind, zum
anderen von Relevanz für die Nutzung sind. Zwar betonen die Zwischennutzerinnen in verschiedenen Kontexten den grundsätzlichen Zusammenhang des Zeltens mit dem Aufenthalt im Freien. Sie gehen dabei jedoch
nicht so weit, dieses ‚Draußensein' mit dem Erleben von Klima in Zusammenhang bringen, wie es die im folgenden Kapitel ausgeführte Argumentation der Wagendorfbewohner zeigt (vgl. Kap. VI 2.1). Konkret angesprochen wird der negative Einfluss von schlechtem Wetter auf die Nutzung des
Zeltens bzw. die steigende Nachfrage nach den raren festen Unterkünften,
die die *Tentstation* anbieten kann.

„Und natürlich hat dann auch die Natur wieder, wenn es regnet, die Kehrseiten. Und
die Leute fragen schon auch sehr stark nach Unterkünften. Also, wir vermieten hier
das Bademeisterhäuschen. Dann haben wir noch zwei […] Wohnwägen. Und das
wäre denen schon lieber teilweise. Aber gleichzeitig soll es auch grün sein und ruhig
und mitten in der Stadt." (XI, 19)

Bemerkenswert ist der Zusammenhang zwischen einer negativen Konnotation von Natur und sogenanntem schlechtem Wetter, also im Falle von Nie-
derschlägen oder auch in Bezug auf die Saisonalität, also die Wintersaison.
Diese Tatsache wird auch vom neuen Eigentümer als bedeutend für die
letztendliche Kaufentscheidung der Fläche genannt.

„Das erste Mal die Fläche gesehen habe ich vor relativ langer Zeit. Das war vor vier
Jahren, würde ich sagen. Da haben wir die Fläche mal gezeigt bekommen, dass die
zu verkaufen ist, von jemandem, der damit gar nichts zu tun hatte, der das nur wusste, ein Haustechnik-Ingenieur. Wir haben uns dann aber nicht für die Fläche interessiert, weil wir keine Zeit und Lust hatten. Und die Fläche damals nicht so… Es war
Winter und alles war halt grau und fies, und da hat die Fläche uns nicht so angesprochen." (XV, 8)

Befragt nach den Gründen bzw. Einflussfaktoren für den späteren Sinneswandel, thematisiert er nochmals den Einfluss des Wetters auf den letztendlich positiven Eindruck, den das Areal dann doch bei ihm hinterlassen habe
und der die Kaufentscheidung, neben zahlreichen anderen Gründen, beeinflusst habe.

„Ja also... das ist schwer zu greifen. Man könnte sich jetzt flapsig sagen, vielleicht war es das gute Wetter." (XV, 10)

3   SCHÖNHEIT DURCH NACHHALTIGKEIT?

Das Fallbeispiel der *Tentstation* zeigt in augenscheinlicher Weise, dass eine klare Zuordnung bestimmter Naturauffassungen zu einzelnen Akteuren nicht möglich ist.

Der Beginn der Zwischennutzung lag nicht nur für die Nutzerinnen in einer Konzeption, deren Kern auf dem Argument der Nachhaltigkeit fußte. Auch mir wurde von Seiten der Zwischennutzerinnen wie auch des Bezirks die Nachhaltigkeit dieser Nutzungsform dargelegt. Nachhaltig sei die Nutzungsform in ökologischer Hinsicht dank der Verwendung bestehender Infrastruktur, der daraus folgenden Vermeidung zusätzlicher Versiegelung und des ressourcensparenden Umgangs mit Baumaterialien. In ökonomischer Hinsicht beansprucht sie Nachhaltigkeit durch eben diese Sparsamkeit, die jedoch weniger der ökologischen Argumentation, als der zeitlichen Befristung zuzuschreiben ist. Für die Eigentümer ist es ökonomisch nachhaltig, die Nutzungslücke mit einer Zwischennutzung zu schließen, womit immerhin die Betriebskosten der Eigentümer erwirtschaftet werden. Die soziale Nachhaltigkeit wurde zwar konzeptionell erarbeitet, indem ein soziales Projekt eingebunden werden sollte. Dieser Gedanke wurde jedoch letztlich nicht umgesetzt. Als sozial bzw. kulturell nachhaltig kann jedoch auch die allgemein auf Zwischennutzungen zutreffende Tatsache angeführt werden, dass kostengünstiger Raum für besondere Projekte zur Verfügung gestellt wird, die Mietpreise für langfristige Nutzungen nicht tragen könnten, jedoch von kultureller Bedeutung für eine Stadt sind.

Betrachtet man rückblickend den Erfolg der *Tentstation* in ihrer mehr als fünfjährigen Nutzung des ehemaligen Moabiter Freibadgeländes, wird die Bedeutung der besonderen Atmosphäre der Fläche für diesen Erfolg sichtbar. Bereits hier gehen Nachhaltigkeit und ein ästhetisches Verständnis Hand in Hand. Der ressourcensparende Umgang führte zu einem besonderen Charakter der Nutzung. Diese positive Bewertung einer Atmosphäre des *gebrauchten Ortes* zeugt von einem spezifischen ästhetischen Empfinden.

Aus der Tatsache der Temporalität sowie der Nachhaltigkeit folgt zum einen ein Umgang mit Natur, der geprägt ist von einer gewissen Rücksichtnahme auf Natur. Der Grad des Schutzes von Natur relativiert sich, betrachtet man den zum anderen pragmatischen Umgang mit Natur sowohl der Zwischennutzerinnen, als auch des neuen Eigentümers. Dieser zeugt wiederum von einem Verständnis einer selbsttätigen Natur, deren Selbsttätigkeit der besonderen Atmosphäre dieses Ortes zugutekommt.

VI Fallstudie Wagenburg Lohmühle

Der berühmteste Bauwagenbewohner hierzulande dürfte die Figur des Peter Lustig gewesen sein, der die Kindersendung *Löwenzahn* von 1981 bis 2005 moderierte. Peter Lustig lebte in einem zum Wohnraum ausgebauten Bauwagen auf einem weitläufigen Gartengrundstück. Bei der Dokumentation seiner Erfahrungen, Erfindungen und Fragen des Lebens ging es oftmals darum, auf kindgerechte Weise Verständnis für ökologische Themen zu erzeugen, in der Regel gekoppelt an seine alltäglichen und daher naturnahen Lebenssituationen. Inwieweit trifft eine derartige Darstellung einer naturnahen Wohnform jedoch die Realität? Hat das Leben im Bauwagen zwingend etwas mit Natur zu tun? Zu Beginn der Beschäftigung mit diesem Fallbeispiel assoziierte ich zwei völlig verschiedene Bilder mit dem Begriff der Wagenburg. Auf der einen Seite steht das Bild eines chaotisch wirkenden Sammelsuriums von Wägen, Autos, Vehikeln aller Art und jeder Menge Baumaterialien. Ich gebe zu, kein sehr positiver Eindruck. Auf der anderen Seite existierte ein Bild von hübschen Bauwagen auf einer begrünten oder auch bewaldeten Fläche. Diese Leben im Freien, im Gegensatz zu dem Leben von Menschen wie mir, die 'ganz normal' in Wohnungen und Häusern leben, hat etwas Romantisches. Nicht auszuschließen, dass dieses Bild von oben erwähnter Kindersendung geprägt wurde.

Menschen leben aus den verschiedensten Gründen in Bau- oder auch Wohnwägen und schließen sich zu sogenannten Wagenburgen[39] zusammen.

---

39 Zum Verständnis seien hier kurz einige Charakteristika dieser Wohnform vorgestellt: Den Begriff der Wagenburg verwenden die Bewohner der Lohmühle. In diesem Zusammenhang wird unter einer Wagenburg ein loser Zusammenschluss von Bauwägen und Wohnwägen auf einem sog. Wagenplatz verstanden. Die

Im Folgenden soll das Fallbeispiel der *Wagenburg Lohmühle* vorgestellt werden. Dabei wird neben der Entwicklung auch auf die inhaltliche Ausrichtung des Wagendorfs eingegangen. Der Fokus liegt dabei auf der aktuellen Situation der Nutzung bzw. auf den Prozessen, die zu dieser führten. Darauf aufbauend wird die Akteurskonstellation beleuchtet (Kap. VI 1). Im Anschluss daran werden auch für dieses Fallbeispiel die Relevanz von Stadtnatur sowie die in den Aussagen der involvierten Akteure eingebetteten Naturverständnisse herausgearbeitet (Kap. VI 2). Das abschließende Kapitel fasst diese Ergebnisse kurz zusammen und geht insbesondere auf die Bedeutung der Stadt-Natur-Dualismus für die Argumentationen ein (Kap. VI 3).

1 WOHNNUTZUNG AUF DEM EHEMALIGEN MAUERSTREIFEN

Die ersten Bewohner der *Wagenburg Lohmühle* besetzten Anfang der 1990er Jahre eine Fläche des ehemaligen Mauerstreifens im Bereich des sogenannten Schlesischen Buschs, heute eine öffentliche Grünfläche im Berliner Bezirk Treptow-Köpenick an der Grenze zu Kreuzberg. Kurze Zeit später verlagerten die damaligen Bewohner ihr Wagendorf entlang des ehemaligen Mauerstreifens nochmals um einige hundert Meter Richtung Westen. Auf diesem Stellplatz siedeln sie seit nunmehr über 20 Jahren. Von den Gründungsmitgliedern bewohnen heute nur noch wenige einen Bauwagen im Wagendorf. Die Bewohnerschaft wechselte immer wieder. Die *Wagenburg Lohmühle* ist als Verein organisiert und die Zahl der Bewohner bzw. der Bauwägen auf 20 beschränkt. Es herrscht eine hohe Nachfrage

---

Struktur ist dabei der eines Dorfes nicht unähnlich. Daher wird häufig auch der Begriff des Wagendorfs synonym dafür verwendet. Es existiert eine gemeinsame Infrastruktur, wie beispielsweise Sanitäreinrichtungen, Versammlungsräume und zentrale Plätze. Gemeinsam ist den verschiedenen Formen von Bauwagensiedlungen, dass sie in der Regel nur für einen begrenzten Zeitraum auf der jeweiligen Fläche siedeln. Der rechtliche Status kann sich dagegen deutlich unterscheiden. Von geklärten Pacht- und Mietsituationen, zum Teil befinden sich die Flächen sogar im Eigentum der Bewohner, bis hin zu illegalen Besetzungen von Frei- und Brachflächen sind alle Situationen zu finden.

nach den Stellplätzen der Wagenburg. Wer aufgenommen wird, entscheidet basisdemokratisch das Plenum der Wagendorfbewohner. Voraussetzung ist ein starker Wille zum Engagement im Rahmen der Aktivitäten der Wagenburg. Das Wagendorf verfügt über diverse Gemeinschaftseinrichtungen, darunter ein Versammlungszelt, in dem auch Veranstaltungen stattfinden, einen Ausstellungswagen, der auch externen Künstlern zur Verfügung steht, einen Erdkeller zur Kühlung von Lebensmitteln, Sanitäreinrichtungen, wie Toilette, Freiluftdusche, Badehaus und eine Pflanzenkläranlage für Brauchwasser. Einen Strom- und Wasseranschluss gibt es nicht. Dies entspricht dem Konzept der *Netzunabhängigkeit*, dem sich zahlreiche Wagendörfer verschrieben haben (vgl. etwa Hasse 2009, 192). Aus in der Regel politischen und ökologischen Gründen wird auf eine Abhängigkeit von einem Energieversorger verzichtet. Jürgen Hasse bezeichnet die Netzunabhängigkeit als „symbolische[n] Ausdruck einer ökologischen Orientierung" (ebd.)

In den Anfängen der Wagenburg wurde die Fläche zunächst illegal besetzt. Begünstigt wurde die Besetzung durch ungeklärte Zuständigkeiten und Eigentumsverhältnisse in Bezug auf Flächen des ehemaligen Mauerstreifens. Im Laufe der Jahre erhielten die Bewohner verschiedene Pachtverträge unterschiedlicher Laufzeit. Der Bezirk will sich nach wie vor die Freiheit nicht nehmen lassen, die Fläche räumen zu können, sollte ein Investor Interesse an der Bebauung der Flächen zeigen und diese kaufen. Die letzten Verhandlungen um einen neuen Pachtvertrag fanden im Sommer 2011 statt und endeten positiv für das Wagendorf mit der Verlängerung des Vertrages. Seit einigen Jahren ist der Verein vom Bezirk als Verwalter des Grundstücks eingesetzt.

Diese rechtliche Situation stellt die Grundlage für die Einordnung des Fallbeispiels in den Kontext von Zwischennutzungen und Stadtnatur dar. Die Anwendung der Kategorie *Zwischennutzung* wurde von einem der Bewohner heftig kritisiert. Er erhob den Anspruch, dass auch Nutzungen, wie die ihre, eine dauerhafte Existenzberechtigung im städtischen Raum haben sollten (Interview XVIII). Dennoch können die oben beschriebenen Kriterien einer Zwischennutzung (vgl. Kap. II 1.3) ohne Abstriche auf die *Wagenburg Lohmühle* angewendet werden. Die legale Nutzung der Fläche ist vertraglich befristet. Es handelt sich damit um eine temporäre Nutzung. Das Leben in einem Bauwagen kann durchaus der Kategorie der besonderen Nutzungsart zugeordnet werden, wenn von der Prämisse ausgegangen wird, dass es die Norm unserer Gesellschaft ist, in festen Gebäuden zu leben. Auf die Akteurskonstellation wird im Folgenden noch eingegangen. An dieser Stelle sei jedoch vorweg genommen, dass es sich auch hier um eine spezielle Beziehung zwischen Eigentümer und Pächter handelt, die sich bereits in der Tatsache äußerte, dass die Fläche zu Beginn schlichtweg besetzt und illegal angeeignet wurde.

Als die Fläche bezogen wurde, existierte keinerlei Bewuchs. Der Mauerstreifen war jahrzehntelang von jeglicher Vegetation freigehalten worden. Dementsprechend stark belastet war der Boden. Die mit dem Ende der Bekämpfung der Vegetation einsetzende Sukzession wurde von den Bewohnern mit der Zeit stärker in Bahnen gelenkt und mit Pflanzungen unterstützt. Damit wurde eine größere Vielfalt an Vegetation angestrebt. Der Anbau von Nutzpflanzen ist aufgrund der Belastung des Bodens im Nutzungsvertrag auf Hochbeete beschränkt worden. Bodenproben haben jedoch ergeben, dass die Belastung für Berlin mittlerweile ortsüblich ist. Aus der einst kahlen Fläche ist inzwischen eine stark bewachsene Grünfläche geworden, mit Bäumen, Hecken, Wiesenflächen und zahlreichen Beeten der Bewohner vor ihren jeweiligen Wagen (vgl. Abb. 9 und 10).

Abbildung 9: Bauwagen der Wagenburg Lohmühle im Juni 2010

Foto: eigene Aufnahme

Umgeben wird das Areal von einer Naturhecke, die anstelle eines konventionellen Zauns eine Sichtbarriere schafft und von den Bewohnern als psychologische Abgrenzung ihrer Fläche geschätzt wird. Da der ökologische Gedanke ein Kernthema des Wagendorfs ist, sind die Bewohner bemüht, ein Gleichgewicht zwischen ihrer Existenz auf der Fläche und der ‚Natur' zu bewahren. Dies ist der Hintergrund der selbst auferlegten Beschränkung auf 20 Bauwägen. Das Areal könnte eine deutlich höhere Zahl an Bewohner und an Wägen beherbergen.

Abbildung 10: Die Wagenburg Lohmühle im Juni 2010

Foto: eigene Aufnahme

Neben der Ökologie hat sich das Wagendorf der Jugend- und Kulturarbeit verschrieben. Mit ihren Kulturveranstaltungen, Festen und Cafés wird die Wagenburg als Zugewinn für das kulturelle Leben des Viertels angenommen. Der aus dem Wagendorf heraus gegründete Verein hat sich die Förderung von Kunst und Kultur zum Ziel gesetzt. Auch der Kinder- und Jugendarbeit kommt ein bedeutender Stellenwert zu. So wird beispielsweise auch der auf der Fläche eingerichtete Naturspielplatz von Familien aus den angrenzenden Wohngebieten rege genutzt. Daher halten sich auch die Konflikte mit Anwohnern in Grenzen und das Wagendorf erfreut sich einer großen Akzeptanz. Hierzu beitragen dürfte auch, dass auf Öffentlichkeitsarbeit großer Wert gelegt wird[40].

Akteurskonstellation und ihre Besonderheiten

Der erste Kontakt zu den Bewohnerinnen der Wagenburg, also der Gruppe der Zwischennutzer, wurde über einen Bewohner hergestellt, der als Betreuer der Homepage und Mitglied des Arbeitskreises Ökologie meine erste Gesprächsanfrage beantwortete (Interview XVIII). Im weiteren Verlauf führte ich Interviews mit zwei weiteren Bewohnerinnen (Interviews XIX sowie XX). Da die Wagenburg basisdemokratisch organisiert ist, gibt es keinen Vorstand im engeren Sinne, wenngleich es einen alteingesessenen Bewohner gibt, der von vielen scherzhaft ,der Bürgermeister' genannt wird. Nach einem ersten explorativen Interview mit besagtem Bewohner und der Vorstellung meines Forschungsvorhabens im sogenannten ,großen Plenum' des Wagendorfes, erklärten sich zwei Bewohnerinnen bereit, mit mir über ihr Leben im Wagendorf, die Gründe dafür und die Bedeutung von Natur zu sprechen.

Das Areal, auf dem die Wagenburg siedelt, ist eine öffentliche Fläche, die der Liegenschaftsfonds zu veräußern bemüht ist. Aufgrund des Bebauungsplanes ist das Areal allerdings für eine kulturelle Nutzung beplant und kann daher nicht uneingeschränkt vermarktet werden. Die grundsätzliche Haltung des Liegenschaftsfonds zu Zwischennutzungen wurde im Rahmen des Interviews mit einem Mitarbeiter (Interview XIV) erfragt, der im Zusammenhang mit der Fallstudie der *Tentstation* vorgestellt wurde. Konkret zum Fallbeispiel *Lohmühle* wurde ein Mitarbeiter des Bezirksamtes Treptow-Köpenick befragt, der als Ansprechpartner für das Vertragsmanagement der öffentlichen Liegenschaften in der Abteilung für Umwelt, Grün und Immobilienwirtschaft verantwortlich ist (Interview XXI). Die

---

40 Der Internetauftritt auf www.lohmuehle-berlin.de informiert über das Leben im Wagendorf und gibt Einblicke in den Alltag. Er versucht, die gängigen Fragen zu beantworten und die üblichen Vorurteile zu parieren. Auch die Möglichkeit, das Gelände im Rahmen der jährlichen Veranstaltungen zum Langen Tag der Stadtnatur kennenzulernen, fördert das Verständnis der Bevölkerung für diese Lebensform.

Zusammenarbeit bei einer möglichen Veräußerung öffentlicher Flächen geht zwischen Liegenschaftsfonds und zuständigem Bezirksamt Hand in Hand, wie mir auch bereits im Zusammenhang mit der *Tentstation* bestätigt wurde. Der Mitarbeiter des Bezirksamtes konnte mir daher wertvolle Informationen zur Einstellung von planerischer und Eigentümerseite gegenüber dem Wagendorf geben, sowie über zukünftig geplante Entwicklungen.

Tabelle 7: Geführte Interviews mit Bezug auf die Wagenburg Lohmühle

Interview	Zuordnung und Funktion der Gesprächspartnerinnen und Gesprächspartner
XVIII	Zwischennutzer und Bewohner
XIX	Zwischennutzerin und Bewohnerin
XX	Zwischennutzerin und Bewohnerin
XXI	Mitarbeiter des Bezirksamtes Treptow-Köpenick, Abteilung für Umwelt, Grün und Immobilienwirtschaft als
XXII	Anwohner
XXIII	Anwohner und Mitarbeiter der Anwohnervertretung

Quelle: eigene Aufstellung

Das Verhältnis zu den Anwohnern wurde mir sowohl von den Bewohnern des Wagendorfs wie auch von städtischer Seite als unauffällig bis positiv geschildert. Lediglich bei Veranstaltungen kommt es hin und wieder zu Konflikten bezüglich der Lautstärke. Die beiden Gesprächspartner aus der Gruppe der Anwohner erwiesen sich als ehrenamtlich überdurchschnittlich in ihrem Kiez engagiert, der eine als Angehöriger einer Kirchengemeinde in Alttreptow, der andere als Vertreter der Anwohnervertretung KungerKiezInitiative e.V. (Interviews XXII sowie XXIII). Insbesondere die sogenannte KiezIni pflegt enge Kontakte zum *Wagendorf Lohmühle*. Zahlreiche Bewohner der Wagenburg engagieren sich im Rahmen der Initiative ebenfalls für ihr Stadtviertel. Die ehrenamtliche Arbeit des Wagendorfs wird von den Anwohnern als Bereicherung für ihr Stadtviertel geschätzt. Tabelle 7 gibt eine Übersicht über die geführten Interviews sowie die Zuordnung der Gesprächspartnerinnen zu den jeweiligen Akteursgruppen.

2 NATUR DIREKT VOR DER TÜR – EINBLICKE IN DAS LEBEN IN EINEM BAUWAGEN

Die augenscheinlichste Begründungsweise im Umgang mit der Zwischennutzung des *Wagendorfs Lohmühle*, vor allem von Seiten der Bewohnerinnen, war die Verbindung von Natur und einem häufig unspezifischen ,Draußen'. Dabei wurde auf mein Nachfragen hin das ,Draußen' auf unterschiedliche Weise konkretisiert – draußen sein, draußen leben, die Natur da draußen hautnah spüren. Diese Verbindung zu Natur kann in zwei verschiedene Richtungen interpretiert werden. Auf der einen Seite stellt es die Gegenposition zu einem ,Drinnen' oder auch dem Urbanen dar (vgl. Kap. VI 2.1 *Natur als das ,Draußen'*). Auf der anderen Seite verweist die Konkretisierung des ,Draußen' auf eine erfahrbare Natur im Sinne von regelhaften Naturphänomenen wie Wetter, Klima oder auch die Saisonalität (vgl. Kap. VI 2.2 *Natur als Wetter und Klima*). Daneben ist in der ökologischen Ausrichtung des Wagendorfs mit dem Bestreben nach Ressourcenschutz ein weiteres Argumentationsmuster zu erkennen, das sich auch in den Begründungen der Bewohnerinnen niederschlägt (vgl. Kap. VI 2.3 *Natur als schützenswerte Ressource*). Im Folgenden werden die drei Argumentationslogiken *Natur als das ,Draußen'*, *Natur als Wetter und Klima* sowie *Natur als schützenswerte Ressource* vorgestellt.

2.1 Natur als das ,Draußen'

Der Untertitel für dieses Kapitel könnte auch ,die Natur als Wohnzimmer' lauten. Besonders auffällig im Umgang mit diesem Fallbeispiel ist die Verwendung der Begrifflichkeit ,Draußen' in Verbindung mit der Nutzung der Fläche als Wagendorf, also der Wohnnutzung einer Brachfläche.

„Das ist schon auch so, dass eben dieses Draußen, die Natur, so das Wohnzimmer ist." (XIX, 51)

Diese Auffassung, Natur verstanden als das ‚Draußen', trat in den oben bereits beschriebenen Argumentationen der beiden anderen Fallbeispiele deutlich schwächer zu Tage. Versucht man sich dem Verständnis eines ‚Draußen' zu nähern, fällt dessen Betonung im Gegensatz zu einem ‚Drinnen', wie es das Leben in geschlossenen Räumen mit sich bringt, ins Auge. Fasst man diese Paarung weiter als eine Stadt-Natur- oder auch eine Gesellschaft-Natur-Gegensätzlichkeit, können diese theoretisch beispielsweise an die kulturgeschichtliche Typologie Oldemeyers angeschlossen werden (Oldemeyer 1983 sowie Kap. II 2.3.2). Diese beinhaltet den Typus einer „Natur als Gegenstand und Gegenbegriff" (Oldemeyer 1983, 24ff). Produktiv aus den verschiedenen Ansätzen, die diesem Naturverhältnistyp zugeordnet sind, ist für diesen Zusammenhang vor allem die Auffassung von Natur als unbeseeltem Gegenstand menschlicher Betrachtung und der daraus resultierenden Gegenbegrifflichkeit zum menschlichen Subjekt. In dieser Sammlung von Ansätzen finden sich auch Verständnisse, die Natur in ihrer Entgegensetzung zu Kultur als „edle, gute und schöne Wildnis verklär[en]" (ebd., 34) sowie als „unintegrierbar" (ebd.) in die Kultur auffassen. Ebenfalls als eine Natur, die dem Menschen gegensätzlich ist und die als das Fremde angesehen wird, konzipiert Bernhard Gill das *alteritätsorientierte* Verständnis (vgl. Gill 2003, 75ff sowie Kap. II 2.3.1), das bereits im Zusammenhang mit Natur und Ordnung (vgl. Kap. IV 2.1) angesprochen wurde. Auch in Kirchhoff und Trepls *moralischem* Naturverständnis (vgl. (Kirchhoff u. Trepl 2009a, 22 sowie Kap. II 2.3.2), das zu einer Auffassung von Natur als Wildnis führt, finden sich Aspekte einer Natur als Gegenwelt zur gesellschaftlichen, moralischen Ordnung und damit Aspekte der Gegenbegrifflichkeit von Natur und Gesellschaft. Dualistische Züge weist auch Kate Sopers Naturkonzeption auf (vgl. Soper 2000 sowie Kap. II 2.3.1). Das Konzept der *metaphysischen* Natur basiert auf dem Verständnis, die Natur als das menschliche Gegenüber anzusehen (Soper 2000, 155). Ökologische Diskurse, die Gegenstand jener Untersuchung Sopers sind, gründen auf einem Differenzdenken des Menschen zur äußerlichen Umwelt. Aber auch das Konzept der alltäglich erfahrbaren *Oberflächen-* oder auch *laienhaften* Natur (ebd., 156) ist durchdrungen von gegenbegrifflichen Zügen:

„The ‚natural' [is seen] as opposed to the urban or industrial environment (‚landscape', ‚wilderness', ‚countryside', ‚rurality'), animals, domestic and wild, the physical body in space an raw materials." (ebd.)

Insbesondere auch an dieses Konzept kann das Verständnis einer Natur als ‚Draußen' in seiner Gegensätzlichkeit theoretisch Anschluss finden.

Auf diese Gegensätzlichkeit nimmt ein Wagendorfbewohner in folgender Beschreibung seiner Lebensform Bezug:

„Für mich ist auch noch wichtig, zu zeigen, dass man nicht nur in diesen Schuhkartons leben kann, sondern dass es eigentlich unterschiedlichste Lebensformen gibt." (XVIII, 64)

Das Leben im „Schuhkarton" (ebd.), wie es der Bauwagenbewohner nennt, steht hierbei als Metapher für eine Wohnform in geschlossenen Räumen, zu dem das Wohnen im Bauwagen im Gegensatz steht. Es wird mit einem offenen, naturnahen Leben im Freien in Verbindung gebracht. Dieses Leben und die Bedeutung von Natur für ihr Leben beschreibt eine andere Wagendorfbewohnerin wie folgt:

„Ich weiß immer, wie das Wetter ist jeden Tag. Schon dadurch, dass es sehr direkt ist. Ich mache also die Tür auf und bin draußen. […] Was hat noch mit Natur zu tun? Ich habe hier Bäume, ich habe hier Vögel, da kommen Tiere zur Tür rein, wenn ich die lange offen lasse. […] Es ist eine unmittelbare Nähe. Genau, es ist nicht noch so ein Treppenhaus dazwischen und ein weiter Weg. Und das ist auch, wenn man jetzt baut, so ein Wagen ist wie eine Skulptur, die sich so ein bisschen verändert. Ich will zum Beispiel als nächstes die Wand streichen. Ich warte also darauf, dass ich einen sonnigen Tag habe wo ich auch frei habe. Und da lese ich dann auch immer morgens den Wetterbericht von den nächsten drei Tagen und kalkuliere das. Also es bestimmt mein Leben total." (XX, 21-25)

Sie stellt darin das Leben in einem Bauwagen, dessen offene Türen eine für sie bedeutsame Naturnähe ermöglichen, ebenfalls dem Leben in Wohnungen gegenüber. Dabei wird deutlich, dass die Konzeption von Natur als das ‚Draußen' hier keineswegs mit der Interpretation von Natur als Gegenbegriff einhergeht, sondern gerade die Überwindung jener, dem ‚Draußen' innewohnenden gegensätzlichen Interpretation darstellt. Bereits in den einleitenden Worten dieses Kapitels wurde diese Konzeption des ‚Draußen' zum einen als Gegenbegrifflichkeit bzw. deren Überwindung beschrieben, zum anderen als Natur, in Form der erfahrbaren Phänomene des Wetters und Klimas. In diesem Zitat werden der konzeptionelle Zusammenhang zwischen diesen beiden Auslegungen des Verständnisses von Natur als ‚Draußen' deutlich, sowie die Unmöglichkeit einer trennscharfen Abgrenzung. Die Argumentation mit der Bedeutung der Natur direkt vor der Tür im Gegensatz zu einem Leben in geschlossenen Räumen geht unmittelbar über in die Konkretisierung dieser Naturnähe als Erfahrbarkeit von Wetterphänomenen wie Sonnenschein oder in einem anderen Fall der winterlichen Kälte, wie es im folgenden Kapitel VI 2.2 noch Thema sein wird. Den Zusammenhang zwischen Natur und ‚Draußen' im Unterschied zu einem Verständnis des ‚Drinnen' bemüht sich eine weitere Bewohnerin wie folgt zu beschreiben:

„Draußen und drinnen ist nicht so ein Unterschied. Ich bin immer draußen und irgendwie drinnen. Also es vermischt sich so. Das war für mich so, dass man eben direkt merkt, also man hat die Tür den Tag auf und dann ist draußen mitsamt der Wiese und ich weiß nicht was direkt da. Man geht tausendmal raus. […] Das ist jetzt so, wie andere Leute immer mal so irgendwie vom Wohnzimmer ins Schlafzimmer am Tag hin- und herlaufen, so läuft man ja auch zwischen draußen und drinnen. […] Wenn ich jetzt in einer Wohnung bin, so nach zwei Stunden oder so, fühle ich mich auch unwohl. Also ich merke da sofort eigentlich direkt auch so dieses Feste. […] Das merke ich eigentlich nur durch so ein Unwohlheitsgefühl, wenn ich da länger bin. Also das sind schon diese Mauern irgendwie. Also so wie Du jetzt, wenn Du bei mir jetzt auch den Unterschied merkst, andersherum merken wir das dann auch und das gefällt mir dann nicht." (XIX, 15)

Die Aussage verdeutlicht, dass die Kategorien ‚drinnen' und ‚draußen' für ein Leben im Wagendorf nahezu irrelevant werden. Draußen ist die Natur, drinnen im Bauwagen ist der eigentliche Wohnraum. Da jedoch die Natur vor der Tür zum erweiterten Wohnraum gezählt wird, verschwindet die Gegensätzlichkeit dieser beiden Kategorien bzw. sie wird überwunden. Auch in dem folgenden Zitat, das den Einfluss des natürlichen Umfeldes als Wohnraum konkretisiert, spielt Natur in Form von Wetterphänomenen, hier Sonne und Schatten, eine weitere bedeutende Rolle.

„Also man ist da [der Natur; ergänzt K.W.] noch mal in einer anderen Art verbunden, finde ich, dadurch, dass man immer da so sein Wohnzimmer da draußen hat. Das ist auch schon so gelebt. Man frühstückt und man denkt, will ich jetzt in die Sonne oder in den Schatten. Hier sitze ich dann manchmal, weil da [*weist Richtung Osten*] dann schon morgens die Sonne von da kommt. Also so, wie man jetzt vielleicht denkt, setze ich mich auf den Sessel oder auf den Stuhl. Da hat man einen riesigen freien Platz, ein riesiges Gelände mit so vielen Ecken oder dahinten noch den Teich, oder hier vorn spielen noch Leute oder man ist da hinten ungestört. Man hat hier einfach so viele Möglichkeiten, wo man sich nur mal so für sein Frühstück hinsetzen kann." (XIX, 51)

Das Zitat verdeutlicht, wie auch das darauf folgende, nochmals die Bedeutung der Natur als erweiterter Wohnraum. Da es sich bei dem Fallbeispiel des Wagendorfs um eine gemeinschaftliche Wohnsituation handelt, kommt diesem Außenraum zusätzlich die Rolle des Raumes für Kommunikation zu.

„Bei mir ist das […] so, dass ich halt gern mit Menschen zusammenlebe, dass ich halt dieses in der Gemeinschaft, in der Großfamilie zu leben, sehr mag. Dieser Platz hier, alles was draußen ist, das ist mein Wohnzimmer. Ich habe meinen Wagen, das ist wie... in einer WG wäre das dein Zimmer, aber alles draußen sind halt Gemeinschaftsräume, in Anführungsstrichen. Das heißt, ich kann mir aussuchen, ob ich da für mich dann in meinem Eckchen frühstücken möchte oder mit Leuten zusammen, weil wir immer draußen sitzen im Sommer." (XVIII, 64)

Die Gegenbegrifflichkeit der Naturauffassung kann sich des Weiteren auf die Paarung Stadt-Natur bzw. Stadt-Land beziehen. Das Verständnis von Natur als das ‚Draußen' bezieht sich dann auf Natur als Gegenpol zu Stadt. Auch diese Argumentation ist durchdrungen von dem Gedanken der Überwindung dieser Gegensätzlichkeit im Rahmen der Zwischennutzung, wie es beispielsweise von einem Bewohner formuliert wird:

„Bevor ich hier hin gekommen bin, hab ich im Schwarzwald gelebt, in einem vierhundert Jahre alten Bauernhaus. […] Ich wäre gar nicht in Berlin, wenn ich nicht so eine Möglichkeit hätte wie hier." (XVIII, 41)

Argumentationen dieser Art liegen damit analog zur Gegensätzlichkeit von
‚draußen' zu ‚drinnen' Vorstellungen zugrunde, die Natur als dem Urbanen
gegensätzlich bzw. Stadt als dem Land gegensätzlich definieren. Auch hierin finden sich die theoretischen Konzepte Oldemeyers (1983, 24ff), Gills
(2003, 75ff) und Sopers (2000) einer Natur als Gegenbegriff. Insbesondere
Oldemeyers Konzept zielt auf eine positive Konnotation der Gegenbegrifflichkeit, indem Natur wie auch in den angeführten Zitaten als edel und
schön verklärt wird (Oldemeyer 1983, 34).

In zahlreichen Argumenten schien nicht nur das Verständnis einer Natur als ‚Draußen' durch. Es wurde zusätzlich die Auffassung einer Natur als
Saisonalität bzw. Wetter und Klima sichtbar, sowie der tiefergehende Einfluss, den diese Saisonalität auf das gemeinschaftliche Leben hat, das wiederum an das Leben im Freien gekoppelt ist. Zum einen halten sich die
Bewohner abhängig von der Saison in unterschiedlichem Umfang im Frei-
en auf. Zum anderen hängt an diesem Aufenthalt im Freien das Maß an
Gemeinschaft, das im Wagendorf stattfindet. Im folgenden Abschnitt
VI 2.2 wird das Verständnis von *Natur als Wetter und Klima* konkretisiert.

2.2 Natur als Wetter und Klima

Das angesprochene gemeinschaftliche Leben des Wagendorfes ist nur *ein*
Aspekt dieser Lebensform, welcher durch eine Natur, verstanden als Wetter, Klima oder saisonale Phänomene, beeinflusst wird.

„KW: Wenn ich dich jetzt fragen würde, was so das Leben im Wagen oder das Leben in der Lohmühle mit Natur zu tun hat, was würdest Du mir sagen?
FR: Ja, viel. Ich weiß immer, wie das Wetter ist jeden Tag. Schon dadurch, dass es
sehr direkt ist, ich mache also die Tür auf und bin draußen." (XX, 20-21)

Regelhaftigkeit und Erfahrbarkeit von Natur

Das Verständnis einer Natur als Wetter- und Klimaphänomene sowie die
Saisonalität verweisen auf eine Konzeption von Natur, der eine Regelhaftigkeit bzw. auch eine Gesetzhaftigkeit zugrunde liegt. Zu finden ist die
Auffassung im von Kirchhoff und Trepl beschriebenen *theoretischen* Naturverständnis (vgl. Kirchhoff u. Trepl 2009a, 52ff sowie Kap. II 2.3.2) wie
auch in Sopers *realistischem* Naturverständnis (vgl. Soper 2000, 155f sowie

Kap. II 2.3.1). Beiden Ansätzen gemein ist der Bezug auf eine Natur, die als prozesshaft verstanden wird und deren Prozesse natürlichen Gesetzmäßigkeiten folgen. Ähnlich ausgerichtet ist Oldemeyers *magisch-mythisches* Naturverständnis, das die Natur als allumgreifend und damit Naturkräfte als wirkungsmächtig konzeptualisiert (vgl. Oldemeyer 1983, 21f sowie Kap. II 2.3.2).

Hinterfragt man das in dem Eingangszitat angesprochene Wissen um und Spüren von Natur, also die sinnliche Erfahrung von Wetterphänomenen, stößt man schnell auf ganz konkrete Einflussfaktoren, die Natur damit auch auf das Leben des Einzelnen hat. So ist ein Wagendorfbewohner der Überzeugung,

„dass halt Räume tatsächlich in der Lage sind, die Menschen zu verändern. Wir verändern immer die Räume oder so. Diese Hoffnung, dass es doch so geht, habe ich hier gefunden. Das passiert automatisch. Du frierst einfach im Winter, wenn Du Dich nicht um Dein Holz kümmerst. Das ist ganz einfach. [...] Da zeigt Dir die Natur oder die Ökologie, was ‚kalt sein' bedeutet und was das auch für Auswirkungen hat auf deinen Körper. Und dass man dann anfangs erkältungsanfällig ist und dann hinterher aber nicht mehr, weil der Körper sich daran gewöhnt und so weiter." (XVIII, 70)

Erkennen lässt sich hier das Verständnis einer Natur, die das Leben ihren Regeln unterwirft bzw. das menschliche Handeln determiniert. Diese regelhafte Natur äußert sich in diesem Kontext in der beschriebenen Erfahrbarkeit von Saisonalität durch Temperaturen und dem daraus resultierenden Aufwand für den Unterhalt einer Heizung. Diese sinnliche Erfahrung von Natur in Form von Temperaturen und Wetterphänomenen spielt, wie bereits vielfach angeklungen, für die Bewohner eine große Rolle.

„Es gibt ja auch Leute die sagen: Paradise Now. Also wir sind jetzt im Paradies. [...] Wir sagen immer, man macht sich jetzt schon ein lebenswertes Leben. [...] Dass ich hier barfuß sitzen kann, dass ich jetzt hier die Kühle des Abends spüre." (XX, 147-149)

„Für mich ist Leben eben nicht so, was das angeht, so ein ruhiger, stetiger Fluss mit 21 Grad klimatisiert, sondern es ist warm und es ist kalt und es ist unterschiedlich." (XVIII, 68)

In diesen Aussagen wird auch immer wieder die oben erläuterte Gegensätzlichkeit (vgl. Kap. VI 2.1) deutlich. Die sinnliche Erfahrbarkeit von Natur ist für die Bewohner untrennbar mit ihrer Wohnform verbunden und wird damit bewusst von dem weitläufig als normal angesehenen Leben in geschlossenen Räumen, das ein Naturerlebnis in dieser Form verhindern würde, abgegrenzt.

„Mir ist das tatsächlich unglaublich wichtig: ich mag nicht mehr in einer Wohnung wohnen, wo 21 Grad sind." (XVIII, 68)

Die unmittelbare Erfahrbarkeit von Natur im Wetter und der Saisonalität wird auch von der oben vorgestellten Metapher der Natur als Wohnzimmer getragen. Eine Bewohnerin beschrieb *die Natur draußen* als ihr „Wohnzimmer" (XIX, 51). Man kann davon ausgehen, dass der Wohnraum auch für die Bauwagenbewohner etwas sehr eng mit ihnen Verbundenes ist bzw. auch einen intimen Charakter besitzen kann. Diese Voraussetzungen erklären die Tatsache, warum die sinnliche Erfahrung von Naturphänomenen, zum einen in diesem Umfang überhaupt möglich ist. Zum anderen erklären sie die Bedeutsamkeit dieses Naturerlebnisses für das alltägliche Leben der Bauwagenbewohner.

„Man ist da noch mal in einer anderen Art verbunden, finde ich, dadurch, dass man immer da so sein Wohnzimmer da draußen hat." (XIX, 51)

Regelhafte Natur und menschliches Handeln

Neben der engen Verbundenheit mit Natur als Wetter bzw. Klimaphänomene können Zusammenhänge zwischen einer regelhaften Natur der Klimaphänomene und einem Verständnis von Natur als Ressource aufgedeckt werden. Dabei ist der Ressourcenverbrauch, beispielsweise für Heizmaterial, eng an die Regeln der Natur im Sinne von Jahreszeiten und Temperaturschwankungen gekoppelt. Aber auch die Gewinnung regenerativer Energie hängt an der Regelhaftigkeit von Natur, wie beispielsweise im folgenden Zitat die gewonnene Solarenergie zum Betrieb elektrischer Geräte notwendig ist.

„Wir sammeln unseren Strom selber. Ich muss genau gucken im Winter, ich mach'
die Webpage oder so, kann ich jetzt Musik hören oder Handy aufladen. Hab' ich
noch genug Strom? Wie wird das Wetter in den nächsten drei Tagen? Ich hack'
mein Holz selber. So, ich komm' in meinen Wagen, wenn ich drei Tage nicht da
war, dann ist da acht Grad. So, und dann muss ich den anheizen. So, und eben für
mich ist Leben so. Also das hat sehr viel mit Natur zu tun." (XVIII, 68)

Der Grundsatz, Energie selbst zu erzeugen, sie beispielsweise aus Sonnen-
energie zu gewinnen, resultiert aus dem in den einleitenden Worten dieses
Kapitels beschriebenen Paradigma der Netzunabhängigkeit. Diese angestrebte Unabhängigkeit von externen Energieversorgern erklärt sich in vielen Fällen, so auch hier, nicht nur aus einer politischen Überzeugung oder
strukturellen Hindernissen, wie beispielsweise im Fall einer illegalen oder
nur befristeten Aneignung von Brachland. Das Bestreben, Energie selbst zu
erzeugen, begründet sich zu einem großen Teil auch in der Motivation zu
einem bewussten Umgang mit den natürlichen Ressourcen. Dieser Aspekt
führt zu einem weiteren Verständnis von Natur, das den Argumenten im
Umgang mit dem *Wagendorf Lohmühle* innewohnt, dem Verständnis von
Natur als zu schützender Ressource, das im Folgenden behandelt wird.

2.3 Natur als schützenswerte Ressource

Aus genanntem Argument der Netzunabhängigkeit lässt sich zunächst ein
Verständnis von Natur als Ressource ableiten. Natur verstanden als Wetter
und weitergedacht als Sonneneinstrahlung dient damit als Ressource zur
Energieerzeugung. Die Auswirkungen dieser Lebensweise sind es auch, die
in der Bevölkerung zu Erstaunen im positiven Sinne, wie folgendes Zitat
zeigt, im negativen Sinne durchaus auch zu Unverständnis für die Lebensform führen können.

„Was ich nicht wusste, ist, dass die keinen Strom haben und dass sie eigentlich auch
kein fließendes Wasser haben. Das war mir dann doch nicht bewusst. […] Ich finde
es gut, aber es würde auch nicht meinem Lebensentwurf heutzutage entsprechen. Also ich könnte das eben nicht mehr, so... so spartanisch leben [*lacht*]." (XXII, 30-32)

Beleuchtet man die Gründe, die im Fall des *Wagendorfs Lohmühle* zu der
Überzeugung eines ‚netzunabhängigen' Lebens führen, gelangt man schnell

zu der ihr zugrunde liegenden Prämisse eines bewussten Umgangs mit den natürlichen Ressourcen.

Ressourcenschutz

Eine theoretische Einordnung des Verständnisses von Natur als schützenswerte Ressource kann zunächst an der Arbeit von Nagel und Eisel (vgl. Nagel u. Eisel 2003 sowie Kap. II 2.3.1) erfolgen, die sich ganz dezidiert mit Argumenten des Schutzes von Natur auseinandersetzt. Neben biozentrischen Begründungsweisen für einen Schutz von Natur führen die Autoren anthropozentrische Argumentationen an. Als anthropozentrische Begründungsweisen verstehen sie unter anderem Schutzargumente, die auf einer entweder funktionalen oder aber ästhetischen Wertschätzung beruhen und zur Wahrung dieser Werte für den Schutz der Natur plädieren (ebd.). Auch hier wird deutlich, dass Verständnisse einer schützenswerten Natur quer zu anderen Auffassungen von Natur liegen. Eine Auffassung schützenswerter Natur kann sich in Teilen mit einer funktionalen Wertschätzung von Natur, die zu einem Verständnis einer nützlichen Natur führt, decken. Ebenso kann eine Vorstellung einer ästhetischen Wertschätzung Auffassungen des Schutzes von Natur bedingen. Auf dieser Grundlage soll hier auf das Verständnis einer Natur als schützenswerte Ressource eingegangen werden. Die Einbindung von Natur als Ressource in den Kontext von Natur als schützenswert sowie des Weiteren als eine anthropozentrische Begründungsweise resultiert aus der Schwerpunktsetzung der interviewten Gesprächspartnerinnen. Die beteiligten Akteure artikulierten *Schutz* und *Ressource* als miteinander verbunden, allerdings mit Fokus auf den Schutzaspekt. Natur ist aufgrund ihrer Eigenschaft als Ressource ein Schutzgut. Natur als Ressource könnte auch einem Verständnis von Nützlichkeit zugeordnet werden. Die stärkere Interpretation in Richtung des Nutzenaspekts einer Natur als Ressource könnte durchaus gerechtfertigt werden, in meinen Augen entspräche dies jedoch nicht der Wertung der Akteure selbst, worin sich aber wiederum der heuristische Charakter dieser Untersuchung zeigt.

Die Motivation der Interviewpartner zum Schutz von Natur als Ressource beruht auf der Forderung nach Erhalt der Möglichkeiten und Chancen, sowohl gegenwärtig wie zukünftig Natur erfahren und nutzen zu können. Dieses Verständnis von Natur wurde besonders deutlich in einem Interview mit einem Bewohner der *Wagenburg Lohmühle* artikuliert. Einer

der Eckpfeiler vieler Wagendorfgemeinschaften, so auch der hier untersuchten, ist die bereits beschriebene Netzunabhängigkeit, der bewusste
Verzicht auf die Anbindung an Strom- und Wasserversorgung. Dies muss
nicht zwingend auf ökologischen Motiven beruhen. Bei zahlreichen Wa-
gendörfern spielt hier die Temporalität der Nutzung eine große Rolle. Mit
anderen Worten: wer ohne vertragliche Regelung Flächen besetzt oder im
besten Fall zeitlich befristet geduldet wird, bekommt im seltensten Fall eine
offizielle Strom- und Wasserentnahmestelle. Auch politische und gesell-
schaftskritische Aspekte können zu einer Ablehnung der Anbindung an
Energie- und Wasserversorgung führen. Im Fall des *Wagendorfs Lohmühle*
mag die Temporalität in diesem Kontext ebenfalls eine Rolle spielen. Die
ökologische Motivation wird jedoch von den Akteuren deutlich angesprochen und führt unmittelbar zum Argument des Ressourcenschutzes. Der
Umgang insbesondere mit Energie und Wasser, aber auch mit zahlreichen
weiteren Ressourcen, laufe sehr bewusst ab:

„Dieses ressourcenorientierte Denken, was automatisch entsteht, wenn Du hier hin-
gehst. Ich muss alles, was ich brauche zum Leben, hier hinschleppen. Und ich muss
auch alles wieder wegschleppen. Und ich überleg' mir dreimal, ob ich das brauche.
Und das fokussiert dich unglaublich auf deinen Ressourcenverbrauch." (XVIII, 68)

„Ich muss gucken, wo ich meine Ressourcen her bekomme. Das ist mir ganz, ganz
wichtig. Also da spielt die Natur eine große Rolle in dem, was ich verbrauche, also
in diesem ressourcenorientierten, sehr ressourcensparenden Denken." (XVIII, 68)

Verfolgt man die Argumentation zu den Bestrebungen eines ressourcensparenden Verhaltens, stellt sich die Frage nach der zugrundeliegenden Motivation. Welche Gründe führen im Fall der Wagendorfbewohnerinnen dazu,
mit natürlichen Ressourcen bewusst umzugehen? Welche Motive stecken
hinter einer derartigen Lebensführung?

Nachhaltigkeit und anthropozentrische Schutzmotivation

Im folgenden Zitat lässt sich eine Motivation erkennen, die spätestens
durch die aktuelle Nachhaltigkeitsdebatte populär wurde. Der praktizierte
Ressourcenschutz soll verhindern, dass die Chancen und Möglichkeiten zukünftiger Generationen geschmälert werden. Die Ausrichtung des Schutzes

auf einen Chancenerhalt zukünftiger Generationen wird explizit angesprochen. An dieser Stelle fließen in die Argumentation mit Natur Elemente eines Strebens nach nachhaltiger Entwicklung ein bzw. eine Argumentation, die implizit einen Nachhaltigkeitsbegriff in sich trägt (vgl. hierzu auch Kap. V 2.1):

„Ich habe eine Tochter. Und jeder, der ein Kind hat, sollte spätestens darüber anfangen... oder so sich klar sein, dass wir die Energie und die Ressourcen unserer Enkelkinder verbrauchen. So, ich will das nicht und ich tue das nicht. So, ich versuche möglichst als Gast hier auf diesem Planeten mit möglichst wenig Schaden den auch wieder zu verlassen. Und möchte nicht meinen Ururur-Enkeln das Öl wegnehmen für eine kleine Spritztour mit dem Schal in einem dicken Mercedes, weil es schön aussieht. Möchte ich nicht, möchte ich wirklich nicht." (XVIII, 68)

In dieser anthropozentrischen Sichtweise des Schutzes von Natur geht es letztlich um den Erhalt des gesellschaftlichen Nutzens sowie der Chancen und Möglichkeiten einer menschlichen Gesellschaft. Eine weniger anthropozentrische Grundlegung durchdringt die folgenden Zitate. Sie reflektieren die Effekte auf die ehemalige Brachfläche, die mit der Nutzung als Wagendorf in Verbindung gebracht werden. Die Verbesserung der Bodenqualität ist ein Aspekt des schützenden Umgangs mit Natur, dem zumindest auf den ersten Blick und im Kontext dieser Aussage keine Motivation zugrundeliegt, die direkt auf menschlichen Nutzen abzielt.

„Hier war mal nur Sand und DDT drinnen. [...] Wir versuchen zum Beispiel da kein extra Gift noch oben drauf zu schütten. Das ist ja ganz klar. Sondern uns also auch zum Beispiel nur mit Heilerde zu waschen. Davor war hier eine Güterstation für Braunkohle, so ein Umladebahnhof. Also Braunkohle hat überhaupt nichts mit Ökologie zu tun. So ein Sandstreifen mit Gift drinnen auch gar nicht [*lacht*]. Das ist schon sehr viel kreativer als alles andere, was hier jemals vorher war, möchte ich mal behaupten." (XX, 139)

Dass die heutige Nutzung der Brachfläche einen positiven Effekt auf die Bodenqualität und damit auch auf Flora und Fauna zu haben scheint, davon sind die Bewohnerinnen überzeugt.

„Wie ER [anonymisiert; K.W.] schon gesagt hat, dass es früher, ich weiß nicht, ob er das auch gesagt hat, aber dass es hier im Boden keinen einzigen Regenwurm gab, weil alles so verseucht war und sie Bodenproben eingeschickt haben. Da wurde gesagt, man darf auf gar keinen Fall irgendetwas essen, was da angepflanzt wurde. Also so gesehen, hat es ja einen ganz krassen Wert auf die Fläche, weil jetzt kann man alles essen und jetzt ist alles eigentlich super Boden." (XIX, 27)

Die Verbesserung der Situation der natürlichen Ressourcen scheint hier nur auf den ersten Blick unabhängig von einem Nutzen, der für den Menschen dabei generiert wird. Auf den zweiten Blick führt eine Verbesserung der Bodenqualität auch zu erweiterten Möglichkeiten für eine menschliche Nutzung, beispielsweise der Nutzung für den Anbau von Nahrungsmitteln. Damit relativiert sich eine zunächst angenommene, intrinsisch fundierte Schutzmotivation. Erneut wird deutlich, dass die Frage des Nutzens für den Menschen häufig eng verbunden mit Schutzargumenten ist. Geschützt wird häufig das, wovon sich der Mensch einen direkten Nutzen verspricht. Ebenfalls ein Verständnis von Natur im Sinne der Argumentation mit Ressourcenschutz zeigt sich in der folgenden Gesprächssequenz mit einem Anwohner des angrenzenden Stadtviertels. Er reflektiert hierin die Kategorie Grünfläche als Bezeichnung für die Fläche, auf der sich das Wagendorf befindet. Der Anwohner beschreibt den Nutzen für die Bevölkerung der angrenzenden Wohnbebauung wie folgt:

„HF: Es ist keine Grünfläche, die die Bewohner nutzen oder die sozusagen einen Park darstellt. Aber es ist eine unbebaute Fläche für mich. Es ist ein Stück Natur in dem Kiez. Weil man eben hier alles asphaltiert bzw. zugemauert hat, ist es da ein Stück, was an Biotop existiert.

KW: Auch wenn man es nicht direkt nutzen kann, ist es trotzdem Natur für die Bewohner?

HF: Genau. Also es ist ja auch ein Stück Frischluftschneise wieder, mehr als... was eben hier existiert. Und ich finde es eigentlich auch schöner, als wenn es jetzt so eine abgesperrte Wiese ist, die man auch nicht nutzen kann.

KW: Dann lieber eine Naturhecke mit ein paar Wagen dahinter?

HF: Ja. Und wenn man dann noch gesehen hat, wie viele Pflanzen und wie viel Vielfalt die da in dem Garten haben, ist schon schön." (XXII, 46-50)

Das Verständnis der Bereithaltung von Grünflächen zum Wohle der Bevölkerung, auch wenn für diese die Fläche nicht unmittelbar nutzbar ist, lässt sich ebenfalls einer Auslegung von Natur als Ressource zuordnen. Der Anwohner plädiert in seinen Aussagen zwar nicht direkt für den Schutz von Natur, jedoch für den Schutz der Ressource ‚städtisches Grün‘.

Artenvielfalt als Schutzgut

Nachgefragt, in welchen Bereichen die Bewohner selbst schätzen, Einfluss auf die ‚Natur‘ zu nehmen, wird das Thema der Artenvielfalt bzw. die Zusammensetzung der Arten auf der Fläche angesprochen.

„Am Anfang haben die alles – das war Wildwuchs – [...] wachsen lassen, aber wenn Du so eine Brachfläche, wenn Du da gar nichts machst, dann hast Du halt die typischen Pionierpflanzen, die dann hier nur wachsen würden. Das wäre dann alles voll Beifuß und [...] halt Eschen, Ahorn, [...] Da sitzen wir auch gerade drunter, die wachsen auch von alleine. [...] Das ist Ahorn, das ist ein echter. Und da drüben ist ein unechter Ahorn auf der anderen Seite. Und das ist der erste Baum, der hier überhaupt gestanden hat, da vorne der. Und der steht da nur, weil sich da ein Sammler da irgendwie hingesetzt hat. Und der Mensch, der da gelebt hat, hat an dieser Stelle, wo der kleine Baum gewachsen ist, sein Kaffeepulver und Brüh‘ sozusagen als Schnellkompost immer drauf geschmissen." (XVIII, 33-35)

Neben der hier ebenfalls durchscheinenden Auffassung einer ordnungsbedürftigen Natur, klingt hier ein Verständnis an, nach dem eine vielfältige Artenzusammensetzung als wünschenswert erachtet wird. Die Einflüsse der Bewohner des Wagendorfs auf die Natur werden als positiv erachtet, wenn sie der Artenvielfalt zuträglich sind. Theoretisch findet auch diese Argumentationsweise Anschluss an die Sammlung ethischer Naturschutzbegründung, die Nagel und Eisel (2003 sowie Kap. II 2.3.1) aufgestellt haben. Auch hier wird Artenvielfalt als Schutzmotivation zugrunde gelegt, mit der theoretischen Erweiterung des contributory value[41], der jeder Art einen unersetzlichen Beitrag zum Funktionieren einen Ökosystems zuschreibt (ebd., 88ff). Natur wird demzufolge als hilfsbedürftig und schützenswert in ihrer Artenvielfalt angesehen. Menschliche Handlungen haben das Potential, die

---

41 Nagel und Eisel berufen sich hier auf Norton (Norton 1986, 1987).

Entwicklung der als schutzbedürftig aufgefassten Natur zu fördern – etwa im Nebeneffekt der Entsorgung des Kaffeesatzes. Für die Argumentation spielt diese coevolutive Entwicklung von Natur, die von unbewusstem menschlichen Handeln profitiert, insofern eine Rolle, dass die Zwischennutzung des Wagendorfes positive Wirkungen auf die Vegetation der Fläche haben kann.

Dass sich der Schutzstatus für die Bewohner auch ins Negative kehren könnte, beschreibt einer von ihnen im Zusammenhang mit der Thematik der Artenvielfalt und deren Schutz. Er äußert die Befürchtung, dass durch ihre Aneignung der Brachfläche als Wagendorf eine Schutzatmosphäre für Natur und damit eine große Artenvielfalt entstanden sei, aus der die menschliche Nutzung letztlich zum Schutze der Natur vertrieben werden könnte (vgl. Interview XVIII, 39). Dieses strukturelle Problem mit einem institutionellen bzw. behördlichen Naturschutz deutet darauf hin, dass es unter Umständen vorkommen kann, dass der Mensch aus Ressourcenschutzbestrebungen ausgeklammert wird. Das heißt, es würde dann nicht darauf Rücksicht genommen werden, auf welchem Wege die zu schützende Ressource Artenvielfalt entstand, sondern lediglich menschliche Nutzungsmöglichkeiten aus einer als schützenswert eingestuften Fläche ausgegliedert. Eine ähnliche Argumentation führte auch der Investor der *Tentstation* an (vgl. Kap. V 2.3): Er verwies darauf, dass es bedauerlicherweise finanziell mehr Sinn ergäbe, prophylaktisch jede Naturentwicklung auf Brachflächen zu bekämpfen, um sich vor Naturschutzauflagen und Ausgleichsmaßnahmen zu schützen, die entstünden, wenn man die Fläche auf Zeit ihrer natürlichen Entwicklung überließe (vgl. Interview XV, 54ff). Diese Argumentation gibt insofern zu denken, als dass Schutzbestrebungen nicht automatisch zu einer Verbesserung der natürlichen Situation führen müssen.

3 STADT-NATUR-GEGENSATZ

Geprägt von einer Gegenbegrifflichkeit wird Natur im Zusammenhang mit diesem Fallbeispiel am deutlichsten in der Thematik des Lebens im Freien artikuliert. In einem Verständnis von Natur als dem Wohnzimmer direkt vor der Tür des Bauwagens zeigt sich die den dualistischen Charakter von Natur überwindende Naturauffassung der Bewohnerinnen. Damit grenzen sie sich von dem, ihrer Einschätzung zufolge, gängigen Naturverständnis ab, das auf einem Stadt-Natur- bzw. einem Gesellschaft-Natur-Dualismus gründet.

Das Verständnis einer regelhaften Natur, die sich in der sinnlichen Erfahrbarkeit von Wetter, Klima und Saisonalität äußert, knüpft an das Bild des Lebens im Freien an. Eine regelhafte Natur wirkt mit ihren Phänomenen Sonne und Niederschlag, Wärme und Kälte, Sommer und Winter determinierend auf das Handeln der Bewohnerinnen. Dies wird bewusst wahrgenommen und ist explizit erwünscht.

Bereits dem Nutzungskonzept der *Wagenburg Lohmühle* liegt eine ökologische Motivation zugrunde. Beleuchtet man die Argumentationen tiefer, schlägt sich ein Verständnis von Natur als einer zu schützenden Ressource auch in den Einstellungen der Bewohnerinnen nieder. Natur als Ressource wird vor dem Hintergrund eines nachhaltigen Handelns, eines Ressourcenschutzes mit der Zielsetzung der Chancenwahrung für zukünftige Generationen, verstanden. Dabei sehen die Bewohnerinnen nicht nur ihr Handeln, sondern die gesamte Lebensform als ökologisch bzw. die Natur schützend an. Im Rahmen des Fallbeispiels der *Tentstation* wurde der Nachhaltigkeitsaspekt von Zwischennutzungen ebenfalls beleuchtet. An dieser Stelle möchte ich auf die Überlegung des Stadtplaners verweisen, dass Zwischennutzungen nur in dem Maße nachhaltig sein können, wie sie Übergangslösungen bleiben, da einer nachhaltigen Stadtentwicklung eine kompakte, intensive Nutzung zugrunde liegt (Interview XIII, 127). Diesen Gedanken möchte ich dem Nachhaltigkeits- und Ökologieanspruch der Bewohnerinnen der *Wagenburg Lohmühle* abschließend gegenüberstellen.

Der dualistische Charakter von Natur wurde im Rahmen des Fallbeispiels des *Wagendorfs Lohmühle* besonders hervorgehoben. Nichtsdestotrotz durchzieht diese Argumentationsweise, wenngleich nicht in dieser Deutlichkeit, auch den Umgang mit den übrigen beiden Fallbeispielen. Daher soll dieser Aspekt im Folgenden (vgl. Kap. VII) noch einmal erörtert werden und die Arbeit damit abrunden.

VII Zusammenfassung

Abschließend wird in diesem letzten Abschnitt zunächst eine bedeutende, alle drei Fallstudien durchziehende Parallelität der Naturauffassungen ausgearbeitet. Dichotome Vorstellungen von Natur beziehen sich auf Natur im Gegensatz zu Stadt, aber auch auf Landschaft versus Stadt oder Natur versus Kultur und Gesellschaft. Argumentationen, denen diese dichotome Naturvorstellung zugrunde liegt, sowie Implikationen, die diese Auffassungen für den Gegenstand der Zwischennutzung nach sich ziehen, werden in Kapitel VII 1 ausgearbeitet. Kapitel VII 2 fasst die Ergebnisse dieser Arbeit zusammen. Die Zusammenschau erfolgt anhand der eingangs aufgeworfenen Forschungsfragen, die hier beantwortet werden. Als Schlussbemerkung werden in Kapitel VII 3 einige resümierende wie ausblickende Gedanken zu dieser Arbeit formuliert.

1 NATUR ALS GEGENBEGRIFF

Die Thematik Naturverständnisse im Kontext von Zwischennutzungen im städtischen Raum zu untersuchen, führt zwangsläufig zu einer Betrachtung der Gegenüberstellung von Stadt und Natur sowie deren Legitimität. Bereits mit der Behandlung der Begrifflichkeit *Stadtnatur* in Kapitel II 3 wurde diese Beziehung beleuchtet. Dualistische Argumentationen beziehen sich auf Stadt im Gegensatz zur freien Landschaft, die wiederum häufig mit Natur gleichgesetzt wird. Aber auch das Gegensatzpaar Natur-Kultur sowie Natur-Gesellschaft sind in Bezug auf diese Thematik relevant. Im Zusammenhang mit dem Fallbeispiel der *Wagenburg Lohmühle* wurde bereits die Vorstellung von Natur als Draußen vorgestellt, die ebenfalls auf Basis einer dualistischen Auslegung dem Drinnen gegenübergestellt wird. Natur wurde jedoch im Umgang mit allen drei Fallstudien darüber hinaus als Gegenbegriff konzeptualisiert.

Zunächst werden dualistisch fundierte Argumentationen mit Natur im Umgang mit den drei Fallbeispielen vorgestellt, die sich zum einen auf natürlich im Sinne von rural und dem Urbanen gegensätzlich beziehen (vgl. Kap. VII 1.1). Zum anderen wird das bereits angeklungene Verständnis von Natur, interpretiert als *Draußen* und damit einem Drinnen gegenübergestellt, belegt (vgl. Kap. VII 1.2). Abschließend werden Argumentationen vorgestellt, die auf der einen Seite dualistische Züge aufweisen, auf der anderen Seite jedoch die Überwindung der Dichotomie Stadt-Natur bzw. Stadt-Land anstreben (vgl. Kap. VII 1.3).

1.1 Das Gegensatzpaar Stadt und Natur

Bereits die Bezeichnung des Untersuchungsgegenstands *Stadtnatur* deutet auf Besonderheiten der Verbindung bzw. der Gegenüberstellung der beiden Elemente *Stadt* und *Natur* hin (vgl. Kap. II 3). Aber auch die alltäglichen Verständnisse der Gesprächspartner lassen Rückschlüsse auf Auffassungen über die Gestalt der Verbindung von Stadt und Natur zu. Diese Argumentation mit einer dualistisch konzipierten Natur ist den drei Fallbeispielen gemein und unterscheidet sich auch nicht zwischen den einzelnen Akteursgruppen. Dabei wird Natur häufig gleichgesetzt mit dem Attribut *ländlich* und als dem Urbanen gegensätzlich bzw. zumindest als im städtischen Raum unerwartet und überraschend betont.

„Dieses Städtische, dieses Freibad in Kombination mit der Natur, was hier so ... Oder man steht hier mitten irgendwie im Park und guckt dann aber auf den Fernsehturm. Ich weiß nicht, ob Du ihn gesehen hast? Wenn Du Dich da hinstellst. Man sieht hier sogar den Fernsehturm." (XI, 17)

Diesen überraschenden Moment des Zusammenfallens von Urbanität, symbolisiert durch den Fernsehturm, und Natur betont die Zwischennutzerin der *Tentstation* in diesem Gesprächsausschnitt. Sie verwendet den Begriff der Natur und umschreibt ihr Verständnis von Natur im Folgenden mit der Beschreibung von Natur als *Park*. Sie befindet sich auf einer zwischengenutzten Brachfläche, betont jedoch, dass es sich wie „im Park" anfühle. Sie bezieht sich damit in ihrem Verständnis von Natur auf jene Natur, die Gerhard Hard als das *Stadtgärtnergrün* oder Ingo Kowarik als Stadtnatur dritter Art beschreiben (vgl. Kap. II 3), die sie augenscheinlich als natürlicher empfindet als die Natur der Brache, auf der sie sich tatsächlich befindet. Die Art und Weise, wie die Kombination von Urbanität und Natur herausgestellt wird, lässt darauf schließen, dass es sich bei der Verbindung von Stadt und Natur um eine *außergewöhnliche* Verknüpfung handelt. Einen ähnlichen unerwarteten Moment kann man auch der Betonung der Wertschätzung von Obst und Obstbäumen im städtischen Raum in dem folgenden Gesprächsausschnitt zur Obstwiese des *Gartens der Poesie* entnehmen.

„Genau, das ist es! Eigentlich irgendwie was Schönes, so eine Obstwiese in der Stadt. Also, Obstbäume und Obst zu haben." (I, 21)[42]

Eine gegenbegriffliche Konzeption wohnt auch Argumentationen dieser Art inne. Insbesondere Kate Sopers dritter Naturtypus einer laienhaften Oberflächennatur (Soper 2000, 156 sowie Kap. II 2.3.1) findet sich in dem Verständnis von Natur in Form einer Parkanlage auf der einen Seite, auf der anderen Seite aber auch in der Entgegensetzung von Natur und Urbanität. Die Konzeption einer Gegenbegrifflichkeit von Natur und Stadt kann generell bei Oldemeyer (1983, 24ff sowie Kap. II 2.3.2) angeschlossen werden. Expliziert wird das Verhältnis von Stadt und Natur durch folgendes Zitat derselben Gesprächspartnerin, in dem sie sich wiederum auf ein Gedicht von Kurt Tucholsky bezieht:

„SO: Gleichzeitig soll es auch grün sein und ruhig und mitten in der Stadt. Manchmal fällt mir auch dieses Tucholsky-Gedicht ein. Dieses – wie geht es – das ist so ein Traum von der perfekten Villa ... [*Pause; überlegt*]
KW: ...wo vorne Stadt und hinten ... [*überlegt auch*]
SO: ... die Ostsee. [...] Das finden die Camper hier so ein bisschen. Also vorne die Stadt und hinten die Natur." (XI, 19-23)

---

42 Das Zitat ist Teil eines Gesprächsausschnittes, der in Kapitel IV bereits unter dem Gesichtspunkt einer angemessenen Nutzung von Natur vorgestellt wurde.

Die aus dem Kopf zitierten Fragmente entstammen dem 1927 erstmals in
der Berliner Illustrierten veröffentlichten Gedichts von Kurt Tucholsky mit
dem Titel „Das Ideal":

„Ja, das möchste:
Eine Villa im Grünen mit großer Terrasse,
vorn die Ostsee, hinten die Friedrichstraße;
mit schöner Aussicht, ländlich-mondän,
vom Badezimmer ist die Zugspitze zu sehn-
aber abends zum Kino hast du's nicht weit.
[...]
Etwas ist immer.
Tröste dich.
Jedes Glück hat einen kleinen Stich.
Wir möchten so viel: Haben. Sein. Und gelten.
Daß einer alles hat:
das ist selten."
(Kurt Tucholsky 1927 zit. n. Enzmann-Kraiker et al. 1998, 433f)

Dabei galt bereits in den 1920er Jahren die Berliner Friedrichstraße als Inbegriff des Städtischen (vgl. Kommentar zu Das Ideal, Enzmann-Kraiker et
al. 1998, 935), das einer dualistischen Sichtweise folgend der Ostsee und
der Villa im Grünen gegenübergestellt wird. Tucholsky hatte bei der Formulierung augenscheinlich die Intention, die beiden Pole als unvereinbar
gegenüberzustellen, wohingegen die Zwischennutzerin ihre Zeltplatznut-
zung inmitten des städtischen Raumes als Gegenbeispiel und als Beleg für
die Vereinbarkeit anführt. Dies kann beispielsweise auch mit folgendem
Gesprächsausschnitt, der im Kontext mit der Artenvielfalt auf der Fläche
angesprochen wurde, belegt werden:

„Wir haben hier wirklich super viele Vögel. Nachts hört man nur Vögel, kaum Stra-
ßen." (XI, 78)

Die erwartete städtische Geräuschkulisse wäre der Verkehrslärm. Der Zeltplatz bietet mit seiner Geräuschkulisse aus Vogelstimmen eine unerwartete,
außergewöhnliche und als untypisch für den städtischen Raum erachtete
Kulisse. Häufig wird Natur in diesen Entgegensetzungen explizit mit einem

ländlichen Charakter in Verbindung gebracht, wie es in der Antwort auf meine Nachfrage nach der Natur auf der Fläche der Obstwiese der Fall war.

„Schön. Wunderschön. Das ist eine herrliche Anlage. Muss ich ganz ehrlich sagen. Das ist, wenn man da hin kommt, gerade so von der Donaustraße durchläuft hinter zum Richardplatz, das ist wie so ein kleines Dorf. Ich finde das herrlich da eigentlich, muss ich ehrlich sagen. Es ist echt... Man denkt nicht, dass man in Berlin ist und schon gar nicht in Neukölln. Also es ist eben halt nur schade, dass das da so teilweise verwahrlost ist. Das ist echt schade drum. Es ist ansonsten eine tolle Anlage. Finde ich jedenfalls." (V, 71)

Der dörfliche, ländliche Charakter der Fläche wird dem städtischen Charakter Berlin-Neuköllns gegenübergestellt. Dem natürlich-ländlichen Charakter wird dabei ein größerer ästhetischer Wert zugesprochen als dem städtischen. Eine ähnliche Tendenz kann jenem Naturbild zugesprochen werden, dass in der Begründung der Motivation, einen Zeltplatz zu errichten und zu führen, durchklingt.

„Wir sind ja alle aus Kleinstädten, ja. Man holt sich halt auch so ein bisschen was Kleinstädtisches oder so, die Natur in die Stadt. Und so Kindheitserinnerung kommen hoch." (XI, 72)

In diesen dualistischen Naturauffassungen wird nicht nur die Gegenüberstellung von Stadt und Natur, in Form von ländlicher, dörflicher oder kleinstädtischer Gleichsetzung, sichtbar. Im Anschluss an Bernhard Gills alteritätsorientierte Naturkonzeption (Gill 2003, 75ff sowie Kap. II 2.3.1), die Natur als das Fremde und ebenfalls dem Menschen gegensätzlich auffasst, kann in den beiden zuletzt angeführten Zitaten ein romantisches Naturbild erkannt werden. Die Natur wird demzufolge als Sehnsuchtsort und im Gegensatz zum Urbanen als ursprünglich und zumindest im Vergleich zur Stadt als dem menschlichen Einfluss in geringerem Maße ausgesetzt konzipiert. Sich die Natur in die Stadt zu holen bzw. die Stadtnatur entsprechend zu verändern, wie es die Zwischennutzerin beschreibt, entspricht damit dem Bestreben der Städter nach Kompensation des Verlusts von Natur (vgl. Trepl 1992, 31 sowie Kap. II 3). Dem ländlichen, dörflichen oder kleinstädtischen Verständnis von Natur zufolge wird der Natur ein bäuerlicher Cha-

rakter zugeschrieben, wie dies im Umgang mit dem *Garten der Poesie*
mehrfach der Fall war.

„Ich denke aber – wie gesagt, ich mach' auch Denkmalschutz – es ist auch wegen
der Kirchgasse der Mittelpunkt von Böhmisch-Rixdorf. Und ich finde, dem sollte
man auch von daher diese bäuerliche Nutzung in irgendeiner Form weiterhin ansehen. Diese Durchwegung mit dieser Mauer. Es ist einfach so viel noch erhalten, was
auch durchaus nach wie vor auch erhaltenswert ist. Wenn man das machen könnte
und entsprechend diese Nutzung auf dieser Wiese noch hätte, ob jetzt nun mit interkulturellem Garten oder in einer anderen Form." (VII, 115)

Im angeführten Zitat wird dies von der zuständigen Stadtplanerin des BA
Neuköllns angesprochen, die des Weiteren vor dem Hintergrund des
Denkmalschutzes die Bestrebungen anspricht, diesen Charakter zu wahren.
Damit wird jenem Naturbild wiederum nicht nur ein romantischer, ur-
sprünglicher Charakter zugeschrieben. Es erfolgt auch eine höhere Wert-
schätzung des bäuerlich-ländlichen Charakters im Gegensatz zum städti-
schen Erscheinungsbild. Dies folgt wiederum der Konzeption von Natur als
Sehnsuchtsort der Städter, den sie bemüht sind, in die Stadt zu holen. Die
Art der Nutzung würde den Bestrebungen, das Erscheinungsbild zu bewahren, in den Augen der Stadtplanerin sehr zugute kommen.

„…in der Umgebung von so einem ehemaligen Bauernhof, dem man es jetzt nicht
mehr unbedingt ansieht aufgrund des Scheunenausbaus. Aber immerhin kann man
an diesem Hof eigentlich noch ein Stückchen weit etwas erkennen. Wahrscheinlich
war ja auch dahinten der Garten. Tatsächlich. Weil das war ja alles hier nicht bebaut.
Dass er da seiner alten Bestimmung wieder zurückgeführt wird. Also ob jetzt Obst-
garten oder so etwas. Beete, wo verschiedene Pflanzen angepflanzt werden. Das ist
ja, da ist irgendwie etwas Bäuerliches." (VII, 37)

Die Etablierung eines interkulturellen Gartens und damit die Nutzung der
Fläche unter anderem in Form einer urbanen Landwirtschaft würden der
ehemals landwirtschaftlichen Nutzung Rechnung tragen. Die Art der Nutzung sei schon allein aus diesem Grund zu befürworten.

Das Kapitel zur Gegenbegrifflichkeit von Stadt und Natur abschließend,
sei noch auf die explizite Argumentation mit der Überwindung der Dichotomie Stadt-Land-Natur verwiesen. Während die bereits angeführten Ge-

sprächsausschnitte diese Gegensätzlichkeit zwar explizit machen, ihre Überwindung, wenn überhaupt, jedoch nur implizit mitschwingt, wurde im Fall der *Lohmühle* die Bestrebung dieser Überwindung deutlich artikuliert:

„FR: Und ich genieße es natürlich auch, diese Mischung aus sehr dörflich eigentlich, dörflich und Großstadt. Das ist, sagen mir viele, einmalig für eine europäische Großstadt, hier direkt im Zentrum so grün leben, sich aufhalten zu dürfen. Ich weiß es zu schätzen. Australien ist auch sehr grün und ich habe das sehr vermisst als ich nach Deutschland kam.

KW: Das heißt, es wäre für dich keine Option, irgendwie mit deinem Bauwagen quasi in eine Natur draußen auf dem Land zu ziehen, sondern es ist schon die Stadt...

FR: Genau. Wenn ich das machen würde, hätte ich glaube ich erst mal nichts mehr zu tun. Also da wäre ich jetzt wirklich... Weil ich mach' Straßentheater, ich unterrichte im Kinderzirkus. Das sind alles so Sachen, die ich nur in der Stadt ausführen kann. [...] Also nein, im Moment möchte ich gerne so zentral wie möglich wohnen. Und ich hoffe auch, dass der Platz nicht verdrängt wird an den Außenrand von Berlin. Was natürlich passieren kann." (XX, 25-29)

Das Leben im Bauwagen im städtischen Raum bietet dieser Bewohnerin dieser Aussage zufolge auf der einen Seite die Zentralität der innerstädtischen Lage. Auf der anderen Seite umschreibt sie ebenfalls den natürlichen Zustand der genutzten Fläche mit einem dörflichen Charakter. Dieses Argumentationsmuster findet sich auch in den Gesprächen mit den beiden anderen Wagendorfbewohnern.

1.2 Das Gegensatzpaar Drinnen und Draußen im Kontext von Natur

Ein Verständnis von Natur als ‚das da draußen' kann sich auf eine Natur im Gegensatz zur gebauten Umwelt, zur Stadt beziehen, wie es Gegenstand des Kapitels VI 2.1 war. Aussagen über Natur im Sinne alldessen, was draußen ist und abläuft, beziehen sich jedoch auf einer Mikroebene auch auf Strukturen und Abläufe, die sich außerhalb eines geschlossenen Raumes befinden. Auf dieser Ebene soll die Gegenbegrifflichkeit von drinnen und draußen im Zusammenhang mit der zugrundeliegenden Naturauffassung betrachtet werden.

Im Rahmen der Vorstellung der Argumentationslogiken bezüglich der Wagenburg wurde bereits auf Natur in Verbindung mit dem *Leben draußen*, dem *draußen Sein* und einem irgendwie gearteten *Draußen* als Gegensatz zu geschlossenen Räumen und Gebäuden verwiesen (vgl. Kap. VI 2.1). Dabei können zwei verschiedene Dimensionen dieser Konnotation von Natur ausgemacht werden. Zum einen wird Natur als das *Draußen* konzipiert und einem *Drinnen*, sprich geschlossenen Räumen, dem Aufenthalt in Gebäuden und teilweise auch der Stadt als Ganzes gegenübergestellt. Zum anderen argumentieren die Zwischennutzer im Allgemeinen, am deutlichsten die Bewohner des Wagendorfs, mit den Möglichkeiten, die konträren Pole im Rahmen ihrer Flächennutzung zu überwinden. Dieser zweite, daraus resultierende Aspekt ist Gegenstand des Kapitels VII 1.3., das sich mit einer angestrebten Überwindung der Stadt-Natur-Dichotomie befasst.

Der Aspekt des *draußen Seins* findet sich beispielsweise in der Begründung, welche besonderen Qualitäten den Arbeitsplatz *Tentstation* auszeichnen:

„Es ist schon toll... ja, dieses Arbeiten im Freien auch. [...] Es ist schon ein tolles Erlebnis." (XI, 72)

Die Arbeit im Freien wird dabei als eine Antwort auf die Frage nach der Bedeutung von Natur bei der Umsetzung dieser Zwischennutzung genannt und in direkten Zusammenhang mit einem Naturerlebnis gestellt. Schließt man diese Argumentation an den theoretischen Entwurf von Gill (2003, 75ff sowie Kap. II 2.3.1) an, wird Natur zunächst in ihrer Gegenbegrifflichkeit konzipiert. Als eine Abweichung vom Regelfall bzw. eine Besonderheit wird hier mit einem Arbeitsplatz *in der Natur* argumentiert. Knüpft man bei der geäußerten Bedeutung von Natur beim Arbeiten im Freien als spezielles Naturerlebnis an, finden sich bei Gill konkrete Anschlusspunkte. Die Gegenbegrifflichkeit resultiert Gill zufolge aus einer romantischen Naturauffassung. Natur wird als eine gute, schöne und unvereinnahmbare Natur gedacht. Das Verständnis einer Natur, die auf Grundlage einer utopischen, romantischen Auffassung als dem Menschen gegensätzlich verstanden wird, macht die Natur und damit auch das Arbeiten mit und in der Natur zu etwas Besonderem. Er spricht in diesem Zusammenhang von der Natur als Ort der Kontemplation, aber vor allem als Ort des Naturerlebens.

Als weiteren Aspekt definieren ein Bewohner und einer Bewohnerin des Wagendorfs die Natur als *Draußen* im Sinne eines erweiterten Wohnbereichs:

„Dieser Platz hier, alles was draußen ist, das ist mein Wohnzimmer." (XVIII, 64)

Implizit schwingt in dieser Aussage, die in Kapitel VI 2.1 bereits angesprochen wurde, eine Vorstellung des Gegenteils mit. Als der Natur entgegengesetzt werden geschlossene Räume und Gebäude im weiteren Sinn und damit auch auf die gebaute Umwelt wie die Stadt verstanden. Da die Bewohner jedoch ein möglichst naturnahes alltägliches Lebensumfeld anstreben, kann man diese Naturvorstellung an die gegenbegrifflichen theoretischen Konzeptionen anschließen. Sie halten diese gegenbegriffliche für die verbreitete Naturauffassung, die sie jedoch für ihre Lebensform ablehnen. Die Überwindung dieses Dualismus, den man dieser Aussage folgend auf ein Überwinden des die-Natur-da-draußen-Paradigmas beziehen kann, legen sie ihrer Nutzungsform, dem Leben im Bauwagen im städtischen Raum, zugrunde (vgl. hierzu vertiefend Kapitel VII 1.3). Angestrebt wird eine Lebensform, die ihres Erachtens von mehr Naturnähe geprägt ist, als das Leben in geschlossenen Räumen, wie die folgende bereits in Kapitel VI 2.2 angerissene Aussage einer Bewohnerin verdeutlicht:

„Man ist da noch mal in einer anderen Art verbunden, finde ich, dadurch, dass man immer da so sein Wohnzimmer da draußen hat. […] Man frühstückt und man denkt, will ich jetzt in die Sonne oder in den Schatten. Hier sitze ich dann manchmal, weil da dann schon morgens die Sonne von da kommt. Also so, wie man jetzt vielleicht denkt, setze ich mich auf den Sessel oder auf den Stuhl." (XIX, 51)

Die Bewohner des Wagendorfs stehen einer Lebensform, die Natur in gegenbegrifflicher Weise konzipiert, ablehnend gegenüber, ebenso wie die *Tentstation*-Gründerinnen ihren Arbeitsplatz als etwas Besonderes ansehen. Diese Haltung kann als Überwindung der dualistischen Naturkonzeption interpretiert werden und ist Gegenstand des folgenden Kapitels.

1.3 Überwindung der Stadt-Natur-Dichotomie in den Stadtnaturen der Zwischennutzung

Im Rahmen des Verständnisses von Natur als das *Draußen* (vgl. Kap. VI 2.1) klang bereits an, dass insbesondere die Bewohner des Wagendorfs eine Ausklammerung von Natur aus ihrem alltäglichen Leben zu überwinden suchen. Im Vorangegangenen wurden bereits die beiden häufigsten gegensätzlichen Entsprechungen zu Natur vorgestellt: der Stadt-Natur- sowie der Drinnen-Draußen-Gegensatz. Die Bestrebungen zur Überwindung dieser Gegensätzlichkeit von Natur zu Stadt und gebauter Umwelt, aber im Weiteren auch zu Gesellschaft und Kultur, werden am deutlichsten in den Beschreibungen der Bewohner des Wagendorfs artikuliert, sind jedoch auch im Zusammenhang mit der *Tentstation* und dem *Garten der Poesie* zu finden. Die Wagendorfbewohner gehen zunächst von einer gegenbegrifflichen Konzeption von Natur aus, da sie zum einen selbst ein dualistisch angelegtes Vokabular verwenden. Des Weiteren setzen sie ihre Haltung stets in Bezug zu dem dualistisch angelegten ‚Normalfall' des Lebens in der Stadt und in geschlossenen Räumen. Ihre Argumentation zeugt jedoch von einer ablehnenden Haltung gegenüber dieser Gegenbegrifflichkeit, wie es die folgende bereits in Kapitel VI 2.1 vorgestellte Aussage einer Bewohnerin nochmals verdeutlicht.

„Draußen und drinnen ist nicht so ein Unterschied. Ich bin immer draußen und irgendwie drinnen. Also es vermischt sich so." (XIX, 15)

Oldemeyer fasst unter dem Typus einer gegenbegrifflich konzipierten Natur Betrachtungsweisen von Natur als unbeseeltem Gegenstand ebenso wie Verständnisse von Natur als nicht in Gesellschaft und Kultur integrierbar (Oldemeyer 1983, 34; vgl. Kap. II 2.3.2). Dieses theoretische Verständnis entspricht jenem Alltagsverständnis, welches die Wagendorfbewohner als gängige Einstellung gegenüber Natur erachten, der sie sich explizit durch ihre Lebensform entziehen möchten. Ihr Ziel ist die Überwindung dieses Ausklammerns von Natur trotz eines Lebens in einer zentralen städtischen Umgebung. Deutlich wird diese Gegenüberstellung auch dadurch, dass die Bewohner zur Beschreibung ihres Verhältnisses zur Natur Begrifflichkeiten verwenden, die mit ‚normalen' Lebens- und Wohnformen in Verbindung gebracht werden können. Bereits angesprochen wurde die Gleichsetzung von Natur mit *Wohnzimmer* im Umgang mit der *Wagenburg Lohmühle* (vgl. Kap. VI 2.1):

„…dass eben dieses Draußen, die Natur, so das Wohnzimmer ist." (XIX, 51)

Führt man diese Argumentationsweise fort, kann man zum einen wiederum an Gill (2003, 75ff; vgl. Kap. II 2.3.1) anschließen, der einer gegenbegrifflichen Naturkonzeption nicht nur ein romantisches Naturbild zugrunde legt, sondern mit einer dualistischen Konzeption auch das Grundmotiv der Befreiung von Natur verbindet. Maxime der Zwischennutzer ist es demzufolge jedoch nicht, die Natur vor der Stadt-Kultur-Gesellschaft zu bewahren oder von ihr zu befreien, sondern sie bewusst zu integrieren, also eine Überwindung der Dichotomie. Diese bewusste Integration von Natur und urbaner Lebensform widerlegt den von Oldemeyer im Zusammenhang mit der Gegenbegrifflichkeit von Natur vorgestellten Aspekt der *Unintegrierbarkeit* von Natur und Kultur bzw. Gesellschaft (Oldemeyer 1983, 34; vgl. Kap. II 2.3.2). Die vorgestellten Zwischennutzungen können auf dieser Grundlage als Hybride von Stadt und Natur angesehen werden, wie das folgende Zitat einer *Tentstation*-Zwischennutzerin zeigt:

„Ich finde eigentlich, dass es bei der Tentstation eine ganz schöne Mischung ist zwischen Natur und Urbanität. Es ist eben nicht irgendwie ein Park. […] Ich finde es einfach ganz interessant bei der Tentstation, dass es eben so eine, also es ist eben etwas Gebrochenes, es ist zwischen Stadt und Natur. Und ich finde, das macht es eben auch spannend. […] Man ist irgendwie im Grünen, aber auch irgendwie mitten drinnen. […] Es ist eben nicht nur ein Garten oder so, es ist jetzt nicht ein Schrebergarten in der Nähe vom Hauptbahnhof oder so, es ist aber auch nicht irgendwie einfach eine alte Betonfläche oder ein Lagerhaus oder so, sondern es ist irgendwie etwas dazwischen und das macht es eben reizvoll." (XII, 14-15)

Park oder Schrebergarten werden demzufolge als die angenommene ‚normale' (städtische) Natur angesehen. Die von vormaliger Nutzung, spontaner Brachflächenvegetation und den Einflüssen der Zwischennutzung geprägte Natur wird als nicht typisch städtisch, aber auch nicht als typisch natürlich verstanden (vgl. zu diesem Gedanken die Überlegungen Gerhard Hards zur Bewertung von *Stadtgärtnergrün* versus *Stadtunkraut* in Kap. II 3). Es wird dieser Natur ein Hybridcharakter zugeschrieben, der als eine

Überwindung des Stadt-Natur-Dualismus interpretiert werden kann. Ebenso wird mit der Überwindung der Unvereinbarkeit von urbaner Zentralität („mitten drinnen") und dem „Grünen" als ländlich-peripherem Gegenpol argumentiert.

In die gleiche Richtung zielt die Begründung einer Wagendorfbewohnerin, warum sie diese Wohnform und konkret die *Wagenburg Lohmühle* gewählt hat:

„Ich kam dann mit meinem Wagen daher und da war es eigentlich schon der Einzige, der infrage kam, weil das hier sehr zentral ist, wo ich nahe bei der Schule bin und weil es auch grün ist, also weil ich auch Natur um mich herum habe, weil ich gar nicht so der Großstadtmensch bin." (XIX, 11)

Die gegenbegriffliche Basis, auf der argumentiert wird, lässt sich an der Gegenüberstellung von Zentralität und dem Grünen, der Natur festmachen. Dass mit dem *Grünen* bzw. der Natur wiederum das Ländliche gemeint wird, wird deutlich, indem sie erläutert, dass sie eigentlich kein Großstadtmensch sei. Ein romantisches, gegenbegriffliches Naturbild, wie es Gill konzipiert hat (Gill 2003, 75ff), kann auch in der folgenden Aussage erkannt werden. Auch dieser Bewohner sieht in der Nutzung des Wagendorfs die Chance, die gegensätzlichen Pole Urbanität und Ländlichkeit, hier beschrieben als der Bauernhof, gärtnerische Aktivität und Artenvielfalt, zu verbinden.

„Bevor ich hier hin gekommen bin, hab ich im Schwarzwald gelebt, in einem vierhundert Jahre alten Bauernhaus. […] Ich wäre gar nicht in Berlin, wenn ich nicht so eine Möglichkeit hätte wie hier. So, das heißt, ich habe meine Erde, wo ich anpflanzen kann, was ich anpflanzen möchte. Wir haben eine unglaubliche Vogelvielfalt, eine unglaubliche Insektenvielfalt so. […] Wir haben einen Teich, mittlerweile bestimmte Pionierlibellen. Wenn da halt jemand gucken würde, […] hast Du hier eine unglaubliche Artenvielfalt." (XVIII, 41)

Im Zusammenhang mit dem *Garten der Poesie* wird die Überwindung des Stadt-Natur-Dualismus ebenfalls wiederholt als Rechtfertigung für die Errichtung des interkulturellen Gartens angeführt. Auch diese Argumentationen lassen sich an die vorgestellten gegenbegrifflich orientierten Naturkonzepte mit ihren jeweils unterschiedlichen Schwerpunkten anschließen.

Während Oldemeyers Konzept in einer Annahme der Unmöglichkeit der Integration von Stadt und Natur mündet (Oldemeyer 1983, 24ff), bietet Gill mit der Natur als Ort der Kontemplation und des Naturerlebens (Gill 2003, 75ff) Ansatzpunkte für die Argumentation der Garten-Befürworter. Demgegenüber ist auch Sopers sogenanntes *laienhaftes* Naturverständnis (Soper 2000, 156) durchdrungen von einer Auffassung, die Natur als Gegensatz zu einer städtischen, industriellen, gebauten Umwelt versteht.

Aus diesen Ausführungen kann gefolgert werden, dass Zwischennutzungen eine Schnittstelle zwischen Stadt und Natur besetzen. Den Diskursen folgend kann Zwischennutzungen damit eine vermittelnde Funktion in Bezug auf den Stadt-Natur-Dualismus zugesprochen werden. Zwischennutzungen besetzen nicht nur Zeitfenster und Räume zwischen vergangenen und zukünftigen konventionellen Nutzungen. Sie halten diese Räume dabei temporär für Naturentwicklung offen und erweitern damit die Möglichkeiten des Naturerlebnisses im städtischen Raum. Damit tragen sie zu einem veränderten Verständnis von Natur im Kontext städtischer Nutzungen bei. Die urbane Natur wird damit für die Dauer des Zeithorizonts der Zwischennutzungen ebenfalls zu einer befristeten *Zwischen*natur.

2 SYNOPSE

Aus der Vielfalt der dargestellten Naturbilder sowie der zugrunde liegenden Naturverständnisse sollen abschließend die eingangs aufgeworfenen Forschungsfragen explizit beantwortet werden.

Welche Verständnisse von Natur – Konzepte, Bilder, Ideen – treffen im Umgang mit Zwischennutzungen aufeinander und inwiefern unterscheiden sie sich?

Die Kapitel IV bis VI beschreiben ausführlich die Vorstellungen und Verständnisse von Natur im Umgang mit den drei Fallstudien. Die Argumentationen der Akteure im Kontext des interkulturellen *Gartens der Poesie* sind geprägt von der Idee einer bedürftigen sowie einer nützlichen Natur. Als bedürftig wird Natur insofern erachtet, als ihr zum einen ein Ordnungsbedarf, zum anderen ein Schutzbedarf zugesprochen wird. Die Zwischennutzung wird vor dem Hintergrund einer Optimierung des Zustands der Fläche forciert, indem dadurch Natur in einen geordneten, gepflegten Zustand überführt werden soll. Des Weiteren wird Natur als vor unangemessen erachteten Einflüssen zu schützen angesehen. Dies gilt sowohl für Reste einer als wertvoll erachteten Natur, als auch für jene Natur, die zukünftig im Rahmen des interkulturellen Gartens geschaffen werden soll. Hinzu kommt ein utilitaristisches Naturverständnis, welches sich in erster Linie aus der Anlage der Zwischennutzung als gemeinschaftlicher Nutzgarten erklären lässt.

Bereits das erste Konzept der *Tentstation*-Initiatorinnen zur Umsetzung eines innerstädtischen Zeltplatzes war durchzogen von dem Argument der Nachhaltigkeit. Die Bezugnahme auf das Nachhaltigkeitsparadigma erfolgte auch durch andere beteiligte Akteure und ist geprägt von verschiedenen Naturverständnissen. Vor allem tritt ein anthropozentrisches Verständnis von Natur als Ressource zutage, aus welchem wiederum eine Schutzmotivation abgeleitet wird. Ein ästhetisches Naturverständnis wird insbesondere in der Argumentation mit der atmosphärischen Bedeutung von Natur augenfällig. Im Einklang mit der dezidiert in Kauf genommenen Temporalität steht das Verständnis einer praktischen, selbsttätigen Natur, die zudem vor einem utilitaristischen Hintergrund positiv bewertet wird. In diesem Zusammenhang wird die These aufgestellt, dass eine ästhetisch positive Bewertung von Natur abhängig von deren Interpretation als nachhaltig und der Zwischennutzung nützlich ist.

Die Stadt-Natur-Dichotomie durchzieht die Naturvorstellungen der in die Entwicklung der *Wagenburg Lohmühle* involvierten Akteure. Zunächst ist das Naturverständnis geprägt von einer Natur, die als das *Draußen* verstanden wird und in ihrer Gegenbegrifflichkeit zu einem Drinnen, aber auch zu Stadt oder Kultur, dualistisch angelegt ist. Auf diesem Verständnis gründet auch die Vorstellung einer Wahrnehmung von Natur in klimatischen und meteorologischen Phänomenen. Ein Verständnis von Natur als schützenswerter Ressource zeigt sich insbesondere in der Haltung der Bewohnerinnen des Wagendorfs, die diese Wohnform aus dezidiert ökologischen Gründen bevorzugen.

Inwiefern unterscheiden sich die Naturverständnisse zwischen den Fall-
studien? Welche Parallelen existieren? Welchen Zusammenhang gibt es
zwischen der Art der Nutzung und den evidenten Naturkonzepten?

Die Fallstudien wurden anhand der Motivation sowie der Temporalität kon-
trastiert, um Unterschiede und Parallelitäten herausarbeiten zu können. Anhand dieser beiden Kriterien werden zunächst die Unterschiede vorgestellt.

Die Art der Nutzung ist eng verbunden mit der Motivation der Zwischennutzer. Die vorgefundenen Naturauffassungen korrelieren wiederum
stark mit dieser Motivation. Der Errichtung des interkulturellen *Gartens der*
Poesie liegt unter anderem ein gärtnerisches Motiv zugrunde. Dieser Motivation entsprechend wird Natur als bedürftig verstanden; zum einen im
Sinne eines Ordnungs- bzw. Pflegebedarfs, zum anderen im Sinne eines
Schutzbedarfs. Die *Tentstation* wird vor dem Hintergrund eines zu erzie-
lenden ökonomischen Gewinns betrieben. Auch die übrigen Akteure sind
der *Tentstation* vor dem Hintergrund des aus der Gewährung der Zwischennutzung zu generierenden Nutzens zugetan. Dem entspricht das ästhetische Verständnis wie auch das einer selbsttätigen Natur, das Natur als
Beitrag für die spezielle Atmosphäre und damit zur Generierung eines ökonomischen Mehrwerts konzipiert. Die Naturvorstellungen unterscheiden
sich deutlich von jenen, der anderen beiden Fallstudien, deren Umgang mit
Natur von idealistischen Gründen geprägt ist. Die *Wagenburg Lohmühle*
existiert aufgrund des Wunsches der Bewohner, ein ökologisches, naturnahes Leben im urbanen Raum zu verwirklichen. Dieser Motivation folgen
die zutage getretenen Naturauffassungen einer Natur als das *Draußen*, als
erfahrbar im Wetter und Klima oder auch als schützenswerte Ressource.

Die Relevanz des Kriteriums der Temporalität zeigte sich insbesondere
im Umgang mit der Fallstudie der *Tentstation*. Das von vornherein temporär angelegte Projekt steht für eine spezifische Naturvorstellung, die sich
insbesondere in der Auffassung selbsttätiger Natur sowie in dem Verständnis dieser Natur zeigt. Natur ist das, was von alleine kommt und dabei noch
als praktischer und atmosphärischer Zugewinn empfunden wird. Die beiden
anderen Fallstudien, der *Garten der Poesie* sowie die *Wagenburg Lohmüh-*
le, vereint die Einstellung der Zwischennutzer, keine Zwischennutzung zu
sein. Das heißt, dass trotz eines (offiziell vertraglich) zeitlich befristeten
Status, die Nutzung langfristig angelegt ist. Dieser Einschätzung entspricht
auch die Argumentation mit Natur. Dennoch unterscheiden sich die zu-

grunde liegenden Naturverständnisse hinsichtlich eines unterschiedlichen Grads an Ordnungsbedürftigkeit von Natur.

Die Argumentationen sämtlicher Akteure der Fallstudien durchziehen dichotome Auffassungen des Stadt-Natur-Verhältnisses, wie sie im vorangegangenen Kapitel beschrieben wurden. Dabei unterscheiden sich die Ausprägungen dieser gegenbegrifflichen Auffassung. So traten sowohl Vorstellungen einer Existenz von Natur in der Stadt zutage, wie auch Auffassungen, denen zufolge Natur in die Stadt zu holen sei, Ideen von Natur als frei von gesellschaftlichen Einflüssen, wie auch Bilder einer spezifisch urbanen Natur.

Inwiefern unterscheiden sich die Naturvorstellungen zwischen den beteiligten Akteuren? Lassen sich gruppenspezifische Muster erkennen?

Gruppenspezifische Muster in den zutage tretenden Naturverständnissen lassen sich nur bedingt erkennen. Deutlich stärker sind differierende Naturauffassungen in Abhängigkeit von der jeweiligen Nutzung sowie auf der Individualebene der Akteure festzustellen. Jedoch lassen sich in der Gruppe der kommunalen Akteure sowie der Eigentümer Gemeinsamkeiten erkennen. Hier ist vor allem die Auffassung einer bedürftigen Natur vorzufinden. Insbesondere der Aspekt des Ordnungsbedarfs von Natur durchdringt die Argumente der Stadtplanerinnen, der Quartiersmanager, des Mitarbeiters des Liegenschaftsfonds sowie des Eigentümers des *Tentstation*-Areals. Dies resultiert aus den ökonomischen Erwägungen den Unterhalt sowie die Verwertung der Fläche betreffend. Städtische Akteure sehen sich in der Pflicht, öffentliche Flächen in einer Gestalt zu halten, die mehrheitlich als ordentlich empfunden wird. Dem folgen der Umgang mit Natur und die zugrunde liegende Naturvorstellung. Eigentümer – seien es kommunale (Liegenschaftsfond) oder privatwirtschaftliche – sind zum einen verpflichtet im Sinne der Wegesicherung ihre Fläche derart zu pflegen, dass keine Gefahr für Nutzer davon ausgeht. Hieraus folgt ein Verständnis eines Ordnungsbedarfs von Natur. Hinzu kommt, falls ein Verwertungsinteresse besteht, das Image der Fläche, welches durch eine als ordentlich empfundene Natur verbessert wird.

In der Gruppe der zivilgesellschaftlichen Akteure – der Anwohner, Nutzer und Zwischennutzer – zeigt sich hingegen die ganze Bandbreite an Naturauffassungen. Unterschiede zeigen sich zwischen den Fallstudien sowie auf der Individualebene zwischen den jeweiligen Akteuren selbst. Die Abhängigkeit der Naturverständnisse von der jeweiligen Zwischennutzungsart wurde oben bereits als Erklärungsansatz für die Unterschiede der Verständnisse *zwischen* den Fallstudien angeführt. Dieser Bezug lässt sich auch auf die Ebene der einzelnen Akteure übertragen. So kann insbesondere für die Gruppe der Zwischennutzer konstatiert werden, dass die Motivation zu der jeweils spezifischen Zwischennutzung eng mit der jeweils individuellen Naturvorstellung verbunden ist. Die Tatsache, dass sich nur in geringem Maße gruppenspezifische Muster der Naturvorstellungen erkennen lassen, kann mit der Subjektbezogenheit dieser Vorstellungen erklärt werden. Damit ist eine Schlussfolgerung auf *ein* dominierendes Naturbild der Zwischennutzer unmöglich. Diese Einschätzung lässt sich analog auf die Gruppe der Nutzer und Anwohner übertragen, die unter Bezugnahme auf die jeweilige Zwischennutzungsart auf Grundlage unterschiedlicher Naturbilder argumentieren.

Welchen Einfluss haben diese Verständnisse von Natur auf den Prozess der Nutzungsentscheidung?

Es existieren durchaus wirkmächtige Naturverständnisse, die die (Zwischen-)Nutzungsentscheidungen beeinflussen. Der Einfluss dieser Naturverständnisse unterscheidet sich wie bereits dargelegt zwischen den einzelnen Fallstudien. Auch sind die einzelnen Naturauffassungen in unterschiedlichem Maße bedeutend.

Von deutlicher Relevanz für die Nutzungsentscheidung zeigen sich die Naturauffassungen im Kontext des *Gartens der Poesie*. Insbesondere die Auffassungen einer ordnungs- und schutzbedürftigen Natur erwiesen sich als wirkmächtig. Dies resultiert zum einen aus der zugrundeliegenden gärtnerischen Motivation, die den Bedarf (an Ordnung und Schutz von Natur) der Eigentümer und der Verwaltung bedient. Die eine Seite müsste theoretisch für Ordnung sorgen, die andere Seite könnte mit der Zwischennutzung diesen Ordnungsanspruch praktisch umsetzen. Insofern trifft die Initiative den Bedarf und findet Unterstützung durch die städtischen Akteure. Aber auch die Konflikte, die der Errichtung des *Gartens der Poesie* entgegenwirkten, gründen insbesondere auf diesen – hier konträren – Ordnungs- und Schutzvorstellungen.

Als einflussreiches Konzept erwies sich das Paradigma der Nachhaltigkeit für die Nutzungsentscheidung zugunsten der *Tentstation*. Die Zwischennutzerinnen argumentierten gegenüber städtischen Entscheidungsträgern als damalige Eigentümer erfolgreich mit der nachhaltigen Anlage ihrer Nutzung. Entwicklungen nachhaltig zu gestalten, gilt aktuell als äußerst konsensfähig, was sich auch die Zwischennutzerinnen zunutze machten. In dem Konzept der Nachhaltigkeit wirken verschiedene Naturauffassungen: ein generell anthropozentrisches Naturverständnis sowie damit verbunden ein Verständnis von Natur als schützenswerte Ressource, um nur zwei Auffassungen zu nennen.

Für die Fallstudie der *Wagenburg Lohmühle* konnte zwar kein direkter Einfluss der Naturkonzepte auf die konkrete Nutzungsentscheidung ausgemacht werden. Dennoch sind Naturverständnisse insbesondere von Seiten der Bewohner für das generelle Konzept sowie die Etablierung der Nutzung von Bedeutung. Die Bewohner beziehen sich in ihrer Motivation unter anderem auf die Ökologie als Argument ihrer Nutzung. Diese Begründung wird verbunden mit Verständnissen einer schützenswerten Natur. Für die Bewohner ist des Weiteren die Erfahrbarkeit von Natur in dem Leben im Freien ausschlaggebend. Demgegenüber liegt die vertraglich-rechtliche und damit argumentative Grundlage für die Zwischennutzung bei den städtischen Akteuren jedoch vor allem in dem gemeinnützigen Engagement im Bereich der Jugend- und Kulturarbeit, sowie in der Tatsache, dass es für die gewidmete Fläche derzeit keine konkrete Nachfrage gibt.

3 SCHLUSSBEMERKUNG

Die vorliegende Forschungsarbeit kann einerseits in die wissenschaftlich-theoretische Diskussion des Mensch-Umwelt-Verhältnisses eingeordnet werden. Mit dem Ziel eines wissenschaftlichen Erkenntnisgewinns wurden die Konstruktionsbedingungen von Stadtnatur beleuchtet. Die Arbeit konnte zeigen, dass Naturverständnisse in den vielfältigen Zwischennutzungsdiskursen Wirkung zeigen und dass diese sehr stark von der Nutzungs*art* abhängig sind. Grundlegend für die Mehrheit der Argumentationen mit Natur ist die Bezugnahme auf das Konzept der Stadt-Natur-Dichotomie. Dies erfolgt in unterschiedlichen Ausprägungen, sowohl mit der Auffassung, es existiere keine Natur in der Stadt, wie auch mit der Überwindung dieser

Gegenbegrifflichkeit. In erster Linie geschieht dies in dem Argument, die Zwischennutzung trage zur Existenz von Natur in der Stadt bei.

Andererseits leistet diese Arbeit einen praktischen Beitrag zum Verständnis des Phänomens der Zwischennutzung von Brachflächen. Das Wissen um die Konstruktionsbedingungen von Stadtnatur erweitert das Verständnis städtischer Entwicklungsprozesse und ist damit grundlegend für die Einordnung von Nutzungsentscheidungen. Es wurde deutlich, dass zwischengenutzte Flächen, bei gleichzeitiger Bezugnahme auf unterschiedliche Naturverständnisse, mehrheitlich als äußerst bedeutend für Stadtnatur angesehen werden. Zwischennutzungen nutzen eben nicht nur Räume zwischen den üblichen konventionellen Nutzungen. Gerade *grüne* Zwischennutzungen, wie die untersuchten Fallstudien, halten mit ihrer Nutzung die Räume auch temporär für Natur offen. So konnte gezeigt werden, dass analog zu einem Verständnis bestimmter Nutzungen als *Zwischen*nutzungen die Idee einer *Zwischen*natur zutage tritt. Die Auffassung dieser Zwischennatur ist abhängig sowohl von der Art der Nutzung, wie auch vom jeweiligen Akteur. Die Verständnisse dieser *Zwischen*natur bilden die gesamte Bandbreite ab, die auch der Begriff der *Stadt*natur aufweisen kann. Ein umfassendes Verständnis eines Prozesses der Nutzungsentscheidung kommt daher nicht ohne die Klärung von Fragen aus, wie:

Welche Natur ist *aktuell* wünschenswert? Welche Vorstellungen von Natur tragen dabei im Sinne des beschriebenen Verständnisses von *Zwischen*natur jedoch auch einer möglicherweise absehbaren Nachnutzung Rechnung? Welche Natur ist vor dem Hintergrund der gegenwärtigen und zukünftigen Nutzbarkeit der Fläche die angemessenste und vereint, die unter Umständen auch vielfältigen, konträren urbanen Nutzungsansprüche? Nicht zuletzt stellt sich vor dem Hintergrund der häufig getätigten Abwägung zwischen anthropogenen Nutzungen urbaner Verfügungsflächen und einem Schutz von Natur die Frage: Welche Natur gilt wem als schützenswert und wie kann Naturschutz im urbanen Raum gestaltet werden, wenn ökonomische Zwänge und aus einer anthropogenen Nutzung resultierende Einflüsse berücksichtigt und nicht ausgeklammert werden sollen?

Danksagung

Das vorliegende Buch entstand als Dissertation am Geographischen Institut der Humboldt-Universität zu Berlin, von der Mathematisch-Naturwissenschaftlichen Fakultät angenommen im Februar 2014 und verteidigt im März 2014. Die Entstehung dieser Arbeit wurde von einer Reihe von Personen begleitet. Für ihren Beitrag zum Gelingen der Arbeit möchte ich herzlich danken

an erster Stelle Julia Lossau für die Betreuung, die Unterstützung, ihre konstruktive Kritik, die Freiheit, die sie mir ließ, meinen Weg zu gehen, und für ihren Zuspruch, Marlies Schulz für die Begleitung dieser Arbeit und deren Begutachtung, Michael Flitner für seine Bereitschaft, diese Arbeit zu begutachten, Wilfried Endlicher für die Aufnahme in das DFG-Graduiertenkolleg 780/3 „Stadtökologische Perspektiven", der Deutschen Forschungsgemeinschaft für die Förderung des Promotionsvorhabens, der Stiftungsgemeinschaft anstiftung & ertomis für die Unterstützung der Drucklegung, meinen Interviewpartnerinnen und -partnern für die Zeit, die sie sich nahmen, und für ihre Offenheit, meinen Kolleginnen und Kollegen im Graduiertenkolleg, insbesondere Vanessa Burmester, Leonie Fischer und Martina Koch für die praktizierte Interdisziplinarität, zahlreiche Diskussionen, ihre Anregungen und ihre Kritik, Judith Artmann und Christine Rabl für die kritische Durchsicht einer früheren Fassung dieser Arbeit sowie Maike Brammer, Ralf Bücheler, Pete Johnson, Benjamin Otto, Joachim Stark, Frank Weber, Daniela Weichhard, Verena Widmaier und Regine Wurnig für kleine und große, ideelle wie auch praktische Hilfe sowie meinen Eltern, Marianne und Gottfried Winter, für die bedingungslose Unterstützung und Wolfi Basset vor allem für seine Geduld, den Rückhalt und nicht zuletzt das ‚Rückenfreihalten'.

Literatur

Aachener Stiftung Kathy Beys 2013: Lexikon der Nachhaltigkeit. Definition Nachhaltigkeit. URL: http://www.nachhaltigkeit.info/artikel/definitionen_1382.htm (Stand 16.11.2013).

Angst, Klaus; Klaus, Philipp; Michaelis, Tabea; Müller, Rosmarie; Müller, Stephan u. Wolff, Richard 2010: Zone*imaginaire. Zwischennutzungen in Industriearealen. Zürich.

Arlt, Peter 2006: Stadtplanung und Zwischennutzung. In: Haydn, Florian u. Temel, Robert (Hg.): Temporäre Räume. Konzepte zur Stadtnutzung. Basel, 41–48.

Atteslander, Peter 2008: Methoden der empirischen Sozialforschung. Berlin.

Bachmann-Medick, Doris 2006: Cultural Turns. Neuorientierungen in den Kulturwissenschaften. Reinbek bei Hamburg.

Bauriedl, Sybille u. Wissen, Markus 2002: Nachhaltigkeit als Konfliktterrain. Post-fordistische Transformation und Repräsentation von Natur in der Metropolregion Hamburg. In: Geographische Revue 4 (2), 35–55.

BBR (=Bundesamt für Bauwesen und Raumordnung) 2008: Zwischennutzung und neue Freiflächen - Städtische Lebensräume der Zukunft. Berlin.

Beck, Ulrich 2007: Risikogesellschaft. Auf dem Weg in eine andere Moderne. Frankfurt am Main.

Berger, Peter L. u. Luckmann, Thomas 1969: Die gesellschaftliche Konstruktion der Wirklichkeit. Eine Theorie der Wissenssoziologie. Frankfurt am Main.

Blaikie, Piers 1985: The Political Economy of Soil Erosion in Developing Countries. London.

Blaikie, Piers u. Brookfield, Harold 1987: Land Degradation and Society. London.

BMVBS (= Bundesministerium für Verkehr, Bau und Stadtentwicklung) (Hg.) 2008: Zwischennutzungen und Nischen im Städtebau als Beitrag für eine nachhaltige Stadtentwicklung. Bonn (= Werkstatt: Praxis 57).

Böhme, Gernot 1985: Das Schöne und andere Atmosphären. In: Böhme, Gernot (Hg.): Anthropologie in pragmatischer Hinsicht. Frankfurt am Main, 192–207.

Böhme, Gernot (Hg.) 1999: Für eine ökologische Naturästhetik. Frankfurt am Main.

Boyden, Stephen 1987: Western Civilization in biological Perspective. Patterns in Biohistory. Oxford.

Boyden, Stephen 1992: Biohistory. The interplay between human society and the biosphere. Paris.

Brand, Karl-Werner 1998: Soziologie und Natur - eine schwierige Beziehung. Zur Einführung. In: Brand, Karl-Werner (Hg.): Soziologie und Natur. Theoretische Perspektiven. Opladen (= Soziologie und Ökologie 2), 9–29.

Brand, Karl-Werner u. Kropp, Cordula 2004: Naturverständnisse in der Soziologie. In: Rink, Dieter u. Wächter, Monika (Hg.): Naturverständnisse in der Nachhaltigkeitsforschung. Frankfurt am Main, 103–139.

Braun, Bruce u. Castree, Noel 1998: Remaking reality. Nature at the millennium. London.

Budke, Alexandra 2006: Raumpioniere in Berlin. In: Praxis Geographie 4, 18–22.

Castree, Noel u. Braun, Bruce (Hg.) 2001: Social nature. Theory, practice, and politics. Malden.

Chilla, Tobias 2004: "Natur"-Elemente in der Stadtgestaltung. Diskurs, Institutionalisierung und Umsetzungspraxis am Beispiel von Fassadenbegrünung. Köln (= Kölner Geographische Arbeiten 85).

Conrad, Jobst 1998: Umweltsoziologie und das soziologische Grundparadigma. In: Brand, Karl-Werner (Hg.): Soziologie und Natur. Theoretische Perspektiven. Opladen (= Soziologie und Ökologie 2), 33–52.

Crang, Mike u. Cook, Ian 2007: Doing ethnographies. London.

Demeritt, David 2001: Being Constructive about Nature. In: Castree, Noel u. Braun, Bruce (Hg.): Social nature. Theory, practice, and politics. Malden, 22–40.

Dettmar, Jörg 2006: Naturbestimmte Stadtentwicklung? In: Oswalt, Philipp (Hg.): Schrumpfende Städte. Band 2. Handlungskonzepte. Ostfildern, 144–150.

Disko, Rüdiger 1996: Mehr Intoleranz gegen fremde Arten. In: National-park 93, 38–42.

Dissmann, Christine 2011: Die Gestaltung der Leere. Zum Umgang mit einer neuen städtischen Wirklichkeit. Bielefeld.

Douglas, Mary u. Wildavsky, Aaron 1982: Risk and Culture: An Essay on the Selection of Technical and Environmental Dangers. Berkeley.

Dransfeld, Egbert u. Lehmann, Daniel 2008: Temporäre Nutzungen als Bestandteil des modernen Baulandmanagements. Dortmund.

Dunlap, Riley E. u. Catton, William R. Jr. 1979: Environmental Sociology. In: Annual Review of Sociology 5, 243–273.

Eder, Klaus 1998: Gibt es Regenmacher? Vom Nutzen des Konstruktivis-mus in der soziologischen Analyse der Natur. In: Brand, Karl-Werner (Hg.): Soziologie und Natur. Theoretische Perspektiven. Opladen (= Soziologie und Ökologie 2), 97–115.

Eisel, Ulrich 1997: Triumph des Lebens. Der Sieg christlicher Wissenschaft über den Tod in Arkadien. In: Eisel, Ulrich u. Schultz, Hans-Dietrich (Hg.): Geographisches Denken. Kassel (= Urbs et Regio 65/1997), 39–160.

Eisel, Ulrich 2004: Naturbilder sind keine Bilder aus der Natur. Orientie-rungsfragen an der Nahtstelle zwischen subjektivem und objektivem Sinn. In: GAIA Ökologische Perspektiven für Wissenschaft und Gesell-schaft 4, 92–98.

Eisel, Ulrich; Bernard, Daniela u. Trepl, Ludwig 1998: Theorie und Gefühl - Zur Anmutungsqualität innerstädtischer Brachflächen. Im Original er-schienen in BrachFlächenRecycling Heft 1, 51-59. URL: http://www.ueisel.de/fileadmin/dokumente/eisel/Theorie_und_Gefuehl/ Eisel_Theorie_und_Gefuehl_fertig_1__BRACHNEU_.pdf (Stand 21.10.2013).

Enzmann-Kraiker, Gisela; Maack, Ute u. Siems, Renke 1998: Kurt Tu-cholsky. Gesamtausgabe. Band 9: Texte 1927. Reinbek bei Hamburg.

Evangelische Kirche in Deutschland (Hg.) 1999: Die Bibel nach Martin Luther. Bibeltext in der revidierten Fassung von 1984. Stuttgart.

Falk, Gregor C. u. Schulz, Marlies 2004: Berlin. Kontinuitäten - Brüche - Transformationen. In: Praxis Geographie 9, 4–10.

Fischer-Kowalski, Marina u. Weisz, Helga 1998: Gesellschaft als Verzahnung materieller und symbolischer Welten. In: Brand, Karl-Werner (Hg.): Soziologie und Natur. Theoretische Perspektiven. Opladen (= Soziologie und Ökologie 2), 145–172.

Flick, Uwe 2009a: Konstruktivismus. In: Flick, Uwe; Kardorff, Ernst von u. Steinke, Ines (Hg.): Qualitative Forschung. Ein Handbuch. Reinbek bei Hamburg, 150–164.

Flick, Uwe 2009b: Qualitative Sozialforschung. Eine Einführung. Reinbek bei Hamburg.

Flitner, Michael 1998: Konstruierte Naturen und ihre Erforschung. In: Geographica Helvetica 3, 89–95.

Flitner, Michael 2001: Politische Geographie und 'Political Ecology': ein Diskussionsbericht. In: Reuber, Paul (Hg.): Politische Geographie. Handlungsorientierte Ansätze und Critical Geopolitics. Heidelberg (= Heidelberger geographische Arbeiten 112), 249–255.

Flitner, Michael 2003: Kulturelle Wende in der Umweltforschung? - Aussichten in Humanökologie, Kulturökologie und Politischer Ökologie. In: Gebhardt, Hans; Reuber, Paul u. Wolkersdorfer, Günter (Hg.): Kulturgeographie. Aktuelle Ansätze und Entwicklungen. Heidelberg, 213–228.

Flitner, Michael 2003: Umweltgerechtigkeit. Ein neuer Ansatz der sozialwissenschaftlichen Umweltforschung. In: Meusburger, Peter u. Schwan, Thomas (Hg.): Humanökologie. Ansätze zur Überwindung der Natur-Kultur-Dichotomie. Stuttgart (= Erdkundliches Wissen 135), 139–160.

Flitner, Michael 2007: Lärm an der Grenze. Fluglärm und Umweltgerechtigkeit am Beispiel des binationalen Flughafens Basel-Mulhouse. Stuttgart.

Foucault, Michel 1981: Archäologie des Wissens. Frankfurt am Main.

Früchtl, Josef 1996: Ästhetische Erfahrung und moralisches Urteil. Eine Rehabilitierung. Frankfurt am Main.

Gadamer, Hans-Georg 1960: Wahrheit und Methode. Grundzüge einer philosophischen Hermeneutik. Tübingen.

Ganser, Karl 2003: Hände weg, liegenlassen! In: Müller, Heidi (Hg.): Stadtentwicklung rückwärts! - Brachen als Chance? Aufgaben, Strategien, Projekte; eine Textsammlung für Praxis und Studium. Aachen, 66–72.

Gebhardt, Hans; Mattissek, Annika; Reuber, Paul u. Wolkersdorfer, Günter 2007: Neue Kulturgeographie? Perspektiven, Potentiale und Probleme. In: Geographische Rundschau 7/8, 12–20.

Gebhardt, Hans; Reuber, Paul u. Wolkersdorfer, Günter (Hg.) 2003: Kulturgeographie. Aktuelle Ansätze und Entwicklungen. Heidelberg.

Gill, Bernhard 1998: Paradoxe Natur. Zur Vieldeutigkeit der Unterscheidung von Natur und Gesellschaft. In: Brand, Karl-Werner (Hg.): Soziologie und Natur. Theoretische Perspektiven. Opladen (= Soziologie und Ökologie 2), 223–247.

Gill, Bernhard 2003: Streitfall Natur. Weltbilder in Technik- und Umweltkonflikten. Wiesbaden.

Giseke, U. 2007: Und auf einmal ist Platz. Freie Räume und beiläufige Landschaften in der gelichteten Stadt. In: Giseke, Undine u. Spiegel, Erika (Hg.): Stadtlichtungen. Irritationen, Perspektiven, Strategien. Gütersloh (= Bauwelt Fundamente 138), 187–217.

Giseke, Undine u. Spiegel, Erika (Hg.) 2007: Stadtlichtungen. Irritationen, Perspektiven, Strategien. Gütersloh (= Bauwelt Fundamente 138).

Glaser, Barney G. u. Strauss, Anselm L. 1998: Grounded theory. Strategien qualitativer Forschung. Bern.

Glasersfeld, Ernst von 1996: Radikaler Konstruktivismus. Ideen, Ergebnisse, Probleme. Frankfurt am Main.

Gloy, Karen 1995: Das Verständnis der Natur. Die Geschichte des wissenschaftlichen Denkens. München.

Gloy, Karen 1996: Das Verständnis der Natur. Die Geschichte des ganzheitlichen Denkens. München.

Godelier, Maurice 1990: Natur, Arbeit, Geschichte. Zu einer universalgeschichtlichen Theorie der Wirtschaftsformen. Hamburg.

Görg, Christoph 1998: Gestaltung als Strukturproblem. Zu einer Soziologie gesellschaftlicher Naturverhältnisse. In: Brand, Karl-Werner (Hg.): Soziologie und Natur. Theoretische Perspektiven. Opladen (= Soziologie und Ökologie 2), 53–74.

Green City e. V. 2013: Guerilla Gardening. URL: http://www.greencity.de/themen/stadtgestaltung/guerilla-gardening/ (Stand 25.10.2013).

Gregory, Derek 2001: (Post)Colonialism and the Production of Nature. In: Castree, Noel u. Braun, Bruce (Hg.): Social nature. Theory, practice, and politics. Malden, 84–111.

Grothaus, Rainer u. Hard, Gerhard 1996: Wildes Grün in Osnabrück. In: Arbeitsgemeinschaft Freiraum und Vegetation (Hg.): Hard-Ware und andere Texte von Gerhard Hard. Kassel (= Notizbuch der Kasseler Schule 18), 96–111.

Haber, Wolfgang 2009: Vorwort. In: Kirchhoff, Thomas u. Trepl, Ludwig (Hg.): Vieldeutige Natur. Landschaft, Wildnis und Ökosystem als kulturgeschichtliche Phänomene. Bielefeld, 9–11.

Haraway, Donna 1995: Die Neuerfindung der Natur : Primaten, Cyborgs und Frauen. Frankfurt am Main.

Hard, Gerhard 1965: Arkadien in Deutschland. Bemerkungen zu einem landschaftlichen Reiz. In: Die Erde 96, 21–41.

Hard, Gerhard 1970: Die "Landschaft" der Sprache und die "Landschaft" der Geographen. Semantische und forschungslogische Studien zu einigen zentralen Denkfiguren in der deutschen geographischen Literatur. Bonn.

Hard, Gerhard 1983: Zu Begriff und Geschichte der "Natur" in der Geographie des 19. und 20. Jahrhunderts. In: Grossklaus, Götz; Eichberg, Henning u. Oldemeyer, Ernst (Hg.): Natur als Gegenwelt. Beiträge zur Kulturgeschichte der Natur. Karlsruhe, 139–167.

Hard, Gerhard 1993: Viele Naturen. Bemerkungen zu den Essays. In: Schäfer, Robert (Hg.): Was heißt denn schon Natur? Ein Essaywettbewerb. München, 169–198.

Hard, Gerhard 1997: Spontane Vegetation und Naturschutz in der Stadt. In: Geographische Rundschau 10, 562–575.

Hard, Gerhard 2001: Natur in der Stadt? In: Berichte zur deutschen Landeskunde 2/3, 257–270.

Hard, Gerhard 2002: Die "Natur" der Geographen. In: Luig, Ute u. Schultz, Hans-Dietrich (Hg.): Natur in der Moderne. Interdisziplinäre Ansichten. Berlin (= Berliner Geographische Arbeiten 93), 67–86.

Hasse, Jürgen 2009: Unbedachtes Wohnen. Lebensformen an verdeckten Rändern der Gesellschaft. Bielefeld.

Hauskeller, Michael 1998: Ist Schönheit eine Atmosphäre? Zur Bestimmung des landschaftlich Schönen. In: Hauskeller, Michael; Rehmann-Sutter, Christoph; Schiemann, Gregor u. Böhme, Gernot (Hg.): Naturerkenntnis und Natursein. Für Gernot Böhme. Frankfurt am Main, 161–175.

Häußermann, Hartmut; Läpple, Dieter u. Siebel, Walter 2008: Stadtpolitik. Bonn.

Häußermann, Hartmut u. Siebel, Walter 1987: Neue Urbanität. Frankfurt am Main.

Haydn, Florian u. Temel, Robert (Hg.) 2006: Temporäre Räume. Konzepte zur Stadtnutzung. Basel.

Heynen, Nik; Kaika, Maria u. Swyngedouw, Erik (Hg.) 2006: In the nature of cities. Urban political ecology and the politics of urban metabolism. London.

Jahn, Thomas u. Wehling, Peter 1998: Gesellschaftliche Naturverhältnisse - Konturen eines theoretischen Konzepts. In: Brand, Karl-Werner (Hg.): Soziologie und Natur. Theoretische Perspektiven. Opladen (= Soziologie und Ökologie 2), 75–93.

Jantsch, Erich 1979: Die Selbstorganisation des Universums: vom Urknall zum menschlichen Geist. München.

Kazig, Rainer 2013: Landschaft mit allen Sinnen - Zum Wert des Atmosphärenbegriffs für die Landschaftsforschung. In: Bruns, Diedrich u. Kühne, Olaf (Hg.): Thema: Landschaftstheorie. Landschaften: Theorie, Praxis und internationale Bezüge. Impulse zum Landschaftsbegriff mit seinen ästhetischen, ökonomischen, sozialen und philosophischen Bezügen mit dem Ziel, die Verbindung von Theorie und Praxis zu stärken. Schwerin, 221–232.

Keil, Andreas 2002: Industriebrachen - Innerstädtische Freiräume für die Bevölkerung. Mikrogeographische Studien zur Ermittlung der Nutzung und Wahrnehmung der neuen Industrienatur in der Emscherregion. Dortmund.

Keller, Reiner u. Poferl, Angelika 1998: Vergesellschaftete Natur - Öffentliche Diskurse und soziale Strukturierung. Eine kritische Auseinandersetzung mit der Cultural Theory. In: Brand, Karl-Werner (Hg.): Soziologie und Natur. Theoretische Perspektiven. Opladen (= Soziologie und Ökologie 2), 117–141.

Kil, Wolfgang 2004: Luxus der Leere. Vom schwierigen Rückzug aus der Wachstumswelt. Wuppertal.

Kil, Wolfgang 2005: Die neue Leere - eine Chance für's Grün? In: Stadt+Grün 9, 9–14.

Kirchhoff, Thomas u. Trepl, Ludwig 2009a: Landschaft, Wildnis, Ökosystem: Zur kulturbedingten Vieldeutigkeit ästhetischer, moralischer und theoretischer Naturauffassungen. Einleitender Überblick. In: dies. (Hg.): Vieldeutige Natur. Landschaft, Wildnis und Ökosystem als kulturgeschichtliche Phänomene. Bielefeld, 13–66.

Kirchhoff, Thomas u. Trepl, Ludwig (Hg.) 2009b: Vieldeutige Natur. Landschaft, Wildnis und Ökosystem als kulturgeschichtliche Phänomene. Bielefeld.

Knorr-Cetina, Karin 1984: Die Fabrikation von Erkenntnis. Zur Anthropologie der Naturwissenschaft. Frankfurt am Main.

Körner, Stefan 2000: Das Heimische und das Fremde. Die Werte Vielfalt, Eigenart und Schönheit in der konservativen und in der liberal-progressiven Naturschutzauffassung. Münster, Hamburg (= Fremde Nähe 14).

Körner, Stefan 2003: Das Heimische, das Fremde, das Triviale und das Exotische: Stadtnaturbilder als Bewertungsgrundlage im Naturschutz und in der Planung. In: Berichte zur deutschen Landeskunde 4, 349–362.

Körner, Stefan 2004: Naturbilder im Naturschutz. In: Serbser, Wolfgang; Inhetveen, Heide u. Reusswig, Fritz (Hg.): Land - Natur - Konsum. Bilder und Konzeptionen im humanökologischen Diskurs. München (= Edition Humanökologie 3), 129–142.

Körner, Stefan 2005: Natur in der urbanisierten Landschaft. Ökologie, Schutz und Gestaltung. Wuppertal.

Körner, Stefan; Nagel, Annemarie u. Eisel, Ulrich (Hg.) 2003: Naturschutzbegründungen. Bonn-Bad Godesberg.

Kowarik, Ingo 1992: Das Besondere der städtischen Flora und Vegetation. In: Olschowy, Gerhard (Hg.): Natur in der Stadt. Der Beitrag der Landespflege zur Stadtentwicklung. Meckenheim (= Schriftenreihe des Deutschen Rates für Landespflege 61), 33–47.

Kowarik, Ingo 1993: Stadtbrachen als Niemandsländer, Naturschutzgebiete oder Gartenkunstwerke der Zukunft. In: Geobotanisches Kolloquium 9, 3–24.

Kowarik, Ingo 2003: Stadtbrachen als Niemandsländer, Naturschutzgebiete oder Gartenkunstwerke der Zukunft. In: Müller, Heidi (Hg.): Stadtentwicklung rückwärts! - Brachen als Chance? Aufgaben, Strategien, Projekte; eine Textsammlung für Praxis und Studium. Aachen, 102–117.

Kowarik, Ingo 2005: Naturschutz in Kulturlandschaften und seine möglichen Querverbindungen zur Denkmalpflege. In: Klausmeier, Axel

(Hg.): Kulturlandschaft Fürst-Pückler-Park. Der Branitzer Außenpark im Brennpunkt widerstreitender Interessen. Berlin, 31–37.

Krings, Thomas 2008: Politische Ökologie. Grundlagen und Arbeitsfelder eines geographischen Ansatzes der Mensch-Umwelt-Forschung. In: Geographische Rundschau 12, 4–9.

Krings, Thomas u. Müller, Barbara 2001: Politische Ökologie: Theoretische Leitlinien und aktuelle Forschungsfelder. In: Reuber, Paul (Hg.): Politische Geographie. Handlungsorientierte Ansätze und Critical Geopolitics. Heidelberg (= Heidelberger geographische Arbeiten 112), 93–116.

Kropp, Cordula 2002: Natur. Soziologische Konzepte. Politische Konsequenzen. Opladen.

Kropp, Cordula 2012: Gärtner(n) ohne Grenzen: Eine neue Politik des "Sowohl-als-auch" urbaner Gärten? In: Müller, Christa (Hg.): Urban gardening. Über die Rückkehr der Gärten in die Stadt. München, 76–87.

Kulke, Elmar 2003: Wirtschaftsgeographie. Paderborn.

Lamnek, Siegfried 1995: Qualitative Sozialfoschung. Methoden und Techniken. Weinheim.

Lamnek, Siegfried 2005: Qualitative Sozialforschung. Weinheim.

Lange, Bastian 2007: Unternehmen Zwischennutzung. In: SenStadt (Hg.) 2007a: Urban Pioneers. Berlin, 135–142.

Latour, Bruno 2001: Das Parlament der Dinge. Für eine politische Ökologie. Frankfurt am Main.

Latour, Bruno 2008: Wir sind nie modern gewesen. Versuch einer symmetrischen Anthropologie. Frankfurt am Main.

Leser, Hartmut 2001: Diercke Wörterbuch Allgemeine Geographie. München.

Lossau, Julia 2002: Die Politik der Verortung. Eine postkoloniale Reise zu einer anderen Geographie der Welt. Bielefeld.

Lossau, Julia 2003: Geographische Repräsentationen: Skizze einer anderen Geographie. In: Gebhardt, Hans; Reuber, Paul u. Wolkersdorfer, Günter (Hg.): Kulturgeographie. Aktuelle Ansätze und Entwicklungen. Heidelberg, 101–111.

Lossau, Julia u. Winter, Katharina 2011: The Social Construction of City Nature. Exploring Temporary Uses of Open Green Space in Berlin. In: Endlicher, Wilfried (Hg.): Perspectives in Urban Ecology. Ecosystems and Interactions between Humans and Nature in the Metropolis of Berlin. Berlin, 333–345.

Luhmann, Niklas 1986: Ökologische Kommunikation. Kann die moderne Gesellschaft sich auf ökologische Gefährdungen einstellen? Opladen.

Macnaghten, Phil u. Urry, John 1999: Contested natures. London.

Malinowski, Bronislaw 1973: Magie, Wissenschaft und Religion und andere Schriften. Frankfurt am Main.

Metzner, Andreas 1998: Nutzungskonflikte um ökologische Ressourcen: die gesellschaftliche "Natur" der Umweltproblematik. In: Brand, Karl-Werner (Hg.): Soziologie und Natur. Theoretische Perspektiven. Opladen (= Soziologie und Ökologie 2), 201–219.

Müller, Christa (Hg.) 2012a: Urban gardening. Über die Rückkehr der Gärten in die Stadt. München.

Müller, Christa 2012b: Urban Gardening. Grüne Signaturen neuer urbaner Zivilisation. In: dies. (Hg.): Urban gardening. Über die Rückkehr der Gärten in die Stadt. München, 22–53.

Müller, Heidi (Hg.) 2003: Stadtentwicklung rückwärts! - Brachen als Chance? Aufgaben, Strategien, Projekte; eine Textsammlung für Praxis und Studium. Aachen.

Nagel, Annemarie u. Eisel, Ulrich 2003: Ethische Begründungen für den Schutz der Natur. In: Körner, Stefan; Nagel, Annemarie u. Eisel, Ulrich (Hg.): Naturschutzbegründungen. Bonn-Bad Godesberg, 51–107.

Norton, Bryan G. 1986: On the inherent danger of undervaluing species. In: Norton, Bryan G. (Hg.): The Preservation of Species. The value of Biological Diversity. Pinceton, 110–137.

Norton, Bryan G. 1987: Why preserve natural variety? Princeton.

Netzwerk StadtRaumKultur 2009: Satzung. Netzwerk StadtRaumKultur e.V. Verein zur Förderung der Stadtraumkultur. URL: http://netzwerk-stadtraumkultur.de/images/Satzung.pdf (Stand 23.11.2013).

Oldemeyer, Ernst 1983: Entwurf einer Typologie des menschlichen Verhältnisses zur Natur. In: Grossklaus, Götz; Eichberg, Henning u. Oldemeyer, Ernst (Hg.): Natur als Gegenwelt. Beiträge zur Kulturgeschichte der Natur. Karlsruhe, 15–42.

Oßwald, Sarah 2012: Tentstation, Berlin. Zelten in der Großstadt. In: Ziehl, Michael; Oßwald, Sarah; Hasemann, Oliver u. Schnier, Daniel (Hg.): Second Hand Spaces. Über das Recyceln von Orten im städtischen Wandel. Berlin, 62–68.

Oswalt, Philipp 2000: Berlin - Stadt ohne Form. Strategien einer anderen Architektur. München.

Oswalt, Philipp (Hg.) 2006: Schrumpfende Städte. Band 2. Handlungskonzepte. Ostfildern.

Popper, Karl R. 1957: The poverty of historicism. London.

Reichholf, Josef H. 2007: Stadtnatur. Eine neue Heimat für Tiere und Pflanzen. München.

Reuber, Paul u. Pfaffenbach, Carmella 2005: Methoden der empirischen Humangeographie. Beobachtung und Befragung. Braunschweig.

Reynolds, Richard 2012: Guerilla Gardening. Ein botanisches Manifest. Freiburg im Breisgau.

Rink, Dieter 2004: Ist wild schön? In: Garten + Landschaft 2, 16–18.

Rink, Dieter 2005: Surrogate Nature or Wilderness? Social Perceptions and Notions of Nature in an Urban Context. In: Kowarik, Ingo u. Körner, Stefan (Hg.): Wild Urban Woodlands. New Perspectives for Urban Forestry. Berlin, 67–80.

Rink, Dieter 2008: Wildnis oder Ersatznatur? Soziale Wahrnehmungen und Vorstellungen von Stadtnatur. In: Rehberg, Karl-Siegbert; Giesecke, Dana; Dumke, Thomas; Reemtsma, Jan Philipp; Bude, Heinz u. Willisch, Andreas (Hg.): Die Natur der Gesellschaft. Verhandlungen des 33. Kongresses der Deutschen Gesellschaft für Soziologie in Kassel 2006. Frankfurt am Main, 489–505.

Rink, Dieter u. Wächter, Monika (Hg.) 2004: Naturverständnisse in der Nachhaltigkeitsforschung. Frankfurt am Main.

Rink, Dieter; Wächter, Monika u. Potthast, Thomas 2004: Naturverständnisse in der Nachhaltigkeitsdebatte: Grundlagen, Ambivalenzen und normative Implikationen. In: Rink, Dieter u. Wächter, Monika (Hg.): Naturverständnisse in der Nachhaltigkeitsforschung. Frankfurt am Main, 11–34.

Rosenbaum, Wolf 1998: Soziologie der Sachverhältnisse als konzeptionelle Grundlage für die Umweltsoziologie. In: Brand, Karl-Werner (Hg.): Soziologie und Natur. Theoretische Perspektiven. Opladen (= Soziologie und Ökologie 2), 249–266.

Rosenfeld, Dagmar 2013: Waldschlößchenbrücke. Die Fledermaus war Druckmittel. In: Die Zeit (22. August 2013).

Rosenthal, Gabriele 2008: Interpretative Sozialforschung. Eine Einführung. Weinheim.

Roskamm, Nikolai 2011: Die Utopie des Nichts. Zur Transformation des Tempelhofer Feldes in Berlin. In: dérive - Zeitschrift für Stadtforschung 42, 4–10.

Rosol, Marit 2006: Gemeinschaftsgärten in Berlin. Eine qualitative Untersuchung zu Potenzialen und Risiken bürgerschaftlichen Engagements im Grünflächenbereich vor dem Hintergrund des Wandels von Stadt und Planung. Berlin.

Schilder, Peter 2013: Waldschlößchenbrücke in Dresden eröffnet. Auch die Kleine Hufeisennase bleibt glücklich. URL: http://www.faz.net/ aktuell/politik/inland/waldschloesschenbruecke-in-dresden-eroeffnet-auch-die-kleine-hufeisennase-bleibt-gluecklich-12544215.html (Stand 29.10.2013).

Schlegelmilch, Frank 2009: Zwischennutzen - leichter gesagt als getan. In: Informationen zur Raumentwicklung 7, 493–502.

Schwarz, Michiel u. Thompson, Michael 1990: Divided We Stand. Redefining Politics, Technology and Social Choice. Philadelphia.

Seel, Martin 1996: Eine Ästhetik der Natur. Frankfurt am Main.

Seel, Martin 1997: Ästhetische und moralische Anerkennung der Natur. In: Krebs, Angelika (Hg.): Naturethik. Grundtexte der gegenwärtigen tier- und ökoethischen Diskussion. Frankfurt am Main, 307–330.

Sehrer, Walter 1998: Ein relationaler Umweltbegriff. Von Uexküll über Gibson zu Mead - interdisziplinäre Anschlüsse für ein pragmatisch-subjektbezogenes Naturverständnis. In: Brand, Karl-Werner (Hg.): Soziologie und Natur. Theoretische Perspektiven. Opladen (= Soziologie und Ökologie 2), 173–200.

Senatsverwaltung für Wirtschaft, Technologie und Frauen (Hg.) 2008: Kulturwirtschaft in Berlin. Entwicklungen und Potentiale. Berlin.

SenStadt (= Senatsverwaltung für Stadtentwicklung und Umwelt) 2004a: Der Quartiersfonds. Ein Berliner Modell der Bürgerbeteiligung. Berlin.

SenStadt (= Senatsverwaltung für Stadtentwicklung und Umwelt) 2004b: Gesetz zum Schutz, zur Pflege und zur Entwicklung der öffentlichen Grün- und Erholungsanlagen (Grünanlagengesetz – GrünanlG). URL: http://www.stadtentwicklung.berlin.de/umwelt/stadtgruen/gesetze/down load/gruenanlg.pdf (Stand 16.11.2013).

SenStadt (= Senatsverwaltung für Stadtentwicklung und Umwelt) (Hg.) 2007a: Urban Pioneers. Berlin.

SenStadt (= Senatsverwaltung für Stadtentwicklung und Umwelt) 2007b: Zwischennutzung: Chance für die Immobilienwirtschaft? Gespräch mit Dr. Rainer Emenlauer (Geschäftsführer ProStadt, Gesellschaft für Projektsteuerung im Städtebau mbH). In: SenStadt (= Senatsverwaltung für Stadtentwicklung und Umwelt) (Hg.): Urban Pioneers. Berlin, 143–149.

SenStadt (= Senatsverwaltung für Stadtentwicklung und Umwelt) 2010a: Das Berliner Quartiersmanagement. Informationen zum Programm „Soziale Stadt". Berlin.

SenStadt (= Senatsverwaltung für Stadtentwicklung und Umwelt) 2010b: Die ersten drei Pionierfelder der Tempelhofer Freiheit. URL: http://www.stadtentwicklung.berlin.de/aktuell/pressebox/includes/docs/doc336_doc342_doc336_100930_pionierfelder_der_tempelhofer_freiheit.pdf (Stand 03.11.2010).

SenStadt (= Senatsverwaltung für Stadtentwicklung und Umwelt) 2010c: Leitbild Tempelhofer Freiheit. URL: http://www.stadtentwicklung.berlin.de/planen/tempelhof/download/leitbild/leitbild_tempelhofer_freiheit.pdf (Stand 23.11.2013).

SenStadt (= Senatsverwaltung für Stadtentwicklung und Umwelt) 2010d: Pioniere der Tempelhofer Freiheit. URL: http://www.stadtentwicklung.berlin.de/aktuell/pressebox/includes/docs/doc338_doc344_doc338_tempelhof_pionierverfahren.pdf (Stand 25.10.2013).

SenStadt (= Senatsverwaltung für Stadtentwicklung und Umwelt) 2010e: Stadtforum Berlin. natürlich. urban. produktiv. Strategie Stadtlandschaft Berlin. URL: http://www.stadtentwicklung.berlin.de/planen/stadtforum/downloads/SF_Gruen_Dokumentation_bfrei.pdf (Stand 7.11.2013).

SenStadt (= Senatsverwaltung für Stadtentwicklung und Umwelt) 2011: Flächenentwicklung in Berlin 1991 - 2010 - 2030. Berlin.

SenStadt (= Senatsverwaltung für Stadtentwicklung und Umwelt) 2013: Öffentliche Grün- und Erholungsanlagen. Gesetzliche Grundlagen. URL: http://www.stadtentwicklung.berlin.de/umwelt/stadtgruen/gruenanlagen/de/gesetze/index.shtml (Stand 23.11.2013).

Sieferle, Rolf Peter 1992: Überlegungen zu einer Naturgeschichte der Umweltkrise. In: Schneider, Jakob Hans Josef; Sieferle, Rolf Peter u. Wils, Jean-Pierre (Hg.): Natur als Erinnerung? Annäherung an eine müde Diva. Tübingen, 75–110.

Smaniotto Costa, Carlos 2002: Die Leere als Alternative – Die Alternative zur Leere. Oder - Was kommt nach dem Abriss? In: Stadt+Grün 1, 22–23.

Soper, Kate 2000: What is nature? Culture, politics and the non-human. Oxford.

Stadtwerke München GmbH 2013: Naturbad Maria Einsiedel. URL: http://www.swm.de/privatkunden/m-baeder/schwimmen/freibaeder/naturbad-maria-einsiedel.html (Stand 15.11.2013).

Strauss, Anselm L. u. Corbin, Juliet M. 1996: Grounded theory. Grundlagen qualitativer Sozialforschung. Weinheim.

Sukopp, Herbert 1990: Stadtökologie. Das Beispiel Berlin. Berlin.

SWAH (= Senator für Wirtschaft, Arbeit und Häfen Bremen) 2012: Schlafende Häuser wecken! Dokumentation der ZwischenZeitZentrale Bremen (ZZZ) 2009 – 2012. URL: http://zzz-bremen.de/assets/uploads/zzz-dokumenationwebdarstellung130117.pdf (Stand 06.09.2013).

Tessin, Wulf 2008: Ästhetik des Angenehmen. Städtische Freiräume zwischen professioneller Ästhetik und Laiengeschmack. Wiesbaden.

Trepl, Ludwig 1992: Natur in der Stadt. In: Olschowy, Gerhard (Hg.): Natur in der Stadt. Der Beitrag der Landespflege zur Stadtentwicklung. Meckenheim (= Schriftenreihe des Deutschen Rates für Landespflege 61), 30–32.

Trepl, Ludwig 2005: Allgemeine Ökologie. Band 1: Organismus und Umwelt. Frankfurt am Main.

Tschaeppler, Sabine; Gresch, Sabine u. Beutler, Martin 2007: Brachland. Urbane Freiflächen neu entdecken. Bern.

Uexküll, Jakob von 1928: Theoretische Biologie. Berlin.

Wachsmuth, Günther 1950: Die Entwicklung der Erde. Dornach.

Weissmüller, Laura 2013: Der Kampf um die Stadt. Freiräume und Kreativität - gibt's das überhaupt im reichen München? Das "Festival of Independents" zeigt jetzt, wie Urbanität entsteht. In: Süddeutsche Zeitung (19.11.2013).

Witzel, Andreas 2000: Das problemzentrierte Interview. URL: http://www.qualitative-research.net/index.php/fqs/article/viewFile/1132/2520 (Stand 23.11.2013).

Wolkersdorfer, Günter 2001: Politische Geographie und Geopolitik zwischen Moderne und Postmoderne. Heidelberg (= Heidelberger geographische Arbeiten 111).

Wood, Gerald 2003: Die postmoderne Stadt: Neue Formen der Urbanität im Übergang vom zweiten ins dritte Jahrtausend. In: Gebhardt, Hans; Reuber, Paul u. Wolkersdorfer, Günter (Hg.): Kulturgeographie. Aktuelle Ansätze und Entwicklungen. Heidelberg, 131–147.

World Commission on Environment and Development 1987: Report of the World Commission on Environment and Development: Our Common Future. URL: http://www.un-documents.net/our-common-future.pdf (Stand 06.09.2013).

Zehner, Klaus 2001: Stadtgeographie. Gotha.

Ziehl, Michael; Oßwald, Sarah; Hasemann, Oliver u. Schnier, Daniel (Hg.) 2012: Second Hand Spaces. Über das Recyceln von Orten im städtischen Wandel. Berlin.

Zierhofer, Wolfgang 2003: Natur - das Andere der Kultur? Konturen einer nicht-essentialistischen Geographie. In: Gebhardt, Hans; Reuber, Paul u. Wolkersdorfer, Günter (Hg.): Kulturgeographie. Aktuelle Ansätze und Entwicklungen. Heidelberg, 193–212.

ZZZ (= ZZZ – ZwischenZeitZentrale Bremen) 2010: 2nd Hand Spaces. Nachhaltige Gestaltung des städtischen Wandels durch Zwischennutzung. Dokumentation der Konferenz vom 5. und 6. Mai 2010 in Bremen. URL: http://zzz-bremen.de/assets/Uploads/Dokumentation2nd HandSpaces.pdf (Stand 06.09.2013).

ZZZ (= ZZZ – ZwischenZeitZentrale Bremen) 2012: 2nd Hand Spaces. Die Nutzung vakanter Orte als partizipative Praktik. Dokumentation des Kongress der ZwischenZeitZentrale am 28. und 29. Juni 2012 in Bremen-Blumenthal. URL: http://zzz-bremen.de/assets/Uploads/ DokumentationKongress2ndHandSpaces.pdf (Stand 06.09.2013).

Anhang

AUFSTELLUNG DER GEFÜHRTEN INTERVIEWS

Die geführten Interviews wurden römisch nummeriert. Die Nummerierung gibt keine Auskunft über die Reihenfolge, in der die Interviews geführt wurden. Ziticrtc Gcsprächspassagcn im Text sind mit der römischen Ziffer für das jeweilige Interview, sowie mit einer arabischen Zahl für den entsprechenden Absatz innerhalb des zugehörigen Transkripts gekennzeichnet. Die Transkripte der geführten Interviews befinden sich in einem separaten Anlagenband.

Garten der Poesie

Tentstation

XI	Zwischennutzerin
XII	Zwischennutzerin
XIII	Mitarbeiter des Bezirksamtes Mitte, Abteilung für Stadtplanung
XIV	Mitarbeiter des Liegenschaftsfonds
XV	Investor und neuer Eigentümer
XVI	Mitarbeiterin des Anwohnerladens
XVII	Initiatorin für die Errichtung eines Naturbades

Wagenburg Lohmühle

XVIII	Zwischennutzer und Bewohner
XIX	Zwischennutzerin und Bewohnerin
XX	Zwischennutzerin und Bewohnerin
XXI	Mitarbeiter des Bezirksamtes Treptow-Köpenick, Abteilung für Umwelt, Grün und Immobilienwirtschaft
XXII	Anwohner
XXIII	Anwohner und Mitarbeiter der KungerKiezInitiative e.V.

ERLÄUTERUNG DER TRANSKRIPTIONSREGELN

…	Lange Pause
[*lacht*]	Nicht sprachliche Ereignisse
[anonymisiert; K.W.]	Kennzeichnung meiner Anmerkungen und Ergänzungen
die eine Natur	Betonung
((…))	unverständliche Gesprächspassage
((Ergänzungen))	Ergänzung des gemutmaßten Inhalts einer unverständlichen Gesprächspassage

Im Zuge der Transkription wurden Namen von Personen anonymisiert und lediglich die Initialen vermerkt. Namen von Personen des öffentlichen Lebens sowie von Unternehmen und Vereinen wurden belassen.